ANATOMIA
DA PSIQUE

Edward F. Edinger

ANATOMIA DA PSIQUE

O Simbolismo Alquímico na Psicoterapia

Tradução
**ADAIL UBIRAJARA SOBRAL
MARIA STELA GONÇALVES**

Editora
Cultrix
SÃO PAULO

Título original: *Anatomy of the Psyche*.

Copyright © 1985 Open Court Publishing Co., La Salle, Illinois 61301.

Copyright da edição brasileira © 1990 Editora Pensamento-Cultrix Ltda.

1ª edição 1990.
5ª reimpressão da 1ª edição de 1990 (catalogação na fonte 2006).
11ª reimpressão 2022.

Todos os direitos reservados. Nenhuma parte deste livro pode ser reproduzida ou usada de qualquer forma ou por qualquer meio, eletrônico ou mecânico, inclusive fotocópias, gravações ou sistema de armazenamento em banco de dados, sem permissão por escrito, exceto nos casos de trechos curtos citados em resenhas críticas ou artigos de revistas.

A Editora Cultrix não se responsabiliza por eventuais mudanças ocorridas nos endereços convencionais ou eletrônicos citados neste livro.

Nota sobre abreviações:
As *Obras completas* de Jung são citadas como C.W.
As várias versões da Bíblia são abreviadas da seguinte forma:

AV – Versão autorizada (do rei James)
DV – Versão Douay
RSV – Versão padrão revisada
NEB – Nova Bíblia inglesa
JB – Bíblia de Jerusalém
NAB – Nova Bíblia norte-americana

Dados Internacionais de Catalogação na Publicação (CIP)
(Câmara Brasileira do Livro, SP, Brasil)

Edinger, Edward F., 1922-1998.
   Anatomia da psique : o simbolismo alquímico na psicoterapia / Edward F. Edinger ; tradução Adail Ubirajara Sobral, Maria Stela Gonçalves. -- São Paulo : Cultrix, 2006.

   Título original : Anatomy of the psyche.
   5ª reimpr. da 1ª ed. 1990.
   Bibliografia
   ISBN 978-85-316-0012-8

   1. Alquimia 2. Individuação 3. Psicanálise 4. Psicoterapia I. Título. II. Título: O simbolismo alquímico na psicoterapia.

06-7899   CDD-150.1954

Índices para catálogo sistemático:
1. Psicoterapia : Simbolismo alquímico : Psicanálise junguiana : Psicologia   150.1954

Direitos de tradução para a língua portuguesa, adquiridos com exclusividade pela
EDITORA PENSAMENTO-CULTRIX LTDA.
Rua Dr. Mário Vicente, 368 – 04270-000 – São Paulo, SP – Fone: (11) 2066-9000
E-mail: atendimento@editoracultrix.com.br
http://www.editoracultrix.com.br
que se reserva a propriedade literária desta tradução.
Foi feito o depósito legal.

A montanha-caverna dos adeptos. Resumo simbólico da *Opus* alquímica (Michelspacher, *Cabala*, 1654. *Apud* Jung, *Psychology and Alchemy*).

*[Let us] ... study that
true Bible, as we count
it, of the human body
and of the nature of man* *

Andreas Vesalius

---

* [...estudemos essa / verdadeira Bíblia, como a entendemos, / do corpo humano / e da natureza do homem.]

Sumário

Lista de ilustrações, ... 11
   Prefácio, ... 19
Capítulo 1. *Introdução*, ... 21
Capítulo 2. *Calcinatio*, ... 37
Capítulo 3. *Solutio*, ... 67
Capítulo 4. *Coagulatio*, ... 101
Capítulo 5. *Sublimatio*, ... 135
Capítulo 6. *Mortificatio*, ... 165
Capítulo 7. *Separatio*, ... 199
Capítulo 8. *Coniunctio*, ... 227
   Bibliografia 249

LISTA DE ILUSTRAÇÕES

As referências às fontes primárias aparecem sob os títulos das ilustrações. Para as fontes secundárias, vejam-se as legendas de ilustrações individuais e a Bibliografia.

Frontispício

A montanha-caverna dos adeptos. Resumo simbólico da *Opus* alquímica. Michelspacher, *Cabala* (1654).

1 - 1 (página 24)

O macrocosmo e o microcosmo interligados. Waite, A. E., trad., *The Hermetic Museum*.

1 - 2 (página 26)

O alquimista guiado por Deus. Barchusen, *Elementa Chemiae* (1718), Paris, Bibliothèque Nationale.

1 - 3 (página 33)

A *prima materia* como caos. Marolles, *Tableaux du temple des muses* (1655). Londres, British Museum.

1 - 4 (página 35)

Cérbero como o aspecto devorador e desconcertante da *prima materia* (século XV). Biblioteca Apostolica Vaticana, Cod. Pal. lat. 1066, fol. 239.

2 - 1 (página 38)

Calcinatio do rei. O lobo como *prima materia*, devorando o rei morto. Maier, *Atalanta Fugiens* (1618).

2 - 2 (página 41)

Calcinatio de um animal da Terra. MS. Sloane I. 1316 (século XVII). Londres, British Museum.

2 - 3 (página 41)

Calcinatio do pai devorador. *Mutus Liber* (1702).

2 - 4 (página 42)

O fogo do dragão sendo atiçado e extinto. Trismosin, *Splendor Solis* (1582).

2 - 5 (página 44)

A fornalha ardente de Daniel. Bíblia de Santo Estêvão Harding (século XII), Dijon, Bibliothèque Municipale, MS. 14.

2 - 6 (página 46)
A salamandra brilhante que vive no fogo. O espírito mercurial da *prima materia,* como salamandra, divertindo-se no fogo. Maier, *Atalanta Fugiens* (1618).

2 - 7 (página 47)
O violento torturado numa chuva de fogo. Doré, *Ilustrações para a* Divina Comédia *de Dante.*

2 - 8 (página 52)
Calcinatio do hermafrodita. Maier, *Atalanta Fugiens* (1618).

2 - 9 (página 53)
O semeador do fogo. E. Jacoby.

2 - 10 (página 55)
Pentecostes. Doré, *Bible Illustrations.*

2 - 11 (página 58)
Shiva dançando num círculo de fogo. Bronze (século XII ou XIII), Amsterdã, Museum van Aziatische Kunst.

2 - 12 (página 60)
São João queimado no azeite. Dürer, 1498.

2 - 13 (página 63)
Expulsão dos demônios. Entalhe (século XVII).

2 - 14 (página 65)
O rei no suadouro. Maier, *Atalanta Fugiens* (1618).

3 - 1 (página 70)
Siegfried e as donzelas do Reno. Rackham, *Ilustrações coloridas para o "Anel" de Wagner.*

3 - 2 (página 71)
O rei e a rainha no banho. Mylius, *Philosophia reformata* (1622).

3 - 3 (página 72)
Solutio do rei. Fundo: o rei, em vias de afogar-se, pedindo socorro. Primeiro plano: o rei renascido. Trismosin, *Splendor Solis* (1582).

3 - 4 (página 74)
O nascimento de Afrodite (cerca de 460 a.C.), Roma, Terme Museum.

3 - 5 (página 75)
Hilas e as ninfas. John William Waterhouse, Manchester, Inglaterra, City Art Gallery.

3 - 6 (página 76)
Betsabá. Rembrandt, Paris, Louvre.

3 - 7 (página 77)
Susana e os anciãos. Tintoretto. Viena, Gemäldegalerie.

3 - 8 (página 78)
Diana e Actéon. Ticiano, Edinburgo. National Gallery of Scotland.

3 - 9 (página 80)
Batismo com água lunar simultâneo à mordida de dragões. Ashmole, org., *Theatrum Chemicum Britannicum* (1652).

3 - 10 (página 81)
Bacanal dos andrianos. Ticiano, Madri, Prado.

3 - 11 (página 84)
Banhistas. Renoir. Filadélfia, coleção de Carrol Tyson.

3 - 12 (página 86)
O dilúvio. Doré, *Ilustrações bíblicas*.

3 - 13 (página 88)
"Salvai-me, ó Deus, pois a água entrou até a minha alma." Ilustração para o Salmo 69, *The Visconti Hours,* Florença, National Library.

3 - 14 (página 91)
O exército do faraó afogando-se no Mar Vermelho. *The Visconti Hours,* Florença, National Library.

3 - 15 (página 92)
A mulher lavando roupas. Maier, *Atalanta Fugiens* (1618).

3 - 16 (página 94)
O cadáver da fusão rei-rainha sendo purificado e reanimado pelo orvalho celeste. *Rosarium Philosophorum,* Frankfurt (1550).

4 - 1 (página 102)
A terra nutre o *Filius Philosophorum,* Maier, *Atalanta Fugiens* (1618).

4 - 2 (página 104)
Águia agrilhoada a um animal do solo. Stolcius, *Viridarium Chymicum* (1624).

4 - 3 (página 107)
A queda dos anjos rebeldes. *Les très riches heures du duc de Berry,* Chantilly, Musée Condé.

4 - 4 (página 110)
A pedra de Saturno. Maier, *Atalanta Fugiens* (1618).

4 - 5 (página 112)
A tortura de Prometeu. Moreau.

4 - 6 (página 114)
A Virgem e o Menino na lua crescente. Dürer.

4 - 7 (página 115)
A Liberdade liderando o povo. Delacroix. Paris, Louvre.

4 - 8 (página 120)
A Fortuna, ou Nêmesis, carregando a taça e os arreios do Destino. Dürer.

4 - 9 (página 122)
A anunciação. Desenho de Rembrandt. Besançon, Musée Communal.

4 - 10 (página 123)
"Semeia teu ouro na terra branca", Maier, *Atalanta Fugiens* (1618).

4 - 11 (página 124)
A crucifixão. Desenho do Ramsey Psalter (c. 980), Londres, British Museum.

4 - 12 (página 125)
A serpente mercurial crucificada. Alchimie de Flamel, MS. Français 14765, Paris, Bibliothèque Nationale.

4 - 13 (página 126)
Transfixação da serpente mercurial e do rei. "Speculum veritatis", Cod. Vaticanus Latinus 7286 (século XVII), Biblioteca Vaticana.

4 - 14 (página 128)
Adão e Eva. Dürer.

4 - 15 (página 130)
A última ceia. Observe-se o minúsculo demônio negro, entrando na boca de Judas. *The Hours of Catherine of Cleves,* coleção Guennol e Pierpont Morgan Library.

5 - 1 (página 137)
Fotografia de satélite de Cape Cod e adjacências. *Photo Atlas of the United States.*

5 - 2 (página 138)
A sublimatio. Sapientia veterum philosophorum sive doctrina eorundum de summa et universali medicina (século XVIII), Paris, Bibliothèque de l'Arsenal, MS. 974.

5 - 3 (página 139)
Extração da pomba branca. Trismosin, *Splendor Solis* (1582).

5 - 4 (página 140)
O grito. Munique (1895), Oslo, National Museum.

5 - 5 (página 141)
Extração do mercúrio e coroação da Virgem. Nível inferior: Mercúrio (representado como uma monstruosidade) sendo extraído da *prima materia*. Nível superior: assunção e coroação da Virgem, transformando a Trindade numa Quaternidade. *Speculum trinitatis,* retirada de Reusner, *Pandora* (1588).

5 - 6 (página 150)
Ascensão de Elias. Doré, *Bible Illustrations*.

5 - 7 (página 151)
Assunção da Virgem. *The Hours of Catherine of Cleves,* coleção Guennol e Pierpont Morgan Library.

5 - 8 (página 154)
Osíris como escada. Do papiro de Ani, British Museum.

5 - 9 (página 157)
A escada dos místicos para o céu. Ícone do mosteiro de Santa Catarina. Monte Sinai (séculos XI-XII).

5 - 10 (página 158)
Simeão Estilita em sua coluna, cercado por uma serpente. Relicário (século VI), Paris, Louvre.

5 - 11 (página 159)
A escada de Saturno segundo Dante. Doré, *Ilustrações para a* Divina Comédia *de Dante*.

5 - 12 (página 160)
A torre da Babel, Bruegel (1563), Viena, Kunsthistoriches Museum.

6 - 1 (página 166)
Esqueleto como imagem da *mortificatio*. Waite, A. E., trad., *The Hermetic Museum*.

6 - 2 (página 167)
O triunfo da Morte. Afresco de Francesco Traini (c. 1350), Pisa, Camposanto.

6 - 3 (página 168)
Sol e Luna matam o dragão. Maier, *Atalanta Fugiens* (1618).

6 - 4 (página 169)
A morte serve uma bebida para o rei. Holbein, *The Dance of Death* (1538).

6 - 5 (página 170)
A morte do rei. Stolcius, *Viridarium Chymicum* (1624).

6 - 6 (página 174)
O massacre dos inocentes. Desenho alquímico.

6 - 7 (página 175)
A morte tocando a trompa do verme. J. Meydenbach, *Doten Dantz* (c. 1492), Mainz.

6 - 8 (página 178)
Coniunctio no vaso negro. A *nigredo*, Paris, Bibliothèque de l'Arsenal, MS. 975, fol. 14.

6 - 9 (página 179)
Grãos nascendo do cadáver de Osíris. Retirado de um baixo-relevo de File.

6 - 10 (página 180)
Grãos nascendo do túmulo, simbolizando a ressurreição. Waite, A. E., trad., *The Hermetic Museum*

6 - 11 (página 181)
A morte e o *Landsknecht*. Dürer.

6 - 12 (página 183)
A *nigredo*. Mylius, *Philosophia reformata* (1622).

6 - 13 (página 184)
Salomé com a cabeça de João Batista. *Les belles heures du duc de Berry*, Nova York, The Metropolitan Museum of Art.

6 - 14 (página 186)
A cabeça da morte aponta para a esfera cósmica. Holbein, *The Dance of Death*, (1538).

6 - 15 (página 193)
A flagelação de Cristo. Mair de Landshut (século XV), Londres, British Museum.

6 - 16 (página 196)
Desenho de uma paciente.

7 - 1 (página 200)
Deus criando o mundo. Ilustração de manuscrito (século XIII), Viena, Austrian National Library.

7 - 2 (página 201)
Cortando o ovo filosófico. Maier, *Atalanta fugiens* (1618).

7 - 3 (página 202)
A separação entre o céu e a terra: Nut elevada acima de Geb por Shu. Desenho baseado numa ilustração contida em A. Jeremias, *Das Alte Testament im Lichte des Alten Orients,* Leipzig (1904), Turim, Egyptian Museum.

7 - 4 (página 206)
Os ases dos quatro naipes do tarô: espadas, paus, copas e pentagrama (tarô de Marselha).

7 - 5 (página 208)
O Cristo do Apocalipse. Dürer.

7 - 6 (página 209)
Peleja entre Sol e Luna, *Aurora Consurgens* (século XIV), Zurique, Zentralbibliothek. Cod. rhenovacensis 172, fol. 10.

7 - 7 (página 210)
O despertar do rei adormecido como julgamento de Páris. Tomás de Aquino [pseud.], "De Alchemia" (século XVI), Leiden, Bibliothek der Rijksuniversiteit, Cod. Vossianus 29, fol. 78.

7 - 8 (página 212)
Cismáticos. Doré, *Ilustrações para* A Divina Comédia *de Dante*.

7 - 9 (página 213)
O alquimista como geômetra. Maier, *Atalanta Fugiens* (1618).

7 - 10 (página 214)
A justiça. Tarô de Marselha.

7 - 11 (página 216)
Moisés tirando água da pedra. Biblia Pauperum Bavaria (1414), Munique, Bayerische Staatsbibliothek, Clm. 8201, fol. 86v.

7 - 12 (página 220)
Crucifixão e juízo final. H. Van Eyck, Nova York, The Metropolitan Museum of Art.

7 - 13 (página 222)
A alma do morto é pesada na balança. Retirado do papiro de Ani, The British Museum.

7 - 14 (página 223)
O arcanjo Miguel pesando almas. Van der Weyden (século XV), Borgonha, Hospice de Beaume.

8 - 1 (página 229)
O dragão mata a mulher e esta o mata. Maier, *Atalanta Fugiens* (1618).

8 - 2 (página 233)
Coniunctio no vaso alquímico. (Século XVII), Paris, Bibliothèque de l'Arsenal, MS. 975, fol. 13.

8 - 3 (página 236)
A crucifixão como *coniunctio* entre Sol e Luna. (Final do século XIX), Paris, Bibliothèque Nationale, MS. lat. 257, fol. 12v.

8 - 4 (página 237)
O círculo do ano como uma *coniunctio* entre Sol e Luna. Desenho medieval, Stuttgart, Wurttembergische Landesbibliothek, Cod. hist. fol. 415, fol. 17v.

8 - 5 (página 238)
A Nova Jerusalém como *coniunctio* entre Sol e Luna. *The Cloisters Apocalypse, fol. 36,* Nova York, The Metropolitan Museum of Art.

8 - 6 (página 243)
A rosa celeste, Doré, *Ilustrações para a* Divina Comédia *de Dante*.

8 - 7 (página 244)
Trilhas estelares em torno do pólo. Foto do Observatório Yerkes.

8 - 8 (página 245)
Autobiografia como Mandala. Eventos da vida de Opicinus de Canistris, organizados concentricamente desde sua concepção, em 24 de março de 1296, até o término do desenho, em 3 de junho de 1336. Biblioteca Apostolica Vaticana. MS. Pal. lat. 1993, fol. 11r.

Prefácio

A descoberta junguiana da realidade da psique abre o caminho para uma nova abordagem do material tradicional. Os escritos religiosos e literários, assim como as tentativas de protociências como a alquimia, a astrologia e a filosofia pré-socrática, podem ser compreendidos, atualmente, como a fenomenologia da psique objetiva.

Dando continuidade aos estudos alquímicos de Jung, este livro procura lançar luz sobre determinados modos ou categorias experimentais do processo de individuação, manifestos no simbolismo alquímico. Embora venham das mais diversas fontes, os dados usados para amplificação servem para ilustrar padrões e regularidades da psique objetiva - isto é, imagens arquetípicas de transformação. Não apresento uma construção teórica nem uma especulação filosófica, mas uma organização de *fatos* psíquicos cuja base é o método de Jung.

Esses fatos formam uma *anatomia da psique,* que constitui, ao mesmo tempo, uma embriologia, tendo em vista que lidamos com um processo de desenvolvimento e transformação. O grande valor das imagens alquímicas reside no fato de elas nos fornecerem uma base *objetiva* para a abordagem de sonhos e de outros materiais inconscientes. Quando lidamos com a psique, mais do que com qualquer outro objeto, é sobremodo difícil distinguir entre fato objetivo e inclinação pessoal. Um conhecimento operacional das imagens alquímicas pode apresentar grande utilidade na promoção da tão necessária objetividade. Nosso alvo, tendo-se por certo uma familiaridade com o simbolismo arquetípico e um autoconhecimento - obtido na análise pessoal - suficientes, é uma anatomia da psique que exiba a mesma objetividade da anatomia do corpo.

Introdução

O processo da psicoterapia, quando quer que se aprofunde, coloca em movimento acontecimentos misteriosos e abismais. É muito fácil, tanto para o paciente como para o terapeuta, perder o sentido de direção. Eis por que há um tão desesperado apego a teorias da psique limitadas e inadequadas; elas ao menos oferecem um sentido de orientação. Caso não desejemos submeter os fenômenos psíquicos ao leito de Procusto de uma teoria preconcebida, devemos sair em busca das categorias que ensejem a compreensão da psique no âmbito da própria psique. Um velho ditado alquímico exorta: "Dissolve a matéria em sua própria água." Eis o que fazemos quando tentamos compreender o processo da psicoterapia em termos de alquimia.

Como Jung demonstrou, o simbolismo alquímico é, em grande parte, um produto da psique inconsciente. "A real natureza da matéria era desconhecida do alquimista; ele tinha meros indícios a respeito. Ao tentar explorá-la, projetou o inconsciente sobre as trevas da matéria, a fim de iluminá-la... Enquanto fazia suas experiências químicas, o operador passava por determinadas experiências psíquicas que lhe pareciam ser o comportamento particular do processo químico. Como se tratava de uma questão de projeção, ele naturalmente desconhecia o fato de a experiência nada ter a ver com a própria matéria. Ele experimentava sua projeção como uma propriedade da matéria; mas sua experiência, na realidade, era do seu próprio inconsciente."[1]

Estudando a alquimia, Jung descobriu que essa luxuriante teia de imagens era de fato a "própria água" da psique, passível de ser usada para compreender os complexos conteúdos da psique. Escreveu ele:

> Cedo percebi que a psicologia analítica coincidia de modo bastante singular com a alquimia. As experiências dos alquimistas eram, num certo sentido, as minhas próprias experiências, assim como seu mundo era meu mundo. Foi, com efeito, uma descoberta marcante: eu encontrara a contraparte histórica da minha psicologia do inconsciente. A possibilidade de comparação com a alquimia, bem como a cadeia intelectual ininterrupta que remontava ao Gnosticismo, davam-lhe substância. Quando me debrucei sobre aqueles antigos textos, tudo encontrou o seu lugar: as

---

1. Jung, *Psychology and Alchemy*, CW 12, pars. 345 ss.

imagens-fantasia, o material empírico que recolhera em minha prática e as conclusões que deles retirara. Eu começara a entender o significado desses conteúdos psíquicos a partir de uma perspectiva histórica.[2]

No final de *Mysterium Coniunctionis,* ele faz um resumo do significado da alquimia:

> ... todo o procedimento alquímico... pode muito bem representar o processo de individuação num indivíduo particular, embora com a diferença não desprovida de importância de que nenhum indivíduo particular abarca a riqueza e o alcance do simbolismo alquímico. Este tem a seu favor o fato de ter sido construído ao longo dos séculos... É... tarefa muito difícil e ingrata a tentativa de descrever o processo de individuação a partir de materiais de casos... Na minha experiência, nenhum caso é suficientemente amplo para revelar todos os aspectos com uma riqueza de detalhes que o leve a ser considerado paradigmático... A alquimia, por conseguinte, realizou para mim o grande e inestimável serviço de fornecer o material em que minha experiência pudesse encontrar espaço suficiente, o que me possibilitou descrever o processo de individuação, ao menos em seus aspectos essenciais.[3]

Desse modo, podemos dizer que as imagens alquímicas descrevem o processo da psicoterapia profunda que é idêntico àquilo que Jung denomina individuação. Assim, proponho-me a examinar algumas das imagens básicas da alquimia a fim de verificar a forma pela qual correspondem às experiências da psicoterapia.

Uso o termo "psicoterapia" em seu sentido mais amplo, etimológico. A palavra grega *therapeuein,* "curar", significava, originalmente, "serviço aos deuses". Por conseguinte, a cura ocorria, de início, num contexto sagrado. Filo faz referência a um grupo de judeus contemplativos, pré-cristãos, que chamavam a si mesmos *Therapeuts,* "quer porque professavam uma arte medicinal mais eficaz do que aquela que tinha emprego geral nas cidades (já que esta apenas cura os corpos, ao passo que aquela cura almas que se acham submetidas ao jugo de moléstias terríveis e quase incuráveis, infligidas pelos prazeres e apetites, temores e sofrimentos, pela cobiça, pelos desatinos, pela injustiça e por todo o elenco da inumerável multidão de paixões e vícios), quer por terem sido instruídos pela natureza e pelas leis sagradas a servirem o Deus vivo"[4]. Portanto, psicoterapia significa, em termos essenciais, serviço à psique.

O que torna a alquimia tão valiosa para a psicoterapia é o fato de suas imagens concretizarem as experiências de transformação por que passamos na psicoterapia. Tomada como um todo, a alquimia oferece uma espécie de anatomia da individuação. Com efeito, suas imagens serão mais significativas para aqueles que tiverem tido uma experiência pessoal do inconsciente.

---

2. Jung, *Memories, Dreams, Reflections,* p. 205.
3. *CW* 14, par. 792.
4. Filo, "On the Contemplative Life", in *The Essential Philo,* p. 311.

A VISÃO ALQUÍMICA DE MUNDO

Para o alquimista, o superior e o inferior, bem como o interior e o exterior, estavam ligados por vínculos e identidades ocultos. Aquilo que acontece no céu é duplicado por aquilo que ocorre na Terra, tal como o indicam os seguintes versos alquímicos:

Heaven above
Heaven below
Stars above
Stars below
All that is above
Also is below
Grasp this
And rejoice.[5]

[Céu em cima / Céu embaixo / Estrelas em cima / Estrelas embaixo / Tudo o que está em cima / Também está embaixo / Percebe-o / E rejubila-te.]

De igual maneira, uma passagem da *Tábua da Esmeralda* diz: "Aquilo que está embaixo é igual ao que está em cima e aquilo que está em cima é igual ao que está embaixo, para realizar os milagres de uma só coisa."[6] Os planetas no céu correspondem aos metais na Terra: Sol = ouro; Lua = prata, Mercúrio = mercúrio; Vênus = cobre; Marte = ferro; Júpiter = estanho; e Saturno = chumbo. À medida que giram ao redor da Terra, os planetas pouco a pouco derramam seus metais correspondentes no interior da Terra, podendo-se extraí-los por meio das operações alquímicas (ver a figura 1-1).

Em termos psicológicos, podemos entender essa imagem como uma referência aos componentes arquetípicos do ego. Os tijolos empregados na construção do ego são qualidades divinas furtadas aos deuses ou produtos do desmembramento de uma divindade – representantes terrenos de princípios transpessoais. Esse conjunto de imagens ainda vive na psique moderna, como o indica, por exemplo, o sonho de um homem de negócios e artista comercial de meia-idade que desconhecia a alquimia:

Quatro personagens vestidas de metal descem do céu na minha direção. Flutuam acima de um antigo muro romano. Cada vestimenta é feita de um metal diferente. Uma é de bronze, outra de chumbo, a terceira de ferro e a última de platina. A personagem vestida de platina aparta-se das outras e se aproxima. "Procuramos metal", diz ela. "O material que buscamos é o mesmo material de nossas roupas." Elas permanecem suspensas no ar graças a algum método peculiar.

Os homens vestidos de metal correspondem às divindades planetárias dos alquimistas. Desprovidos de peso, são seres espirituais, habitantes do céu.

---

5. Citado em Jung, *The Practice of Psychotherapy*, CW 16, par: 384.
6. Read, *Prelude to Chemistry: An Outline of Alchemy*, p. 54.

23

Assim, representariam imagens arquetípicas da psique objetiva. Sua descida em busca dos metais correspondentes indica que cada espírito-metal procura sua própria encarnação terrena. Desejam ser concretamente atualizados na experiência consciente de um ego individual. Trata-se de um sonho arquetípico, que exibe claramente um significado coletivo e pessoal. Os deuses que perdemos descem até nós, pedindo a restauração do vínculo. Tal como Baucis e Filemon, indivíduos modernos estão sendo visitados por fatores transpessoais - que os instam a lhes dar hospitalidade - com os quais perderam contato. O sonho também é relevante para os nossos esforços de compreensão da alquimia. Os espíritos da alquimia - as imagens simbólicas que desceram até nós - solicitam suas contrapartes terrenas, ou seja, sua realização significativa na experiência moderna. Muitas pessoas dotadas e devotadas ofereceram toda a sua vida à busca da Pedra Filosofal. Mediante a compreensão das imagens a que elas serviram, podemos redimir-lhes a vida da futilidade e reconhecer que foram testemunhas e portadoras do mistério da individuação.

FIGURA 1-1
O macrocosmo e o microcosmo interligados. (*The Hermetic Museum*, trad. de A. E. Waite.)

A *OPUS*

A imagem central da alquimia é a idéia da *opus*. O alquimista via-se como alguém comprometido com um trabalho sagrado: a busca do valor supremo e essencial. Os textos alquímicos têm muito a dizer acerca da natureza da *opus* e sobre a atitude que se deve ter com relação a ela. Certas virtudes são requisitos indispensáveis. Diz um texto: "Todos os que buscamos seguir essa Arte não podemos atingir resultados úteis senão com uma alma paciente, laboriosa e solícita, com uma coragem perseverante e com uma dedicação contínua."[7] Esses são requisitos da função do ego. A paciência é fundamental. Coragem significa disposição para enfrentar a ansiedade. A dedicação contínua tem o sentido de uma disponibilidade para perseverar, a despeito de todas as modificações de humor e de estado mental, no esforço de pesquisar e compreender aquilo que está ocorrendo.

Outro texto relevante vem de *Ordinal of Alchemy*, de Thomas Norton. Para todos quantos tiveram a experiência da psicoterapia, os paralelos ficarão imediatamente claros.

> Todos os que se entregarem a essa busca devem, portanto, esperar encontrar muitas aflições do espírito. Terás de mudar com freqüência seu curso, devido às novas descobertas que fizeres... O demônio tudo fará para frustrar a busca, por meio de um ou outro dos três tijolos soltos, a saber, o açodamento, o desespero ou a ilusão... aquele que tiver pressa não completará seu trabalho num mês e nem mesmo num ano; além disso, nessa Arte, sempre será verdade que o apressado jamais será carente de razões de queixa... Se o inimigo não prevalecer contra ti devido à pressa, assaltar-te-á com o desânimo, e se manterá numa constante atividade de colocar em tua mente pensamentos desencorajadores a respeito do fato de serem muitos os que buscam essa Arte, mas poucos os que a encontram e do fato de que, com freqüência, aqueles que fracassam são mais sábios do que és. Depois disso, ele perguntará se pode haver alguma esperança de alcançares o grande arcano; ademais, trar-te-á a aflição, com dúvidas a respeito da verdadeira posse, por parte do teu mestre, do segredo que ele professa transmitir-te; ou sobre se ele não estará ocultando de ti a melhor parte daquilo que sabe... O terceiro inimigo contra o qual tu te deves guardar é o engano, que talvez seja mais perigoso do que os outros dois. Os servos que deves empregar para alimentar-te as fornalhas freqüentemente são sobremodo indignos de crédito. Alguns são desleixados e vão dormir quando devem prestar atenção no fogo; outros são depravados e fazem contra ti todo o mal que podem; outros ainda são estúpidos ou presunçosos e excessivamente confiantes, desobedecendo às instruções... ou são beberrões, negligentes e distraídos. Guarda-te contra todos esses, se desejares poupar-te de alguma grande perda.[8]

Uma característica proeminente da *opus* é o fato de ser considerada um trabalho sagrado que requer uma atitude religiosa.

> ... deve-se considerar esse arcano, não apenas como uma Arte verdadeiramente grande, mas também como Arte sobremaneira sagrada... Por conseguinte, se alguém deseja alcançar esse grande e indescritível mistério, deve lembrar-se de que ele é obtido, não apenas pelo poder do homem, mas também pela graça divina, e de que não a nossa vontade ou desejo, mas tão-somente a misericórdia do Altíssimo, no-lo pode entregar. Por essa razão, deves, antes de tudo, purificar teu coração, elevá-lo apenas a

---

7. Waite, trad., *Turba Philosophorum*, p. 127, dictum 39.
8. Waite, trad., *The Hermetic Museum*, 2:22-25

Ele e pedir-Lhe esse dom, com verdadeira determinação e uma oração que não deixe dúvidas. Somente Ele pode dá-lo e entregá-lo.[9]

Ora, o regime é mais amplo do que a razão o percebe, exceto quando por inspiração divina.[10]

Pobre daquele que não tem temor a Deus, pois Ele o pode privar dessa arte![11]

Nossa arte, assim na teoria como na prática, é sempre um dom de Deus, que a dá quando e a quem deseja: não é daquele que por ela anseia, nem daquele que se apressa; é apenas concedida pela misericórdia de Deus.[12]

Trechos como esses deixam claro que há necessidade de uma cuidadosa consciência do nível transpessoal da psique. Isso significa que devemos estar orientados para o Si-mesmo,* e não para o ego. Há aqui um paradoxo – como ocorre tão freqüentemente na alquimia e na psicoterapia. Uma consciência do Si-mesmo e a atitude religiosa que essa consciência traz são os alvos, em vez de requisitos exigidos no início, da psicoterapia. Contudo, ao menos o potencial para isso deve existir desde o princípio. Como diz um alquimista, se pretendemos encontrar a Pedra Filosofal, devemos começar com um fragmento seu. À medida que o processo se aprofunda, percebemos cada vez mais que o discernimento vem até nós pela graça e que ocorrem desenvolvimentos, não pela vontade do ego, mas pela premência da individuação, cuja origem é o Si-mesmo (ver figura 1-2).

FIGURA 1-2

O alquimista guiado por Deus. (Barchusen, *Elementa Chemiae*, 1718, Paris, Bibliothèque Nationale. Reproduzida em Jung, *Psychology and Alchemy*.)

---

9. *Ibid.*, 1:127.
10. *Turba Philosophorum*, p. 138, dictum 39.
11. *Ibid.*, p. 97, dictum 29.
12. Waite, trad., *The Hermetic Museum*, 1:9.
* Cf. o original alemão, *Selbst*, usado por Jung. (N. do T.)

Outro aspecto da *opus* é o fato de ela ser um trabalho amplamente individual. Os alquimistas eram decididamente solitários. Alguns provavelmente tiveram um auxiliar, mas não mais do que isso. Trata-se de uma referência à peculiar natureza individual da individuação que é experimentada, em seus aspectos mais profundos, pelo indivíduo isolado. A *opus* não pode ser realizada por um comitê, razão pela qual gera uma inevitável alienação do mundo, ao menos por algum tempo. "Mas quando Deus dá sua graça a alguém que compreende (a Arte)... há, aos olhos do mundo, algo de incompreensível, e aqueles que possuem esse mistério serão objeto de escárnio dos homens e serão olhados com uma atitude de superioridade."[13]

Isso corresponde ao trabalho da psicoterapia, que ninguém que se encontre fora dele consegue entender. Ele será desdenhado e ridicularizado pelo ponto de vista coletivo convencional, quer de outra pessoa quer da própria sombra de quem estiver envolvido. Como paralelo a este texto, há as seguintes palavras de Jesus: "Se vós fôsseis do mundo, o mundo amaria o que era seu; mas, porque não sois do mundo, pois antes eu vos escolhi do mundo, o mundo vos odeia." (João, h 15:19, NEB.)

Outra característica da *opus* refere-se ao seu caráter secreto. Os alquimistas consideravam-se guardiães de um mistério vedado aos que não tinham valor.

> Portanto, deves testar e examinar com cuidado a vida, o caráter e a atitude mental de toda pessoa a ser iniciada nesta Arte; em seguida, deves comprometê-la, por meio de um juramento sagrado, a não permitir que o nosso Magistério seja conhecido comumente ou de modo vulgar. Apenas quando ficar velha e frágil pode ela revelá-lo a uma pessoa, mas só a uma – devendo esta ser homem virtuoso, alvo da aprovação dos seus companheiros. Porque este Magistério deve manter-se sempre como uma ciência secreta, sendo evidente a razão que nos impele a ser precavidos. Se algum infame aprendesse a praticar esta Arte, haveria grande perigo para a Cristandade. Pois esse homem ultrapassaria todos os limites da moderação e removeria de seus tronos hereditários os legítimos príncipes que regem os povos cristãos. E a punição do abuso recairia sobre aquele que tivesse instruído a pessoa sem valor em nossa Arte. Logo, para evitar uma tal explosão de orgulho jactancioso, quem possui o conhecimento desta Arte precisa ser escrupulosamente cuidadoso no que tange à transmissão a outra pessoa, devendo considerar essa transmissão como um privilégio peculiar daqueles que se mostram virtuosos a toda prova.[14]

Da mesma maneira que os Mistérios Eleusinos, o segredo alquímico tinha sua divulgação proibida. Compreendida em termos psicológicos, a questão é mais sutil. Um segredo que pode ser revelado não é segredo. Num certo sentido, o segredo da psique está seguro, porque não é comunicável àqueles que ainda não o tenham experimentado por si mesmos. O uso errôneo do segredo, a que o texto alude, sugere uma inflação subseqüente à identificação do ego com uma imagem arquetípica. Se não forem percebidas como um

---

13. *Ibid.*, 173.
14. *Ibid.*, 2:12.

segredo e como algo sagrado, as energias transpessoais serão canalizadas para fins pessoais e apresentarão efeitos destrutivos. O abuso do mistério alquímico corresponde ao abuso do mistério eucarístico, a respeito do qual o apóstolo Paulo diz: "Aquele que comer do pão ou beber do cálice do Senhor indignamente será culpado de profanar o corpo e o sangue do Senhor. Deve o homem examinar-se (*dokimazo*, 'submeter à prova, analisar metais') antes de comer deste pão e de beber deste cálice. Pois quem come e bebe, come e bebe para seu próprio julgamento, não discernindo o Corpo." (I Cor. 11:27-29, NEB.)

Considerava-se a *opus* alquímica como um processo iniciado pela natureza, mas que exigia a arte e o esforço conscientes de um ser humano para ser completada.

> Este estado não pode ser aperfeiçoado pelo mero progresso da natureza; porque o ouro não tem propensão para ir tão longe, preferindo, em vez disso, manter-se em seu corpo constantemente duradouro.[15]

> A natureza serve a Arte com matéria, e a Arte serve a natureza com Instrumentos apropriados e com o método conveniente para que a natureza produza essas novas formas; e embora a Pedra mencionada só possa ser levada à sua forma própria por meio da Arte, a forma é, não obstante, da natureza.[16]

Eis uma idéia profunda. A *opus* é, num certo sentido, contrária à Natureza, mas, em outro, o alquimista auxilia esta última a fazer aquilo que ela não pode fazer por si mesma. Isso por certo se refere à evolução da consciência. Embora exista na natureza a premência de atingir a consciência – no interior da psique inconsciente –, é necessário um ego para realizar plenamente essa premência natural. Há uma exigência de cooperação deliberada do indivíduo na tarefa de criar consciência.

As asserções essenciais acerca da *opus* alquímica estão presentes em determinados textos que a equiparam à criação do mundo. Zósimo diz: "O símbolo da química tem como fundamento a criação do mundo."[17] A *Tábua da Esmeralda* diz, na conclusão de sua receita alquímica: "E assim o mundo foi criado." Outro texto, tendo descrito a preparação de uma água especial, tem a seguinte seqüência:

> Feito isso, toma uma gota do vinho vermelho consagrado e deixa-a cair na água; vais perceber, instantaneamente, uma enevoada e espessa escuridão, semelhante à da primeira criação. Em seguida, despeja duas gotas e verás a luz nascer das trevas; prossegue despejando, a cada metade de todo quarto de hora, pouco a pouco, primeiro três, depois quatro, cinco e seis gotas, e não mais; verás com teus próprios olhos o aparecimento de coisa após coisa na parte superior da água: como Deus criou todas as coisas em seis dias e como tudo veio a ser, bem como

---

15. *The Lives of the Alchemystical Philosophers*, p. 175.
16. Trismosin, *Splendor Solis: Alchemical Treatises of Solomon Trismosin*, p. 18.
17. Citado por Jung, *E.T.H. Seminars: Alchemy*, p. 146.

segredos que não devem ser comentados em voz alta e que eu, além disso, não tenho o poder de revelar. Ajoelha-te antes de efetuares esta operação. Que teus olhos julguem tudo isso: pois assim o mundo foi criado.[18]

Compreendidos psicologicamente, esses textos equiparam o indivíduo com o mundo; isto é, afirmam que a individuação é um processo de criação do mundo. Schopenhauer começa sua grande obra, *O mundo como vontade e representação*, com a ultrajante afirmação: "O mundo é minha representação." Da mesma maneira, Jung fala da "qualidade criadora do mundo" presente na consciência.[19] Uma tal idéia encontra-se perigosamente próxima da presunção solipsista e, com efeito, é um conteúdo comum da psicose – a idéia de que se é o mundo inteiro ou o centro do universo. Não obstante, trata-se de uma idéia arquetípica de que o indivíduo precisa para não ser engolido pelos padrões estatísticos, coletivos. O pensamento coletivo é revelado pela preocupação com a normalidade de cada um. Se cada qual for um mundo peculiar e distinto de ser, não pode haver normas, porque uma norma é uma média de muitos. A psique individual é, e deve ser, um mundo inteiro em seus próprios limites, a fim de manter-se acima do – e contra o – mundo exterior, e de poder cumprir sua tarefa de portador da consciência. Para que os pratos se equilibrem faz-se necessário que o indivíduo tenha o mesmo peso do mundo.

Essa percepção do indivíduo como um mundo costuma vir a mim, com força considerável, quando trabalho com pacientes. Trata-se de um valioso contrapeso para dúvidas acerca da significação dos nossos esforços com um punhado de indivíduos em comparação com a população mundial de vários bilhões de pessoas.

Embora os textos alquímicos sejam complexos, confusos e até mesmo caóticos, o esquema básico da *opus* é deveras simples. É o seguinte: o propósito é criar uma substância transcendente e miraculosa, simbolizada de várias maneiras: como Pedra Filosofal, Elixir da Vida ou remédio universal. O procedimento é, em primeiro lugar, descobrir o material adequado, a chamada *prima materia*, submetendo-a em seguida a uma série de operações que a transformarão na Pedra Filosofal.

A *PRIMA MATERIA*

O termo *prima materia* tem uma longa história, que remonta aos filósofos pré-socráticos. Esses antigos pensadores estavam presos a uma idéia *a priori*, uma imagem arquetípica que lhes dizia que o mundo é gerado de uma matéria única original, a chamada primeira matéria. Embora divergissem no tocante à identificação dessa matéria primordial, concordavam com sua existência. Tales dizia ser a primeira matéria "água"; Anaximandro a chamava "o ilimitado" (*apeiron*); Anaxímenes dava-lhe o nome de "ar"; e Heráclito a considerava "fogo".

---

18. Citado por Jung, *Psychology and Alchemy*, CW 12, par. 347.
19. *Mysterium Coniunctionis*, CW 14, par. 132.

29

Essa idéia de uma substância única original não tem fonte empírica no mundo exterior. Exteriormente, o mundo é sem dúvida uma multiplicidade. Portanto, a idéia deve ser a projeção de um fato psíquico. Nos termos da fantasia filosófica, imaginava-se, na época, que a primeira matéria passara por um processo de diferenciação por meio do qual fora decomposta nos quatro elementos: terra, ar, fogo e água. Pensava-se que esses quatro elementos, em seguida, se combinaram em diferentes proporções para formarem todos os objetos físicos do mundo. Impôs-se à *prima materia,* por assim dizer, uma estrutura quádrupla, uma cruz, que representa os quatro elementos, dois grupos de contrários: terra e ar, fogo e água. Psicologicamente, esta imagem corresponde à criação do ego a partir do inconsciente indiferenciado mediante o processo de discriminação das quatro funções: pensamento, sentimento, sensação e intuição.

Aristóteles elaborou a idéia da *prima materia* em conexão com sua distinção entre matéria e forma. Segundo ele, a matéria elementar, antes de moldar-se ou de ter a forma imposta sobre si, é pura potencialidade – ainda não atualizada, porque o real não existe enquanto não assume uma forma particular. Segundo afirma um comentador de Aristóteles: "A *primeira matéria* é o nome desse poder inteiramente indeterminado de mudança."[20]

Os alquimistas herdaram a idéia da *prima materia* da antiga filosofia, aplicando-a às suas tentativas de transformação da matéria. Pensavam que, para transformar uma dada substância, era preciso, antes de tudo, reduzi-la ou fazê-la retornar ao seu estado indiferenciado original: "Os corpos não podem ser mudados senão pela redução à sua primeira matéria."[21] E, outra vez: "As espécies ou formas dos metais não podem ser transmutadas em ouro ou prata antes de serem reduzidas à sua matéria essencial."[22]

Esse procedimento corresponde de perto àquilo que ocorre na psicoterapia. Os aspectos fixos e estabelecidos da personalidade – rígidos e estáticos – são reduzidos ou levados outra vez à sua condição indiferenciada original, o que constitui uma das partes do processo de transformação psíquica. O retorno à *prima materia* é ilustrado pelo seguinte sonho:

> *Voltei a uma ala de hospital. Tornei-me criança outra vez e estou nesta ala a fim de iniciar minha vida desde o começo.*

O sonhador tentara o suicídio há pouco tempo, e o sonho indica o significado simbólico desse ato. A criança é a *prima materia* do adulto. A premência de transformação desse paciente provoca seu retorno à condição original. Em termos aristotélicos, a forma que atualiza a personalidade ora existente está sendo dissolvida e levada de volta à primeira matéria, o estado informe da pura potencialidade, para que uma nova forma ou atualidade surja. Tal idéia está representada no seguinte sonho:

---

20. Brehier, *The History of Philosophy: The Hellenic Age,* p. 208.
21. Kelly, *The Alchemical Writings of Edward Kelly,* p. 34.
22. Figulus, *A Golden and Blessed Casket of Nature's Marvels,* p. 298.

Devo lidar com uma criancinha. Sempre que há algo que não se consegue entender – para o qual se está bloqueado –, deve-se chegar perto dessa criança. No momento da falta de entendimento, ela exibe um desbotado brilho carmesim. Esse brilho transmite inocência – que é o material da criancinha –, e essa inocência nos deixa livres para abordar o problema nos termos da nossa própria realidade individual.

A inocência corresponde ao estado de indiferenciação da *prima materia*. O sonho nos faz recordar das palavras de Jesus: "Em verdade, vos digo, se não vos converterdes e não vos fizerdes como meninos, jamais entrareis no reino dos céus" (Mat., 18:3, RSV). Fazer-se como meninos é reverter ao estado inocente e indiferenciado da *prima materia*, um requisito da transformação.

Os aspectos fixos e desenvolvidos da personalidade não permitem mudanças. São sólidos, estabelecidos e certos de sua correção. Somente a condição original – indefinida, fresca e vital, mas vulnerável e insegura –, simbolizada pela criança, está aberta ao desenvolvimento e, portanto, viva. Consideramos a imagem de uma criança em sonhos um dos símbolos do Si-mesmo, mas ela também pode simbolizar a *prima materia*.

Com freqüência, os textos fazem referência a *encontrar*, e não a produzir, a *prima materia*. Esta é descrita de inúmeras maneiras. Eis alguns exemplos típicos:

> Essa Matéria está diante dos olhos de todos; todas as pessoas a vêem, tocam, amam, mas não a conhecem. Ela é gloriosa e vil, preciosa e insignificante, e é encontrada em toda parte... Para resumir, nossa Matéria tem tantos nomes quantas são as coisas do mundo; eis por que o tolo não a conhece.[23]

> No tocante à Matéria, ela é *uma* e contém em si todo o necessário. [...] Da mesma maneira, escreve Arnoldo de Villa Nova, em seu "Flower of Flowers": "Nossa pedra é feita de uma só coisa, e com uma só coisa." Com o mesmo sentido, diz ele ao rei de Nápoles: "Tudo o que se encontra em nossa pedra lhe é essencial, não precisando ela de nenhum ingrediente que lhe seja estranho. Sua natureza é uma só e ele é *uma só coisa*." E afirma Rosino: "Cumpre saberes que o objeto do teu desejo é uma só coisa, da qual são feitas todas as coisas."[24]

> A substância sobre a qual primeiro colocamos as mãos é mineral. Tem ela grande virtude interior, apesar de vil ao olhar. É filha de Saturno, precisas de mais? Concebe-a corretamente, pois é nossa primeira entrada. Tem cor de areia, com veias argênteas que aparecem, entrelaçadas, no corpo... Tem natureza peçonhenta.[25]

> Há em nossa química certa nobre substância, em cujo princípio a aflição rege com o fel, mas em cujo final o júbilo rege com a doçura.[26]

O problema da descoberta da *prima materia* corresponde ao problema da

---

23. Waite, trad., *The Hermetic Museum*, 1:13.
24. *Ibid.*, 12.
25. *The Lives of the Alchemystical Philosophers*, p. 176.
26. Citado em Jung, *Psychology and Alchemy*, CW 12, par. 387.

31

descoberta de material de trabalho na psicoterapia. Esses textos nos apresentam alguns indícios:

1. Ela é ubíqua, está em toda parte, diante dos olhos de todos. Isso significa que o material psicoterapêutico, de igual maneira, encontra-se em todos os lugares, em todas as ocorrências corriqueiras e cotidianas da vida. Os humores e as reações pessoais insignificantes de todos os tipos são materiais apropriados para o trabalho no processo psicoterapêutico.

2. Apesar do seu grande valor interior, a *prima materia* tem uma aparência exterior desagradável, razão pela qual é desprezada, rejeitada e atirada ao lixo. Trata-se a *prima materia* como o servo sofredor citado em Isaías. Psicologicamente, isso significa que a *prima materia* está na sombra, naquela parte da personalidade tida como a mais desprezível. Os aspectos mais dolorosos e humilhantes de nós mesmos são os próprios aspectos a serem trazidos à luz e trabalhados.

3. Aparece como multiplicidade – "tem tantos nomes quantas são as coisas" –, mas é, ao mesmo tempo, una. Essa característica corresponde ao fato de a psicoterapia, inicialmente, tornar a pessoa consciente de sua condição fragmentada, desconectada. De forma sobremodo gradual, esses fragmentos aguerridos vão sendo identificados como aspectos distintos de uma única unidade subjacente. É como se víssemos os dedos de uma mão tocarem uma mesa, de início, apenas em duas dimensões, como dedos distintos, não ligados entre si. Com a visão tridimensional, os dedos são vistos como parte de uma unidade mais ampla, a mão.

4. A *prima materia* é indiferenciada, sem fronteiras, limites ou forma definidos. Isso corresponde a uma certa experiência do inconsciente que expõe o ego ao infinito, o *ápeiron*. Pode evocar o terror da dissolução ou o assombro da eternidade. Oferece um vislumbre do pleroma, do *increatum*, o caos que precedeu a operação do Logos criador do mundo. Trata-se do medo da falta de fronteiras, que costuma levar a pessoa a contentar-se com os limites do ego que tem, em vez de arriscar-se a cair no infinito ao tentar ampliá-las (ver figuras 1-3 e 1-4).

AS OPERAÇÕES

É deveras difícil compreender a alquimia tal como expressa nos escritos originais. Encontramos uma selvagem, luxuriante e intrincada massa de imagens superpostas que têm um efeito enlouquecedor para a mente consciente em busca de ordem. Meu método de organização do caos da alquimia consiste em concentrar a atenção nas principais operações alquímicas. Descoberta a *prima materia*, deve-se submetê-la a uma série de procedimentos químicos a fim de transformá-la na Pedra Filosofal. Praticamente todo o conjunto de imagens alquímicas pode ser organizado em torno dessas operações – o que não se aplica apenas a esse conjunto de imagens. Muitas imagens mitológicas, religiosas e folclóricas também giram em torno delas, já que vêm da mesma fonte: a psique arquetípica.

Não há um número exato de operações alquímicas, e muitas imagens se sobrepõem. Para meus propósitos, considerei sete dessas operações como os

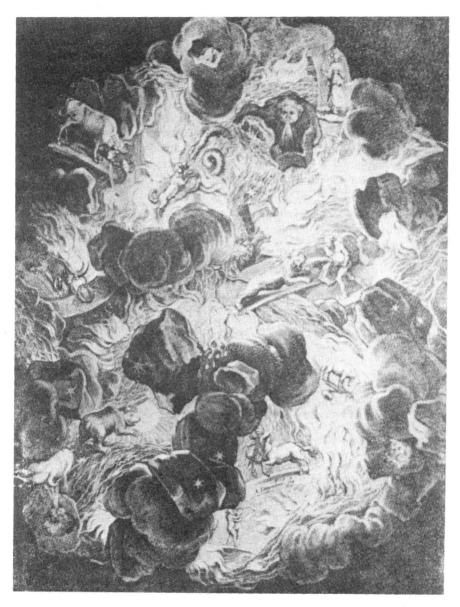

FIGURA 1-3
A *prima materia* como caos. (Marolles, *Tableaux du temple des muses*, 1655. Londres, British Museum. Reproduzido em Jung, *Psychology and Alchemy.*)

principais componentes da transformação alquímica. São elas: *calcinatio, solutio, coagulatio, sublimatio, mortificatio, separatio, coniunctio*. (Uso os termos latinos, em vez de calcinação, solução, etc., para distinguir os processos psicológicos dos procedimentos químicos.) Cada uma dessas operações é o centro de um elaborado sistema de símbolos. Esses símbolos centrais da transformação compõem o principal conteúdo de todos os produtos culturais. Eles fornecem as categorias básicas para a compreensão da vida da psique, ilustrando praticamente toda a gama de experiências que constituem a individuação.

Nos capítulos a seguir, considerarei sucessivamente cada uma dessas operações. Cada capítulo será acompanhado de um quadro indicativo dos principais vínculos simbólicos que se agregam ao redor da imagem núcleo. Os quadros são parte importante do meu método, pois desejo acentuar a natureza estrutural de cada sistema de símbolos. Embora eu vá tentar ser claro e explícito, a natureza do assunto requer que muita coisa se mantenha no nível da imagem e do símbolo. Para justificá-lo, ofereço as seguintes observações de Jung:

> Não devemos censurar a linguagem secreta dos alquimistas: a percepção aprofundada dos problemas do desenvolvimento psíquico logo nos ensinarão ser preferível reservar o julgamento, em vez de anunciar prematuramente aos quatro ventos, o que é o quê. Com efeito, todos temos um compreensível desejo de clareza cristalina, mas corremos o risco de esquecer o fato de lidarmos, em assuntos psíquicos, com processos de experiência, isto é, com transformações que jamais devem receber denominações rígidas e apressadas, se não se desejar petrificá-las em alguma coisa estática. O mitologema multiforme e o símbolo frágil exprimem os processos da psique de maneira muito mais vigorosa e, no final das contas, muito mais claramente, do que o mais explícito conceito; porque o símbolo não apenas transmite uma visualização do processo, como também – e isso talvez tenha a mesma importância – traz uma renovada experiência dele, daquele lusco-fusco que somente podemos aprender a entender por meio da empatia inofensiva, mas que a clareza demasiada apenas dissipa.[27]

---

27. Jung, *Alchemical Studies*, CW 13, par. 199.

FIGURA 1-4
Cérbero como o aspecto devorador e desconcertante da *prima materia*. (Século XV, Biblioteca Apostolica Vaticana, Cod. Pal. lat. 1066, fol. 239. Reproduzido em Derola, *The Secret Art of Alchemy*.)

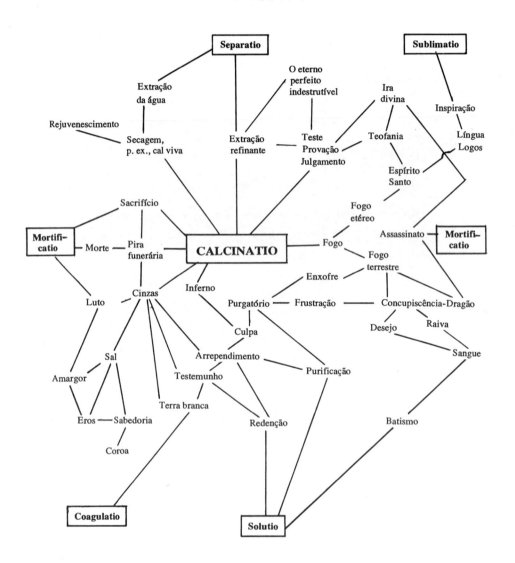

2 Calcinatio

A maioria das listas de operações alquímicas começa com a *calcinatio*. Uns poucos autores dizem que a *solutio* vem antes. Todavia, a seqüência de operações (com uma ou duas exceções) não parece ter significação psicológica. Qualquer uma das operações pode ser a inicial, podendo as outras segui-la em qualquer seqüência.

Tal como ocorre com a maioria das imagens alquímicas, a *calcinatio* deriva parcialmente de um procedimento químico. O processo químico da calcinação envolve o intenso aquecimento de um sólido, destinado a retirar dele a água e todos os demais elementos passíveis de volatização. Resta um fino pó seco. O exemplo clássico de calcinação, do qual surgiu o termo cal (calx = cal), é o aquecimento da pedra calcária ($CaCO_3$) ou do hidróxido de cálcio ($Ca(OH)_2$) para produzir cal viva (CaO, *calx viva*). Acrescentando-se água à cal viva, esta apresenta a interessante característica de geração de calor. Os alquimistas pensavam que continha fogo e por vezes a equiparavam ao próprio fogo.[1]

O prodígio da cal viva aos olhos da mente que desconhece a química é vividamente descrito por Agostinho:

> Consideremos as maravilhas da cal; porque, antes de tornar-se branca no fogo, o que torna outras coisas negras... ela também apresenta a misteriosa propriedade de ocultar o fogo dentro de si. Sendo ela própria fria ao ser tocada, tem, não obstante, um repositório secreto de fogo, que não se revela imediatamente aos nossos sentidos, mas que, segundo nos ensina a experiência, jaz, por assim dizer, adormecido em seu interior, sem ser visto. E esta é a razão pela qual lhe dão o nome de "cal viva", como se o fogo fosse a alma invisível que dá vida à substância visível ou corpo. Mas o deslumbre reside no fato de esse fogo ser atiçado no momento em que é extinto. Porque, para fazer surgir o fogo escondido, a cal é umedecida ou encharcada com água; então, embora fria anteriormente, eis que ela começa a aquecer-se pela aplicação da própria substância que esfria o que é quente. Como se o fogo estivesse partindo da cal e exalasse seu último suspiro; já não se acha oculto, mas se mostra. E a cal, jazendo na frieza da morte, não pode ser reanimada e aquilo que antes chamávamos "viva" agora chamamos "apagada".[2]

---

1. *The Glory of the World* diz: "Toma do fogo, ou cal viva dos sábios, que é o fogo vital de todas as árvores, e nele o próprio Deus arde pelo divino amor" (Waite, trad., *The Hermetic Museum*, 1:198).
2. Agostinho, *City of God*, 21:4.

Cada um dos quatro elementos tem sua própria operação particular. A *calcinatio* é a operação do fogo (as outras são: *solutio*, água; *coagulatio*, terra; e *sublimatio*, ar). Eis por que toda imagem que contém o fogo livre queimando ou afetando substâncias se relaciona com a *calcinatio*. Isso nos leva a todo o rico e complicado tema do simbolismo do fogo. Jung demonstrou que o fogo simboliza a libido.[3] Trata-se de uma afirmação bastante geral. Para especificar as implicações do fogo e dos seus efeitos, devemos examinar a fenomenologia da imagem em suas inúmeras ramificações.

Em *The Twelve Keys*, de Basil Valentine, encontramos a seguinte receita de *calcinatio*: "Toma um feroz lobo cinzento, que... é encontrado nos vales e montanhas do mundo, nos quais uiva, quase selvagem, de fome. Dá-lhe o corpo do rei e, quando ele o tiver devorado, queima-o totalmente, até torná-lo cinzas, numa grande fogueira. Por este processo, o rei será libertado; e quando isso tiver sido realizado por três vezes, o leão terá suplantado o lobo e nada encontrará nele para devorar. E assim nosso corpo terá se tornado apropriado para o primeiro estágio do nosso trabalho."[4] (Ver figura 2-1.)

FIGURA 2-1
Calcinatio do rei. O lobo, como *prima materia*, devorando o rei morto. (Apud Maier, *Atalanta Fugiens*, 1618.)

---

3. Jung, *Symbols of Transformation*, CW 5, par. 208.
4. Waite, trad., *The Hermetic Museum*, 1:325.

Read interpretou quimicamente esta passagem. Ele equipara o lobo com o antimônio, chamado de "'lobo dos metais' por ter 'devorado' – ou se unido com – todos os metais, menos o ouro. Devido ao seu uso na purificação do ouro fundido – do qual as impurezas são removidas sob a forma de uma escuma –, o antimônio também era chamado *balneum regis,* 'o banho do Rei'".[5] Portanto, a passagem referir-se-ia à purificação do ouro pela sua fusão com o antimônio, realizada por três vezes. Essa interpretação pode estar correta de um ponto de vista estritamente químico. Entretanto, não consegue levar em conta o significado das imagens fantasiosas projetadas no processo químico. Essas imagens representam o componente psíquico da alquimia, principal interesse do psicoterapeuta.

O texto fala do "corpo do rei". Presume-se que o rei já esteja morto, tendo sido assassinado pelo processo da *mortificatio.* A morte do rei é um tempo de crise e de transição. O regicídio é o crime mais grave. Psicologicamente, significaria a morte do princípio que rege a consciência, a mais elevada autoridade da estrutura hierárquica do ego. Por conseguinte, a morte do rei seria acompanhada por uma dissolução regressiva da personalidade consciente. Esse curso de eventos é indicado pelo fato de o corpo do rei servir de alimento a um lobo raivoso; isto é, o ego foi devorado pelo desejo faminto. O lobo, por sua vez, alimenta o fogo. Mas lobo = desejo e desejo = fogo. Assim, o desejo consome a si mesmo. Depois de uma descida ao inferno, o ego (rei) renasce, à feição da fênix, num estado purificado.

Tal como ocorre nos contos de fadas, a repetição tríplice significa a consumação de um processo temporal.[6] A asserção de que o "leão terá suplantado o lobo" equipararia o leão ao fogo que consome o lobo. O leão é o "sol inferior",[7] uma representação teriomórfica do princípio masculino. Uma vez que sol, rei e ouro se equivalem, isso significaria a descida da consciência ao reino animal, no qual deve suportar as ferozes energias do instinto. No conjunto químico de imagens, seria a purificação ou refino do ouro.

Nosso texto parece estabelecer três níveis. De baixo para cima há o nível do lobo, o nível do fogo ou do leão e o nível do rei. Se equipararmos o lobo com o desejo elemental, o leão com o impulso egocêntrico de poder e o rei com a consciência objetiva, capaz de discriminar, chegamos a um paralelo muito próximo dos estágios da transformação dos instintos, na formulação de Esther Harding – isto é, o autos, o ego e o Si-mesmo.[8] Embora Harding use esses termos para denotar centros sucessivos da consciência no curso do desenvolvimento psicológico, também é possível entendê-los como camadas

---

5. Read, *Prelude to Chemistry*, p. 201.
6. Edinger, *Ego and Archetype*, pp. 179ss. [*Ego e Arquétipo*, Cultrix, 1988.]
7. Jung, *Mysterium Coniunctionis, CW* 14, par. 21.
8. Diz Harding: "No primeiro estágio... o centro focal, o eu, é completamente dominado pelos desejos auto-eróticos. Denominei esse centro de autos. No segundo estágio, o ego torna-se o centro da consciência, e os impulsos instintivos são modificados por meio de sua relação com a consciência do ego recém-descoberta, a qual diz, por sua vez, 'eu'. No terceiro estágio, o ego é deslocado de sua posição central, tornando-se de importância relativa diante do novo centro da consciência, o Si-mesmo, cujo imperativo categórico assume o controle supremo." (*Psychic Energy, Its Source and Goal*, pp. 23-24.)

39

estruturais residuais da psique adulta que se acham sujeitas a reativação. O ato de alimentar o lobo com o rei, a consumação do lobo pelo fogo (leão) e o renascimento do rei a partir do fogo significariam, em conseqüência, a regressão do ego ao estágio "autos" original de desejo auto-erótico. Segue-se o estágio do "ego" ou do poder pessoal e, por fim, o retorno de uma consciência objetiva refinada ou aumentada.

Um homem de meia-idade, que padecia de uma renitente moléstia, teve um sonho que se aproxima bastante do nosso texto:

O rev. X (um ministro bem conhecido que o paciente reverenciava) morrera. Seu corpo deveria ser cremado e havia dúvidas acerca de quem ficaria com o ouro que seria deixado depois que o seu corpo ardesse. Vi o ouro líquido, de cor bastante escura, mantido numa espécie de matéria negra, talvez cinzas negras... Meu primeiro pensamento a respeito do ouro foi negativo, um sentimento de repugnância, depois, veio-me a idéia de que o falecido deveria ter sido alguém muito especial e de que o ouro era uma espécie de essência sua ou a coisa de valor que ele deixara.

Este sonho combina vários temas alquímicos: a *calcinatio* como cremação; a morte e o negrume da *mortificatio;* a extração da essência, *separatio;* e a produção do ouro, o alvo da *opus*. Tanto no texto como no sonho, o rei morto ou figura do pai é objeto da *calcinatio*.[9] O sonho sugere que o valor de vida dominante, em torno do qual a pessoa se estruturou, está passando por uma reavaliação.

O fogo calcinatório pode derivar da sexualidade. Por exemplo, um homem que lidava com uma sexualidade compulsiva teve o seguinte sonho:

Ele vê a mãe numa cesta de arame coberta por fragmentos de ardósia quente. O procedimento, ao que se supõe, é terapêutico, mas afirma-se que pode tornar-se diabólico caso os fragmentos de ardósia sejam aquecidos a tal ponto que o transformem em tortura.

O sonhador lembrou-se de ter visto ratos escapando de uma cesta de lixo em chamas. Neste sonho, a mãe representa a *prima materia*, que deve ser submetida à *calcinatio*. Em outras palavras, trata-se do reino de Eros do princípio feminino, que requer purificação (ver figuras 2-2 e 2-3).

Noutro texto, a *calcinatio* é descrita da seguinte forma: "Toma então todo o sedimento que houver na retorta, negro como fuligem, sedimento esse chamado nosso dragão, sedimento que se calcina... num atiçado fogo fervente... até tornar-se uma cal branca, branca como neve."[10] (Ver figura 2-4.) Aqui, a matéria a ser calcinada chama-se dragão ou "sedimento negro"

---

9. Frances Wickes relatou um sonho com esse mesmo tema, de um homem que tinha um problema com a mãe: *O velho rei, cuja crueldade é completamente irracional, deve ser morto com sua própria espada, uma lâmina curva e enferrujada. Feito isso, uma chama se eleva do corpo sem vida. Enquanto o velho rei é consumido até as cinzas, uma espada reluzente aparece no centro da chama* (The Inner World of Choice, p. 114).

10. "The Bosom Book of Sir George Ripley", in *Collectanea Chemica*, p. 126.

FIGURA 2-2
Calcinatio de um animal da Terra. (MS. Sloane I. 1316, século XVII. Londres, British Museum. Reproduzido em Burland. *The Arts of the Alchemists*.)

FIGURA 2-3
Calcinatio do pai devorador *(Mutus Liber*, 1702. Reproduzido em Jung, *Psychology and Alchemy*.)

– isto é, matéria da sombra. Outro texto dá-lhe o nome de etíope: "Então surgirá, na parte inferior do vaso, o poderoso etíope, queimado, calcinado, alvejado, totalmente morto e sem vida. Ele pede para ser enterrado, para ser aspergido com sua própria umidade e lentamente calcinado até surgir, sob uma forma brilhante, do implacável fogo... Contempla uma prodigiosa restauração ou renovação do etíope!"[11]

Os três textos citados bastam para demonstrar a natureza da substância a ser calcinada. É chamada, quer "lobo voraz", "sedimento negro", "dragão" ou "poderoso etíope". Esses termos dizem que a *calcinatio* é efetuada no lado primitivo da sombra, que acolhe o desejo faminto e instintivo e é contaminado pelo inconsciente. O fogo para o processo vem da frustração desses mesmos desejos instintivos. Uma tal provação de desejo frustrado é um aspecto característico do processo de desenvolvimento.

FIGURA 2-4
O fogo do dragão sendo atiçado e extinto. (Trismosin, *Splendor Solis*, 1582.)

---

11. Melchior, citado por Jung em *Psychology and Alchemy*, CW 12, pars. 484-85.

Um homem que suportou uma prolongada frustração teve o seguinte sonho:

O sonhador se acha num local cavernoso, talvez subterrâneo. Por uma porta, vêm possantes massas brancas e quentes de pedra calcária, que deslizam ou rolam, passando por ele. O local está tomado pela fumaça e pelo fogo. Ele busca uma saída, mas sempre que abre uma porta, encontra revoltas ondas de fumaça que o fazem retroceder.

Ao despertar, suas primeiras associações foram com o inferno ou com a fornalha abrasadora de Nabucodonosor. Nesse sonho, a inerte pedra calcárea está no processo de ser transformada na ativa cal viva por meio da *calcinatio*. As associações trazem à baila a imagem bíblica da *calcinatio*, a fornalha abrasadora de Nabucodonosor, permitindo uma interessante observação psicológica. Nabucodonosor ordenava a todas as pessoas que se prostrassem diante de sua imagem de ouro, numa atitude de adoração. Sadraque e Mesaque e Abede-Nego recusaram-se a fazê-lo. Tomado de uma fúria insana, Nabucodonosor os fez jogar na fornalha abrasadora. Mas eles ficaram ilesos; viram-se, em meio ao fogo, quatro homens, tendo o quarto homem "o aspecto de um filho dos deuses" (Daniel, 3:25; JB).

O relato acentua a raiva insana de Nabucodonosor. Podemos equiparar sua raiva à fornalha abrasadora. Ele personifica o motivo do poder, a autoridade arbitrária do ego inflamado, que passa pela *calcinatio* quando suas pretensões irresistíveis são frustradas pela presença da autoridade transpessoal (o Deus de Sadraque, Mesaque e Abede-Nego). Nabucodonosor corresponde ao rei de nossa citação alquímica, que serve de alimento ao lobo e depois é calcinado. Outro aspecto interessante é o fato de, na fornalha, três homens se tornarem quatro. Trata-se de uma clara alusão à totalidade do Si-mesmo, que emerge em meio à frustração das exigências de poder do ego. A fornalha abrasadora de Nabucodonosor exprime uma situação arquetípica. É aquilo que encontramos quando desafiamos uma autoridade arbitrária, seja interior ou exterior. Passar ou não por uma *calcinatio* depende dos motivos que nos levam a agir: motivos do ego ou do Si-mesmo (ver figura 2-5).

Sadraque, Mesaque e Abede-Nego ficaram imunes ao fogo. Isso evoca um motivo típico. Eliade discutiu o "domínio do fogo" como uma característica do xamanismo e da mitologia da metalurgia primitiva.[12] Supunha-se que os xamãs fossem imunes ao fogo. Eles eram capazes de engolir ou de pegar brasas flamejantes, sem correr o mínimo perigo. Nesse sentido, uma mulher teve um sonho interessante.

A sonhadora viu uma mulher debruçando-se sobre um barril semelhante a um caldeirão, tendo nas mãos uma bola de fogo. Completamente impassível, sem evidenciar dor ou ferimento, ela segurou, deu forma e prensou a bola de fogo como se fosse louça sendo lavada. A sonhadora observou tudo, tomada de assombro.

---

12. Eliade, *The Forge and the Crucible*, pp. 79ss; ver também *Shamanism*.

FIGURA 2-5
A fornalha ardente de Daniel. (Bíblia de Santo Estêvão Harding, século XII. Dijon, Bibliothèque Municipale, MS. 14. Reproduzido em *Medieval Manuscript Painting*.)

Associou-se o sonho a uma anciã navajo que a sonhadora vira certa feita fazendo pão sobre uma pedra aquecida, com as mãos descobertas. O sonho ocorreu num momento em que a paciente iniciava um importante projeto criativo e indica a ativação das energias criadoras do Si-mesmo[13] (ver a figura 2-6).

A imagem da invulnerabilidade ao fogo indica uma imunidade à identificação com o afeto. A experiência da psique arquetípica tem esse efeito,

---

13. A interpretação da mulher que amassa o fogo como o Si-mesmo sustenta-se na seguinte amplificação: "Em Efraim, o escritor sírio de hinos, João Batista, diz a Cristo: 'Uma centelha de fogo, no ar, vos espera sobre o Jordão. Se a seguirdes e fordes batizado, então apossai-vos de vós mesmo, porque quem tem o poder de tomar o fogo ardente nas mãos? Vós que sois todo fogo, tende piedade de mim.' " (Citado em Jung, *Psychology of the Unconscious*, p. 547, n. 61.)

graças ao fato de ampliar e aprofundar a consciência do ego. Há então menores probabilidades de identificação com as reações emocionais pessoais ou dos outros. Em contraste com isso, um ego fraco é sobremodo vulnerável ao ser consumido pelo encontro com um afeto intenso. Esse fenômeno é descrito por um poema de Dorsha Hayes:

> *Filled with a clutter of unsorted stuff*
> *a spark can set a man ablaze. What's there*
> *heaped high among stored rubbish at a puff*
> *will burst in flame. No man can be aware*
> *of how inflammable he is, how prone*
> *to what can rage beyond control, unless*
> *the piled up litter of his life is known*
> *to him, and he is able to assess*
> *what hazard he is in, what could ignite.*
> *A man, disordered and undisciplined,*
> *lives in the peril of a panic flight*
> *before the onrush of a flaming wind.*
> *Does it now seem I seek to be profound?*
> *I stand on smoking ash and blackened ground!*[14]

[Feito de material de todo tipo / uma simples fagulha pode incendiar um homem. O que / está empilhado no meio da escória, com um simples sopro / romperá em chamas. Nenhum homem tem consciência / de quão inflamável ele é, de como é propenso / ao que pode fazê-lo perder o controle, a não ser que / o monte de confusão que é a sua vida seja do seu conhecimento, / e ele seja capaz de avaliar / a iminência de incêndio em que se encontra. / Transtornado, indisciplinado, o homem corre o risco de fugir em pânico / ante a investida de um vento mais impetuoso. / Acaso pareço agora estar sendo profundo? / Piso sobre cinzas fumegantes!]

O fogo da *calcinatio* é um fogo purgador, embranquecedor. Atua sobre a matéria negra, a *nigredo,* tornando-a branca. Diz Basil Valentine: "Deves saber que isso (a *calcinatio*) é o único meio correto e legítimo de purificar nossa substância."[15] Isso a vincula ao simbolismo do purgatório. A doutrina do purgatório é a versão teológica da *calcinatio* projetada na vida depois da morte. A principal fonte escritural da doutrina é a afirmação de Paulo em I Coríntios 3: 11-15 (RSV):

> Porque ninguém pode pôr outro fundamento além do que está posto, que é Jesus Cristo. E se alguém construir sobre esse fundamento com ouro, prata, pedras preciosas, madeira, feno, palha, a obra de cada um se manifestará; porque o Dia a tornará conhecida, já que será revelada pelo fogo; e o fogo provará qual seja a obra de cada um. Se a obra que alguém edificou sobre esse fundamento permanecer, esse terá uma recompensa. Se a obra de alguém se queimar, esse sofrerá detrimento, mas se salvará, embora somente através do fogo.

---

14. Hayes, "Fire Hazard", in *The Bell Branch Rings,* p. 26.
15. Waite, trad., *The Hermetic Museum,* 1:325.

FIGURA 2-6
A salamandra brilhante que vive no fogo. O espírito mercurial da *prima materia,* como salamandra, divertindo-se no fogo. (Maier, *Atalanta Fugiens,* 1618.)

Agostinho comenta esta passagem: o homem que constrói com madeira, feno e palha é o homem tomado pela luxúria e pelo desejo carnal, mas: "Desde que não prefira essa afeição ou prazer a Cristo, Cristo é seu fundamento, embora sobre ele o homem construa com madeira, feno e palha; assim sendo, será salvo pelo fogo. Pois o fogo da aflição fará esses prazeres luxuriosos e amores terrenos arderem ... e desse fogo o combustível é a privação, e todas as calamidades que consomem esses arrebatamentos."[16] Mais uma vez: "As coisas objeto de um amor possessivo não são perdidas sem angústia. Mas como ... ele prefere sofrer a perda dessas coisas a perder Cristo, e não abandona Cristo por temor de perder essas coisas – mesmo que possa lamentar-lhes a perda – ele 'se salvará', na realidade, 'embora pelo fogo'. Ele 'queima' de dor, pelas coisas que amou e perdeu, mas isso não o subverte nem consome, seguro como está pela estabilidade e caráter indestrutível do seu fundamento."[17]

A doutrina do purgatório ainda não se havia estabelecido à época dos escritos de Agostinho. Todavia, essas observações seriam aplicadas, ulteriormente, ao fogo purgatorial. Agostinho faz duas importantes afirmações de cunho psicológico. Em primeiro lugar, o fogo do purgatório é causado

---

16. Agostinho, *City of God,* 21:26.
17. Agostinho, *Confessions and Enchiridion,* 18:68.

pelas frustrações da luxúria, do desejo, do amor possessivo – numa palavra, pela concupiscência. Em segundo, podemos sobreviver a esse fogo caso tenhamos um forte fundamento em Cristo. Psicologicamente, isso significaria que o desenvolvimento psicológico será promovido pela frustração dos desejos de prazer e de poder, desde que a pessoa tenha uma relação essencialmente viável com o Si-mesmo simbolizado por Cristo.

Próxima à doutrina do purgatório, com seu fogo purgador mas redentor, há uma imagem de *calcinatio* perpétua, a idéia do fogo eterno punitivo. Ixião foi punido pelo crime de tentar seduzir Hera com sua prisão a uma roda de fogo eterna. A crença de que os malditos eram punidos depois da morte era disseminada na antigüidade. Escreve Cumont: "Dentre todas as formas de punição, predomina a punição pelo fogo. A idéia de que as Erínias queimavam os amaldiçoados com suas tochas é antiga; o Piriflegeton é um rio ígneo que circunda o Tártaro. Certos autores iam além disso. Luciano, em seu *Histórias verdadeiras*, descreve a ilha dos ímpios como um imenso braseiro do qual se elevam sulfurosas e negras chamas."[18] (Ver figura 2-7.)

FIGURA 2-7
O violento torturado numa chuva de fogo. (Doré, *Ilustrações para a* Divina Comédia *de Dante.*)

Da mesma forma, no budismo, o *Avichi*, o mais baixo dos "infernos quentes", é um lugar de tortura pelo fogo como punição dos pecados.[19]

---

18. Cumont, *Afterlife in Roman Paganism*, p. 175.
19. Hastings, *Encyclopedia of Religion and Ethics*, 11:830.

47

Contudo, essa imagem é mais plenamente desenvolvida na doutrina cristã do inferno. Uma de suas fontes é Mateus, 25: 41-43 (RSV): "Então dirá aos que estiverem à sua esquerda: 'Apartai-vos de mim, malditos, para o fogo eterno, preparado para o diabo e seus demônios; porque tive fome e não me destes de comer, tive sede e não me destes de beber, era estrangeiro e não me recolhestes, estava nu e não me vestistes, enfermo e na prisão, e não me visitastes.' "

Tal como fizera Agostinho, Orígenes, num comentário dessa passagem, equipara o fogo com as paixões do homem. Ele diz o seguinte:

> Vejamos agora qual o significado do temido "fogo eterno". Ora, diz o profeta Isaías que o fogo pelo qual cada homem é punido pertence a ele mesmo. Pois, diz ele: "Andai no lume do vosso fogo, e por entre as labaredas que ateastes." (Isaías, 50: 11.)
>
> Estas palavras parecem indicar que cada pecador ateia ele mesmo seu próprio fogo, não sendo atirado a um fogo que alguém ateou previamente ou que existia antes dele. Desse fogo, o alimento e o material são nossos pecados, chamados pelo apóstolo Paulo madeira, feno e palha ... na própria essência da alma, aqueles mesmos desejos daninhos que nos levam ao pecado produzem certos tormentos.
>
> Considera o efeito das faltas da paixão que com freqüência acometem os homens, como ocorre ao ser a alma consumida pelas chamas do amor, atormentada pelo fogo do ciúme ou da inveja, tomada pela raiva furiosa ou consumida pela intensa melancolia, lembrando como alguns homens, por considerarem o excesso desses males um peso demasiado para ser suportado, julgaram mais tolerável submeter-se à morte do que arcar com essas torturas.[20]

Temos aqui uma interpretação psicológica do fogo do inferno notável, considerando-se que foi escrita no século III. Ela demonstra que, para os primeiros padres da Igreja, as realidades psíquica e teológica eram uma só. O fogo do inferno é a punição imposta àqueles que forem condenados no "juízo final", que são "pesados na balança e julgados culpados". É o destino daquele aspecto do ego que se identifica com as energias transpessoais da psique e as utiliza para fins de prazer ou de poder pessoais. Esse aspecto do ego, identificado com a energia do Si-mesmo, deve passar pela *calcinatio*. Só se considerará o processo "eterno" quando se estiver lidando com uma dissociação psíquica que separe de modo inevitável o bem do mal e o céu do inferno.

Há muitas expressões vívidas do fogo do juízo final. Por exemplo, em Apocalipse, 20:13-15 (RSV), temos: "E deu o mar os mortos que nele havia,

---

20. Orígenes, *On First Principles*, 2:4-5. Um ano depois, Thomas à Kempis o exprimiu da seguinte maneira (*The Imitation of Christ* 1:24):
Que mais o fogo do inferno alimentará, senão teus pecados?
Quanto mais te tratares com indulgência e seguires a carne, tanto mais severa, mais tarde, será tua punição, e tanto maior o combustível que acumulas para essa chama.
Nas coisas em que o homem pecar, nessas mesmas será ele mais dolorosamente punido.
E os indolentes serão empurrados com aguilhões incandescentes, e os glutões serão atormentados pela sede e pela fome extremas.
E os luxuriosos e amantes do prazer serão banhados em piche ardente e em enxofre malcheiroso e os invejosos, como cães danados, uivarão de dor.
Não há pecado que não tenha seu próprio tormento.
E o orgulhoso será tomado por toda a confusão; os que cobiçam vão sofrer de extrema penúria.

a Morte e o Hades deram os mortos que neles havia, e todos foram julgados pelas suas obras... e aqueles que não tinham o nome escrito no livro da vida foram lançados no lago de fogo."

Em outro ponto, lemos o seguinte:

> Se alguém adorar a besta e a sua imagem, e trouxer a sua marca na testa, este beberá do vinho da ira de Deus, que está misturado com outro puro no cálice de sua indignação; e será atormentado [βασανισθησεται] com fogo e enxofre na presença dos santos anjos, e do Cordeiro: e a fumaça do seu tormento [βασανισμου] se levantará por séculos e séculos; e não terão descanso, nem de dia nem de noite, os que tiverem adorado a besta e a sua imagem; e o que tiver trazido a marca do seu nome.[21] (Apocal. 14:9-11, AV.)

Aqui, o fogo punitivo do juízo final é identificado com a ira de Deus. O mesmo ocorre no hino Seqüência, *Dies Irae*, na missa exequial. Ele apresenta o juízo final, de maneira muito explícita, como uma *calcinatio*:

> *Dies irae, dies illa*
> *Solvet saeclum in favilla*
> *Teste David cum Sibylla*

[Ó dia de ira, ó dia, em que o mundo se dissolve em cinzas flamejantes, como o testemunha Davi com a Sibila.]

A referência à Sibila remete a uma passagem do Livro II dos *Sibylline Oracles:*

> E eis que um grande rio de fogo ardente fluirá dos céus e consumirá todos os lugares, a terra, o grande oceano e o cinzento mar, lagos, rios e fontes, o implacável Hades e o Pólo do céu: mas as luzes do céu fundir-se-ão numa só e numa forma (?) vazia (desolada). Porque as estrelas cairão do céu no mar (?) e todas as almas humanas rilharão os dentes ao arderem no rio de enxofre e o afluxo do fogo na planície flamejante e as cinzas cobrirão todas as coisas, e todos os elementos do mundo serão pó: ar, terra, mar, luz, pólos, dias e noites, e as multidões de pássaros não mais cruzarão o ar, nem as criaturas que nadam percorrerão o mar; nenhum barco navegará com sua carga pelas ondas; o gado não mais sulcará com perfeição a terra cultivada; não mais haverá o som de ventos velozes, mas ele fará de tudo uma só coisa, e as purgará para que se purifiquem.[22]

Neste trecho, a *calcinatio* se entremescla com a imagem da *coniunctio*. Os quatro elementos fundem-se num único elemento quintessencial. A multiplicidade transforma-se em unidade. Por essa razão, o trecho faz referência à integração da personalidade por meio do processo de *calcinatio*. Trata-se de um exemplo da noção generalizada de que o mundo terminará em chamas. Os

---

21. A palavra grega para tormento é βασανιζειν ou βασανιμος. A respeito desta palavra Jung diz: "Para os alquimistas, tinha um duplo sentido: βασανιζειν também significava 'teste da pedra de toque' (βασανος). O *lapis lydius* (pedra de toque) era usado como sinônimo do *lapis philosophorum*. A autenticidade ou incorruptibilidade da pedra é verificada pelo tormento do fogo sendo inalcançável sem ele. Esse *leitmotiv* permeia a alquimia." (*Alchemical Studies*, par. 94.)

22. James, *The Apocryphal New Testament*, p. 522.

estóicos cultivavam a idéia, que segundo eles vinha de Heráclito, de que cada ciclo cósmico ou *magnus annus* termina numa configuração, numa εκπυρωσις.[23]

De acordo com Josephus, Adão previu que a Terra seria destruída duas vezes, numa delas pela água e na outra pelo fogo[24] – primeiro, uma *solutio* e, mais tarde, uma *calcinatio*. Essa mesma idéia é expressa em 2 Pedro, 3: 6, 7 (RSV): "O mundo de então pereceu, coberto pelas águas do dilúvio. Mas, pela mesma palavra, os céus e a terra de hoje são reservados para o fogo, guardados até o dia do julgamento e da destruição dos homens ímpios."

Num poema de Robert Frost, as imagens do fogo e do gelo são associadas com o fim do mundo:

Some say the World will end in fire,
Some say in ice.
From what I've tasted of desire
I hold with those who favor fire.
But if it had to perish twice,
I think I know enough of hate
To say that for destruction ice
Is also great
And would suffice.[25]

[Alguns dizem: o Mundo acabará em fogo / Outros dizem: em gelo. / Pelo que provei do desejo, / Estou com quem prefere o fogo. / Mas se o mundo tiver de perecer duas vezes, / Creio que conheço bem o ódio / Para dizer que para destruir, o gelo / Também é excelente / E seria o bastante.]

Outro poeta moderno usa a mesma imagem:

Fire will surely come one day to purify the earth. Fire will surely come one day to obliterate the earth. This is the Second Coming.

The Soul is a flaming tongue that licks and struggles to set the black bull of the world on fire. One day the entire universe will become a single conflagration.

Fire is the first and final mask of my God. We dance and weep between two enormous pyres.[26]

[O fogo por certo virá um dia purificar a Terra. O fogo por certo virá um dia obliterar a Terra. Essa é a Segunda Vinda.
A Alma é uma língua de fogo que golpeia e luta para fazer arder o touro negro do mundo. Um dia, todo o universo será uma única conflagração.
O fogo é a primeira e última máscara do meu Deus. Dançamos e choramos entre duas enormes piras.]

---

23. Hastings, *Encyclopedia of Religion and Ethics*, 1:198.
24. Josephus, *Antiquities of the Jews*, 1:ii, 3.
25. Frost, "Fire and Ice", in *Complete Poems of Robert Frost*, p. 268.
26. Kazantzakis, *The Saviors of God*, p. 128.

O Juízo Final pelo fogo corresponde à provação pelo fogo que testa a pureza dos metais e lhes retira todas as impurezas. Há inúmeras passagens do Antigo Testamento que usam metáforas metalúrgicas para descrever os testes a que Iahweh submete seu povo eleito. Por exemplo, Iahweh diz:

> Voltarei minha mão contra ti, purificarei as tuas escórias no cadinho, removerei todas as tuas impurezas. (Isa., 1: 24, 25, JB.)

> E eis que te pus na fogueira como à prata, testando-te no cadinho da aflição. Por causa de mim mesmo, e só por mim mesmo, agi – deveria meu nome ser profanado? Jamais darei a minha glória a outro. (Isa., 48: 10, 11, JB.)

> Eu os levarei ao fogo, e os purificarei como se purifica a prata, e os testarei como se testa o ouro. Eles invocarão meu nome e eu escutarei, respondendo: Eis o meu povo; e todos dirão "Iahweh é meu Deus! (Zacarias, 13: 9, JB.)

> Tu, ó Deus, nos provaste, tu nos refinaste como se refina a prata, fizeste-nos cair na rede, puseste pesadas cargas em nossas costas, deixaste que caminhassem sobre as nossas cabeças; agora passamos pelo fogo e pela água, e nos permites retomar o fôlego. (Salmos, 66: 10-12, JB.)

E Iahweh fala dos purificados ou redimidos, daqueles que passaram pela *calcinatio:* "Não temas, porque eu te resgatei; eu te chamei pelo teu nome, és meu. Quando passares pelo mar, estarei contigo; quando passares pelos rios, eles não te submergirão. Quando passares pelo fogo, a chama não te atingirá e não te queimarás. Pois eu sou Iahweh, teu Deus, o Santo de Israel, teu salvador." (Isa., 43: 1-3, JB.)

Esta passagem tem como paralelo a idéia, presente noutro ponto, de que, na morte, as almas passam por um rio ou mar de fogo. Esse rio não atinge os justos, mas causa sofrimento ou destruição aos ímpios. Por exemplo, uma doutrina parse afirma que todos cruzarão um rio de fogo. Para os justos, ele será como leite quente; mas, para os ímpios, será como metal derretido.[27]

Mais uma vez lemos, nos *Sibylline Oracles:* "E todos os homens passarão por um rio abrasador e por uma chama inextinguível, e os justos serão salvos, ilesos, todos eles, mas os impuros ali perecerão por todos os séculos, mesmo aqueles que tenham feito mal há muito tempo."[28]

As observações de Iahweh a respeito do uso que dá ao fogo podem ser comparadas com as afirmações de Paracelso acerca dos efeitos alquímicos do fogo:

Pelo elemento fogo, tudo o que há de impuro é destruído e retirado.

Na ausência de teste pelo fogo, não há como provar uma substância.

O fogo separa aquilo que é constante ou fixo daquilo que é fugidio ou volátil.[29]

---

27 Hastings, *Encyclopedia of Religion and Ethics,* 5:376.
28. James, *Apocryphal New Testament,* p. 532.
29. Paracelso, *The Hermetic and Alchemical Writings* of *Paracelsus,* 1:4.

Outro alquimista compara de modo específico o fogo da *calcinatio* alquímica com o fogo da ira divina suportado por Jesus. "Não é inadequado compará-lo com Cristo quando o corpo apodrecido do Sol jaz morto, inativo, como cinzas na parte inferior de um frasco... Assim também ocorreu com o próprio Cristo, no Monte das Oliveiras, bem como na cruz, quando ardeu pelo fogo da ira divina (Mat., 26, 27), e queixou-se de ter sido completamente abandonado pelo Pai Celestial."[30]

Já na Grécia homérica encontramos a imagem do fogo como purificador e separador da alma. Segundo Rohde, o corpo de um morto deve ser queimado antes de sua alma ser libertada para dirigir-se ao Hades. "Somente pelo fogo as almas dos mortos são 'apaziguadas'. (*Ilíada*, VII, 410.) Portanto, enquanto retiver vestígios de 'mundaneidade', a psique possui ainda um certo sentimento, uma certa consciência daquilo que se passa entre os vivos."[31] (Ver figura 2-8.)

Em toda parte, associa-se o fogo com Deus, sendo ele, por conseguinte, representante das energias arquetípicas que transcendem o ego e são experimentadas como numinosas. O salmista fala de Deus como aquele "que faz do espírito seus mensageiros; e do fogo ardente seus ministros". (Salmos, 104:4,

FIGURA 2-8
Calcinatio do hermafrodita. (Maier, *Atalanta Fugiens*, 1618.)

---

30. Citado por Jung, *Mysterium Coniunctionis*, CW 14, par. 485. Essa mesma mensagem, traduzida por Waite em *The Hermetic Museum* (1:102); omite o trecho crucial - de que Cristo "ardeu pelo fogo da ira divina".

31. Rohde, *Psyche*, 1:18ss.

AV.) Uma antiga oração dirigida a Mitra diz: "Dai-me atenção, ouvi-me, Senhor, que prendestes as amarras do céu com vosso espírito, de corpo duplo, regente do fogo, criador da luz, de hálito de fogo, de coração ígneo, espírito luminoso, que vos rejubilais no fogo, bela luz, Senhor de luz, de corpo rijo, semeador do fogo, que vos confundis com o fogo, luz viva, que movimentais a luz, produtor de trovões, gloriosa luz, multiplicador da luz, portador do fogo implacável, conquistador das estrelas, etc."[32]

Em vários textos, associa-se Cristo com o fogo. Em Lucas, 12: 49 (RSV), disse Cristo: "Vim lançar fogo na Terra; e não quero senão que ele acenda." No *Evangelho de Tomé,* texto gnóstico, lemos: "Disse Jesus: Aquilo que está perto de mim, está perto do fogo; e aquele que está longe de mim, está longe do reino."[33] (Ver figura 2-9.)

FIGURA 2-9
O semeador do fogo. (E. Jacoby, reproduzida em Jung,
Civilization in Transition.)

De uma forma característica, o pensamento místico distingue dois tipos de fogo. Os estóicos falavam de um fogo terrestre e de um fogo etéreo. Este corresponderia ao Nous, o divino Logos, aproximando-se da concepção cristã

---

32. Dieterich, *Eine Mithrasliturgie,* citado por Jung, *Symbols of Transformation, CW* 5, par. 135.
33. Grant, *The Secret Sayings of Jesus,* p. 180.

posterior do Espírito Santo. Bevan descreve o conceito do fogo etéreo da seguinte maneira: "Havia em torno do mundo um invólucro de éter bruto, puro e sem mistura, mas que também penetrava em toda a massa, como sua alma. O funcionamento adequado da natureza era sua operação: os seres orgânicos seguiam, em seu crescimento, tipos regulares, porque a Divina Razão neles estava como *logos spermatikos,* uma fórmula da vida que se desenvolve a partir de um germe. Mesmo sobre a Terra, alguma parcela do fogo divino retinha sua pura essência – as almas razoáveis, cada uma delas partícula do éter bruto, que habitavam o coração dos homens."[34]

Encontramos em Jacob Boehme a imagem de duas árvores de fogo – uma delas é o fogo do Espírito Santo, a outra o fogo da ira de Deus. "A árvore da vida foi acesa em sua qualidade própria pelo fogo do *Espírito Santo,* e sua qualidade ardeu no fogo do regozijo celeste, numa luz e numa glória inalcançáveis... A árvore da qualidade aterrorizante, que é a outra parte da natureza, também foi acesa, e ardeu no fogo da *Ira de Deus,* numa chama infernal; e a fonte aterrorizante penetrou na eternidade, e o príncipe das trevas, com suas legiões, habitou a qualidade aterrorizante, cheia de ira, como em seu próprio reino."[35]

A árvore da vida como árvore de fogo faz alusão a uma passagem do Gênesis (3: 24, RSV): "E lançou fora o homem; e colocou, a oriente do jardim do Éden, o querubim, e uma espada flamejante que girava ao redor, para guardar o caminho que leva à árvore da vida." A espada faz parte do simbolismo da *separatio* e da *mortificatio.* Há nesta passagem, portanto, uma superposição destas últimas imagens com a *calcinatio.* Diz o *Zohar* que a espada flamejante simboliza as provações a que Deus submete o homem para que este retome o caminho da bondade.[36]

Para o ego purgado, o fogo divino será experimentado, mais provavelmente, como uma teofania ou inspiração divina. Por exemplo, quando desceu no Monte Sinai, Iahweh o transformou num forno de cal: "E o Monte Sinai ficou envolto em fumaça, porque o Senhor descera sobre ele em fogo; e a sua fumaça subiu como a fumaça de um forno." (Êxodo, 19:18, RSV.)

A palavra de Deus é descrita como um fogo. Diz Iahweh: "Eis que faço das minhas palavras um fogo na tua boca, e desse povo madeira, que a chama devorará." (Jer., 5:14, RSV). E, outra vez: "Não é minha palavra como fogo, diz o Senhor, e como um martelo que faz as rochas em pedaços?" (Jer., 23:29, RSV.) Noutro ponto, diz-se que a língua do homem é inflamada pelo inferno. "E a língua é um fogo. A língua é um mundo de injustiça que se encontra entre nossos membros, maculando o corpo inteiro, incendiando o ciclo da natureza, e sendo inflamada pelo fogo." (Tiago, 3:6, RSV.) O *Bruce Codex,* um papiro gnóstico copta da Bodleian Library, Oxford, descreve um ritual chamado "o batismo pelo fogo". A "Virgem da vida" dá a "água do batismo de fogo" e os batizados recebem em suas testas "o selo da Virgem de Luz".[37]

---

34. Bevan, *Stoics and Sceptics,* p. 43.
35. Boehme, *Aurora,* pp. 24ss.
36. Waite, *The Holy Kabbalah,* p. 290n.
37. Mead, *Fragments of a Faith Forgotten,* p. 526.

No milagre de Pentecostes (descrito em Atos, 2: 3), o Espírito Santo vem como línguas de fogo (ver figura 2-10). O caso seguinte é um exemplo da imagem do fogo como o Espírito Santo. Um jovem pesquisador fez uma brilhante formulação num artigo científico, com base numa importante descoberta. O professor que tinha autoridade sobre ele menosprezou suas conclusões sem ter lido o artigo. Diante disso, o jovem cientista, que costumava ser muito controlado, replicou, com grande vigor: "Professor ——, se o senhor deseja criticar meu artigo, deve primeiro lê-lo e pensar a seu respeito." Ele ficou alarmado com a intensidade de sua reação; mas, passada uma explosão inicial de raiva, o professor reconheceu seu erro, leu o artigo e percebeu seu valor.

Na noite anterior a esse encontro vital, que teve importantes conseqüências para a carreira do jovem cientista, este tivera o seguinte sonho:

> *Estou à mesa do jantar com convidados. De súbito, algo cai e pega fogo. A mesa é inteiramente coberta de pequenas chamas que caminham de um lado para outro. É uma bela visão. Ao despertar, penso no milagre de Pentecostes.*

FIGURA 2-10
Pentecostes. (Doré, *Ilustrações Bíblicas*.)

Este sonho refere-se não apenas ao tumultuado encontro com o professor, mas também, o que é mais importante, ao fogo criador do Espírito Santo, que choveu sobre o sonhador e lhe tornou possível fazer suas brilhantes formulações. O fogo divino que toca o artista criador é escrito no qüinquagésimo soneto de Michelangelo:

Only through fire can the smith pull and stretch
Metal into the shape of his design.
Only through fire can the artist reach
Pure gold which only furnaces refine.

Nor can the phoenix rare itself remake
Unless it first be burnt. For my part, I
Hope to ascend triumphantly on high
Where death fulfills, where time itself must break.

The fire of which I speak has brought salvation,
I find in it new powers and restoration
Although I seemed already with the dead.

Since by fire nature reaches up to haven
I may, through it, be reconciled, forgiven,
For it must surely bear me overhead.[38]

[Só pelo fogo pode o ferreiro esticar e dispor / O metal de acordo com as linhas do seu desenho. / Só pelo fogo pode o artista obter / o ouro puro que só o cadinho pode purificar. // Nem pode a rara fênix renascer / Se antes não for queimada. De minha parte. / Espero ascender em triunfo às alturas / Onde a morte termina e onde o próprio tempo tem de sucumbir. // O fogo de que falo trouxe a salvação, / Nele encontrei novas forças e restauração / Embora eu já pareça estar entre os mortos. // Como é pelo fogo que a natureza alcança o céu, / Através dele, posso me reconciliar, ser perdoado, / Pois, sem dúvida, ele me levará para o alto.]*

O ambíguo contraste entre o fogo do Espírito Santo (ou a pomba de Afrodite) e o fogo da concupiscência é muito bem descrito por T. S. Eliot:

The dove descending breaks the air
With flame of incandescent terror
Of which the tongues declare
The one discharge from sin and error.
The only hope, or else despair
    Lies in the choice of pyre or pyre –
    To be redeemed from fire by fire.

---

38. Michelangelo, *The Sonnets of Michelangelo*, p. 95.

* Deste soneto existe uma versão em português de Rolando Roque da Silva, feita diretamente do original italiano: "Com fogo é que o ferreiro o ferro estende / para o belo trabalho concebido; / sem fogo artista algum reconhecido/ seu ouro ao sumo grau refina e rende;/ nem sem arder a Fênix reascende / das cinzas; e eu, depois de ter ardido, / confio em ressurgir enaltecido/entre aqueles que o tempo não ofende. / Do fogo de que falo, afortunado, / espero renovar-me no momento, / eu que estarei em meio aos mortos breve. / Se é certo que eu em fogo estou mudado / e que ele ascende ao céu, seu elemento, / como descrer de que também me leve?" (N.T.)

Who then devised the torment? Love.
Love is the unfamiliar name
Behind the hands that wove
The intolerable shirt of flame
Which human power cannot remove
We only live, only suspire
Consumed by either fire or fire.[39]

[A pomba, ao descer, rompe o ar / Com chama de terror incandescente / Cujas línguas proclamam / O único perdão do pecado e do erro. / A única esperança – o mais é desespero – // Está na escolha entre pira e pira – Ser salvo do fogo pelo fogo. // Quem, então, urdiu esse tormento? O amor. / O amor é o estranho nome / Por trás das mãos que tecem / A intolerável túnica de chamas / Que o poder humano não pode apagar. / Nós nos limitamos a viver, a suspirar / Consumidos por um fogo ou por outro.]

A "intolerável túnica de chamas" remete a uma importante imagem da *calcinatio*, a túnica de Nesso, do mito de Héracles. Héracles resgatou Dejanira, raptada pelo centauro Nesso, usando uma flecha embebida no venenoso sangue da hidra. Ao morrer, Nesso deu a Dejanira uma poção do amor composta pelo seu próprio sangue e pelo sangue da hidra. Quando Héracles mostrou interesse por outra mulher, Dejanira empapou uma túnica com essa poção e lhe deu. Quando Héracles a vestiu, ela tornou-se uma "túnica de chamas", que não podia ser removida. Héracles só escapou do tormento ao consumir-se voluntariamente numa pira funerária. Essa mesma imagem aparece quando Medéia enviou à noiva de Jasão, Gláucia, um vestido que se fez chama ao ser usado.

A túnica de Nesso ilustra o fato de o sangue ser equiparado, com "freqüência, em termos simbólicos, ao fogo. Assim sendo, o batismo de sangue equivale ao batismo de fogo. No rito taurobóleo do mitraísmo, o iniciado, numa cova, era coberto pelo sangue de um touro, que fora sacrificado sobre uma plataforma engradada, colocado acima dele.[40] Um exemplo relativamente mais refinado dessa mesma imagem está no Apocalipse: "Quem são estes, que trajam vestidos brancos, e de onde vieram?... São os que vieram de grande tribulação; lavaram os seus vestidos e os branquearam com o sangue do Cordeiro." (Apoc. 7: 13-14, RSV.)

O batismo de sangue, assim como o encontro com o fogo, refere-se psicologicamente à provação de suportar um afeto intenso. Se o ego se mantém intacto, a provação tem um efeito purificador e consolidador. Esta viria a ser uma das razões da existência de provas primitivas de iniciação que com freqüência geravam intensa ansiedade.

Nos tempos primitivos, o fogo era o principal método de sacrifício aos deuses. Concebia-se o fogo como um vínculo conector entre os reinos divino e humano. O que era *sacrificado* pela combustão tornava-se, de modo bastante literal, "sagrado". Aquilo que queima transforma-se quase totalmente em fumaça, subindo para as regiões superiores. É transferido para os deuses por

---

39. Eliot, "Little Gidding", in *Four Quartets*.
40. Cumont, *The Mysteries of Mithra*, p. 180.

um processo de sublimação. Esta é a base da concepção do sacrifício queimado dos gregos, a *thysia*, bem como das oferendas queimadas dos judeus.[41] Na Índia, Agni é o deus hindu do fogo, aquele a quem se oferece o sacrifício. No pensamento hindu, "através do fogo, o homem pode comunicar-se com estados superiores do ser, com os deuses e com as esferas celestes. Por meio do fogo, pode participar da vida cósmica, cooperar com os deuses. Pode alimentá-los através da boca de fogo. 'Agni é a boca dos deuses; através dessa boca eles tomam alento'". (Kapisthala-katha Samhita 31.20 e Satapabha Brahmana 3.7.)[42] (Ver figura 2-11.)

FIGURA 2-11
Shiva dançando num círculo de fogo. (Bronze, século XII ou XIII. Amsterdã, Museum van Aziatische Kunst. Reproduzido em Zimmer, *The Art of Indian Asia*.)

Referindo-se ao fogo sacrificial da *thysia* grega, Iâmblico afirma: "Assim, também o fogo que está conosco, imitando a energia do fogo divino, destrói

---

41. Yerkes, *Sacrifice in Greek and Roman Religion and Early Judaism*, passim.
42. Daniélou, *Hindu Polytheism*, p. 64.

tudo o que é material nos sacrifícios, purifica as oferendas, liberta-as dos grilhões da matéria e, tornando pura sua natureza, adapta-as para a comunhão dos deuses. E também nos liberta, da mesma maneira, dos grilhões da matéria, torna-nos semelhantes aos Deuses, adaptando-nos à sua amizade e conduzindo nossa natureza material a uma essência imaterial."[43]

De igual maneira, certos mitos falam do banho de fogo que produz a imortalidade. Por exemplo, Deméter, em seus lamentosos vagares depois do rapto de Perséfone, aceita a hospitalidade de Céleo e Metanira, rei e rainha de Elêusis. Como forma de gratidão, planeja tornar-lhes o pequeno filho, Demófon, imortal – mantendo-o, com esse fim, acima do fogo. Metanira vê esse procedimento e a interrompe aos gritos.[44] A imortalidade é uma qualidade dos arquétipos. Logo, o significado psicológico do banho de fogo da imortalidade será o estabelecimento de um vínculo entre o ego e a psique arquetípica, tornando aquele consciente do seu aspecto transpessoal, eterno ou imortal.

O produto final da *calcinatio* é uma cinza branca.[45] Isso corresponde ao chamado "xisto branco" de muitos textos alquímicos. Representa a *albedo* ou fase de embranquecimento, que admite associações paradoxais. De um lado, as cinzas significam desespero, pranto ou arrependimento.[46] De outro, contêm o valor supremo, o alvo da obra. Diz um texto: "Não desprezes as cinzas, porque elas são o diadema do teu coração, e a cinza das coisas que duram."[47] Outro diz: "O xisto branco é a coroa da vitória, cinza extraída da cinza, e seu segundo corpo."[48] A cinza é o incorruptível "corpo glorificado", que sobreviveu à provação purificadora. É equiparada com a imagem bíblica da coroa de glória. Isaías promete dar aos tristes de Sião "uma coroa por cinza, óleo de regozijo por tristeza, um vestido de louvor por espírito angustiado". (Isa., 61:3, DV.) São Paulo, usando a analogia das competições de atletismo, diz: "Ora, eles o fazem para alcançar uma coroa corruptível; nós, porém, o faremos por uma coroa incorruptível." (1 Cor., 9: 25, AV.) E, adiante: "Combati o bom combate (αγων), terminei a corrida, mantive a fé. Desde agora, está guardada para mim a coroa da justiça." (2 Tim., 4: 7-8, RSV.) Um exemplo de *calcinatio* seguida de glória está na lenda de São João Evangelista (ver figura 2-12):

---

43. Iâmblico, *On the Mysteries of the Egyptians*, p. 247.
44. Hesíodo, "Homeric Hymns To Demeter", in *The Homeric Hymns and Homerica*, p. 307.
45. Por vezes, o resultado é uma massa vítrea; logo, há uma superposição entre o simbolismo da cinza e o vidro. "Em Senior, a cinza é sinônimo de *vitrium* (vidro), o qual, dada sua incorruptibilidade e transparência, parecia lembrar o corpo glorificado." (Jung, *Mysterium Coniunctionis*, CW 14, par. 391.)
46. Trata-se de uma imagem bíblica comum. O livro de Jó oferece um bom exemplo. Depois que "o fogo de Deus caiu do céu" (Jó, 1:16), Satanás "feriu Jó com chagas malignas das plantas dos pés ao alto da cabeça. E Jó tomou um pedaço de telha para se raspar e assentou-se sobre as cinzas" (Jó, 2:7-8). No final do drama, depois de encontrar Iahweh, diz Jó: "Ouvi falar de ti com o ouvir dos meus ouvidos, mas agora te vêem os meus olhos; por isso me abomino e me arrependo no pó e nas cinzas." (Jó, 42:5.) Pode-se considerar todo o livro de Jó como uma descrição simbólica da *calcinatio*. Veja-se Edinger, *Ego and Archetype*, p. 76ss.
47. Jung, *Mysterium Coniunctionis*, CW 14, par. 247.
48. *Ibid*, par. 318, n. 619.

FIGURA 2-12
São João queimado no azeite (Dürer, 1498, reproduzido em *The Complete Woodcuts of Albrecht Dürer*.)

Quando, depois de Pentecostes, os apóstolos se separaram, João, o Apóstolo e Evangelista, dirigiu-se à Ásia, onde fundou muitas igrejas. O imperador Domiciano, sabedor da sua fama, convocou-o a Roma, e fê-lo jogar num caldeirão de azeite fervente, que fora colocado diante da chamada Porta Latina; mas o santo dali saiu ileso, da mesma maneira como tinha escapado à corrupção dos sentidos. Vendo isso, o imperador o exilou na ilha de Patmos, na qual, vivendo sozinho, escreveu o Apocalipse. Mas o cruel imperador foi assassinado naquele mesmo ano, tendo o Senado revogado todos os seus decretos. E foi assim que São João, que fora deportado como criminoso, retornou a Éfeso coberto de glória: a multidão se reuniu para recebê-lo exclamando: "Bendito aquele que vem em nome do Senhor."[49]

A causa da transformação das cinzas do fracasso na coroa da vitória é indicada pelo fato de a cinza ser alquimicamente equivalente ao sal. O simbolismo do sal foi discutido com riqueza de detalhes por Jung.[50] O sal simboliza, basicamente, Eros, aparecendo sob dois aspectos, como amargor ou como sabedoria. Escreve Jung: "Lágrimas, sofrimento e decepção são amargos, mas a sabedoria é o consolo de qualquer dor psíquica. Na verdade, amargor e sabedoria formam um par de alternativas: onde há amargor, falta sabedoria e onde há sabedoria não pode haver amargor. O sal, na qualidade de portador dessa alternativa fatídica, é atribuído à natureza feminina."[51] Esse exemplo de sabedoria moderna tem um antigo paralelo em Ésquilo:

In visions of the night, like dropping rain,
Descend the many memories of pain
Before the Spirit's sight; through tears and dole
Comes wisdom o'er the unwilling soul.[52]

[Em visões noturnas, como a chuva a cair, / Descem as mil lembranças da dor / diante dos olhos do espírito; / Através de lágrimas e tormento / A sabedoria chega à alma renitente.]

Da perspectiva mais simples, a *calcinatio* é um processo de secagem. Um importante componente da psicoterapia envolve a secagem de complexos inconscientes que vivem na água.[53] O fogo ou intensidade emocional necessária para esta operação parece residir no próprio complexo, tornando-se atuante tão logo o paciente tenta tornar o complexo consciente mediante o compartilhamento com outra pessoa. Todos os pensamentos, ações e lembranças que trazem vergonha, culpa ou ansiedade precisam ter plena expressão. O afeto liberado torna-se o fogo capaz de secar o complexo e purificá-lo de sua contaminação inconsciente.

A necessária frustração do desejo luxurioso ou concupiscência é a

---

49. Voragine, *The Golden Legend*, p. 58.
50. Jung, *Mysterium Coniunctionis*, CW 14, pars. 234-348.
51. *Ibid.*, par. 330.
52. *Agamemnon*, in *The Complete Greek Drama*, por Oates e O'Neill, 1:173.
53. Heráclito afirma: "Uma alma seca é a mais sábia e melhor." (Freeman, *Ancilla to the Pre-Socratic Philosophers*, p. 32.)

principal característica do estágio da *calcinatio*. Primeiro, a substância deve ser localizada; isto é, o desejo, exigência ou expectativa inconscientes, não reconhecidos, precisam ser identificados e afirmados. A premência instintiva que diz "eu quero" ou "faço jus a isso" deve ser plenamente aceita pelo ego. Não pode haver uma *calcinatio* adequada, distinta da autoflagelação masoquista, enquanto o material correto não estiver à mão. Acredito que esse fato está na base da seguinte advertência de um alquimista: "Muitos praticantes cometem um erro já de início, ao realizarem essa *calcinatio* com a substância errada... ou ao escolherem um falso método, corroendo, em vez de calcinar, os corpos metálicos com os quais operam. A calcinação só pode ocorrer por meio do aquecimento interior do corpo, assistido pelo amigável calor exterior; mas a calcinação através de um agente heterogêneo só pode destruir a natureza metálica, se é que tem algum efeito."[54]

O fogo da *calcinatio*, na medida em que possa ser evocado pelo psicoterapeuta, é obtido, em grande parte, pela expressão de atitudes e reações que frustrem o paciente. Trata-se de um arriscado procedimento, cujo uso deve ser muito cuidadoso. Como adverte o texto, a *calcinatio* pode ser realizada com a substância errada ou por intermédio de um falso método, o que provoca corrosão, em vez de calcinação. Deve haver um fundamento psíquico de solidez suficiente para suportar a *calcinatio*, bem como uma relação adequada entre o paciente e o terapeuta, para que se possa produzir frustração sem gerar uma negatividade destrutiva. Diz o texto que a "*calcinatio* só pode ocorrer por meio do aquecimento interior do corpo"; em outras palavras, através do seu próprio calor, de sua própria tendência de auto-*calcinatio*. Isso significa que o terapeuta deve trabalhar com o material do próprio paciente, promovendo a frustração de um dado desejo apenas quando a tendência interior de desenvolvimento também contenha a negação desse desejo. O terapeuta pode dar assistência por meio do "amigável calor exterior". Mas a "calcinação através de um agente heterogêneo só pode destruir a natureza metálica". Um agente heterogêneo seria uma atitude arbitrária, não orientada pelo material e pela condição do próprio paciente, e, portanto, estranha e nociva à sua natureza essencial.

De modo geral, quando enfrentamos a realidade da vida, ela nos propicia grande número de ocasiões para a *calcinatio* do desejo frustrado. O desejo primitivo e indiferenciado que diz "eu quero" opera com a suposição implícita de que faz jus àquilo que quer. Quando há negação, ele fica furioso. Trata-se do homólogo psicológico da "divina ira" que se abateu sobre Cristo. A realidade com freqüência produz fogo ao desafiar ou negar as exigentes expectativas desses desejos. Tendo negada a justificação, o desejo frustrado torna-se o fogo da *calcinatio*. Diz Ripley:

> *Calcination is the purgation of our stone,*
> *Restoring also of his natural heat;*
> *Of radical moisture it leaveth none.*[55]

---

54. Waite. trad., *The Hermetic Museum*, 2:256.
55. *The Lives of the Alchemystical Philosophers*, p. 218.

[A calcinação é a purificação da nossa pedra, / Restaurada em seu calor natural; / Da umidade radical nada é deixado.]

A *calcinatio* tem um efeito purgador ou purificador. A substância é purgada de sua umidade radical. Isso corresponderia às gotículas de inconsciência que acompanham as energias que emergem. Ou, dito de outra forma, as energias da psique arquetípica primeiro aparecem em estado de identificação com o ego, exprimindo-se como desejos de prazer para o ego, de poder para o ego. O fogo da *calcinatio* purga essas identificações e impulsos da raiz ou umidade primordial, deixando o conteúdo em sua condição eterna ou transpessoal, tendo restaurado seu aquecimento natural – isto é, sua energia e seu funcionamento próprios (ver figuras 2-13 e 2-14).

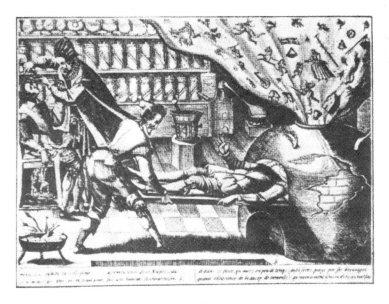

FIGURA 2-13
Expulsão dos demônios. (Entalhe, século XVII. Reproduzido em Jung, *Symbols of Transformation*.)

Por fim, a *calcinatio* produz uma certa imunidade ao afeto e uma habilidade para ver o aspecto arquetípico da existência. Na medida em que estamos relacionados com o aspecto transpessoal do nosso ser, experimentamos o afeto como fogo etéreo (Espírito Santo) e não como fogo terrestre – a dor do desejo frustrado. Jung descreve da seguinte maneira a transformação do desejo:

> Nessa transformação, é essencial afastar os objetos dos demônios do animus ou da anima. Eles só se preocupam com objetos quando você se permite a auto-indulgência. *Concupiscentia* é o termo para isso na igreja... Nesse tópico, as grandes religiões convergem. O fogo do desejo é o elemento que deve ser combatido no bramanismo, no budismo, no tantrismo, no maniqueísmo, no cristianismo. Também tem importância em psicologia. Quando você se abandona ao desejo, seu desejo se volta para o céu ou para o inferno, você dá um objeto à anima; e esse objeto vai para o mundo, em vez de ficar no interior, seu lugar próprio... Mas se você puder dizer: "Sim, eu o desejo e tentarei obtê-lo, mas não sou obrigado a tê-lo, se decidir renunciar, eu posso"; não há chances para o animus ou para a anima. Caso contrário, você é governado pelos seus desejos, está possuído... Mas se tiver colocado o animus ou a anima numa garrafa, está livre de possessão, mesmo que sofra interiormente, porque, quando seu demônio sofre, você também sofre. Mas, pouco depois, vai perceber que foi correto (engarrafá-lo(a)). Você vai, pouco a pouco, ficar calmo e mudar. E então vai perceber que há uma pedra crescendo na garrafa... desde que o autocontrole, ou a não-indulgência, tenha se tornado um hábito, é uma pedra... quando essa atitude se torna um *fait accompli,* a pedra será um diamante.[56]

---

56. Jung, *The Visions Seminars,* 1:239

FIGURA 2-14
O rei no suadouro. (Maier, *Atalanta Fugiens,* 1618.)

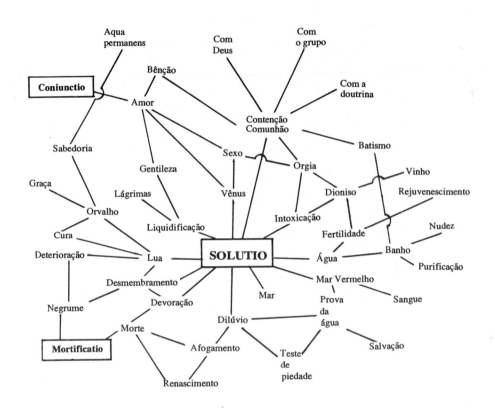

3 Solutio

A operação de *solutio* é um dos principais procedimentos da alquimia. Diz um texto: "A *solutio* é a raiz da alquimia."[1] Outro afirma: "Não faças nenhuma operação enquanto não transformares tudo em água."[2] Em muitos textos, a *opus* inteira é resumida pela frase: "Dissolve e coagula." Da mesma maneira como a *calcinatio* pertence ao elemento fogo, a *coagulatio* ao elemento terra e a *sublimatio* ao elemento ar, a *solutio* pertence à água. Em termos essenciais, a *solutio* transforma um sólido num líquido. O sólido parece desaparecer no solvente, como se tivesse sido engolido. Para o alquimista, a *solutio* significava com freqüência o retorno da matéria diferenciada ao seu estado indiferenciado original – isto é, à *prima materia*. Considerava-se a água como o útero e a *solutio* como um retorno ao útero para fins de renascimento. Num certo texto, o velho rei submete-se à *solutio* do afogamento, dizendo:

> *Else I God's Kingdom cannot enter in:*
> *And therefore, that I may be Borne agen,*
> *I'll Humbled be into my Mother's Breast,*
> *Dissolve to my First Matter, and there rest.*[3]

[Sem isso, não posso entrar no reino de Deus: / E, assim, nascer de novo, / Ficarei humildemente no Seio de minha Mãe, / Dissolvo-me na Matéria Primeira, e ali repouso.]

A matéria primeira ou *prima materia* é uma idéia que os alquimistas herdaram dos filósofos pré-socráticos. Em Tales, bem como em muitos mitos da criação, a água é o material original a partir do qual o mundo é criado. Pensavam os alquimistas que uma substância não poderia ser transformada sem antes ter sido reduzida à *prima materia*. Diz um texto: "Os corpos não podem ser mudados senão pela redução à sua primeira matéria."[4] Este procedimento corresponde àquilo que se passa na psicoterapia. Os aspectos

---

1. Bonus de Ferrara, *The New Pearl of Great Price*, p. 365.
2. Read, *Prelude to Chemistry*, p. 262.
3. Jung, *Mysterium Coniunctionis*, CW 14, par. 380.
4. Kelly, *The Alchemical Writings of Edward Kelly*, p. 34

fixos e estáticos da personalidade não admitem mudanças. Eles são estabelecidos e têm certeza de seu caráter justo. Para a transformação ocorrer, esses aspectos fixos devem primeiro ser dissolvidos ou reduzidos à *prima materia*. Fazemos isso por meio do processo analítico, que examina os produtos do inconsciente e coloca em questão as atitudes estabelecidas do ego.

Uma receita alquímica de *solutio* é:

> Dissolve então sol e luna em nossa água solvente, que é familiar e amigável, cuja natureza mais se aproxima deles, como se fosse um útero, uma mãe, uma matriz, o princípio e o fim de sua vida. E esta é a própria razão pela qual eles são melhorados ou corrigidos nesta água, porque o semelhante se rejubila no semelhante... Assim, convém te unires aos consangüíneos ou aos de tua espécie... E como sol e luna têm sua origem nesta água, sua mãe, é necessário, portanto, que nela voltem a entrar, isto é, no útero de sua mãe, para que possam ser regenerados ou nascer de novo, e com mais saúde, mais nobreza e mais força.[5]

O fato químico implícito neste texto é a capacidade de dissolução ou amálgama do mercúrio com o ouro e a prata, aqui chamados Sol e Luna. Com efeito, esse processo é a base do próprio método antigo de extração do ouro no minério bruto. Depois de pulverizado, o minério é tratado com o mercúrio, que dissolve o ouro. Separa-se então o mercúrio do ouro mediante a destilação a quente. Todavia, o texto considerado transformou esse processo químico numa imagem simbólica, pela superposição de um processo psicológico projetado. Sol e Luna representam, respectivamente, os princípios masculino e feminino quando se manifestam de forma concreta na personalidade no início do processo. Em outras palavras, a atitude consciente dominante do ego tem Sol como representante, sendo Luna a anima em seu estado atual de desenvolvimento.[6] Dissolvem-se Sol e Luna na "água amigável" – isto é, o mercúrio –, equiparada ao útero materno e que corresponde à *prima materia*. A frase "assim, convém te unires aos consangüíneos ou aos de tua espécie" enfatiza o simbolismo do incesto.

Temos aqui uma exposição da descida no inconsciente, que é o útero materno de onde nasce o ego. Trata-se da *prima materia* que existe antes da diferenciação dos elementos pela consciência. Esse texto descreve o procedimento como uma operação sobremodo agradável. Outros a exprimem de maneira muito mais negativa. Por exemplo, consideremos essa receita de *solutio*-desmembramento: "O corpo da mulher [que assassina o marido] está repleto de armas e de veneno. Cave-se para aquele dragão um túmulo, e que aquela mulher seja com ele sepultada, estando ele fortemente acorrentado àquela mulher; quanto mais a atar e se rolar ao seu redor, tanto mais ele será feito em pedaços pelas armas femininas que são criadas no corpo da mulher. E quando se ver misturado com os membros da mulher ele terá certeza da morte e será inteiramente transformado em sangue.[7]

---

5. "Secret Book of Artephius", in *The Lives of the Alchemystical Philosophers*, pp. 145-46.
6. Isso se aplica à psicologia do homem. Para uma mulher, Luna representa a atitude do ego, e Sol o animus.
7. Jung, *Mysterium Coniunctionis*, CW 14, par. 15.

Essa terrível imagem exprime a maneira pela qual um ego razoavelmente bem desenvolvido pode experimentar a *solutio*. Um ego imaturo tende a achar prazeroso render-se à permanência numa feliz regressão; todavia, num estágio posterior do desenvolvimento, a perspectiva de *solutio* vai gerar grande ansiedade, porque o estado de autonomia do ego, alcançado a duras penas, estará sendo ameaçado de dissolução. Uma *solutio* feliz é a mais perigosa. Corresponde ao conceito de incesto urobórico, de Neumann:

> O incesto urobórico é uma forma de penetração na mãe, de união com ela, contrastando de modo agudo com outras formas posteriores de incesto. No incesto urobórico, a ênfase no prazer e no amor de maneira alguma é ativa, mostrando-se mais como desejo de dissolução e de absorção; a pessoa se deixa tomar, passivamente, afundando no pleroma e dissolvendo-se no oceano de prazer – um *Liebestod*. A Grande Mãe retoma a criança dentro de si e sempre há, sobre o incesto urobórico, a insígnia da morte, que significa a dissolução final em união com a Mãe...
>
> Muitas modalidades de nostalgia e de saudade não significam senão um retorno ao incesto urobórico e à autodissolução, abarcando desde a *unio mystica* do santo até o anseio de inconsciência do beberrão, passando pelo romantismo da morte das raças germânicas. O incesto que qualificamos como "urobórico" é auto-entrega e regressão. É a forma de incesto do ego infantil, que ainda se acha muito próximo da mãe e ainda não alcançou a si mesmo; mas o ego enfermo do neurótico também pode assumi-la, assim como o pode um ego posterior exausto que se apega outra vez à mãe depois de ter alcançado sua realização.[8]

Um exemplo de anseio por uma *solutio* feliz é o desejo de Siegfried no sentido de unir-se a Brunilda no *Anel dos Nibelungos* de Wagner (ver figura 3-1):

Before me
a wondrous river flows
with all my senses
I only see
its joyous, billowing waters...
still would I plunge
in the cooling water,
myself, as I am,
ending my pains:
O that its billows
Might drown me in bliss
and quench my fire with its waves![9]

[À minha frente / flui um rio de prodígios / Com todos os sentidos / diviso apenas / sua alegre e borbulhante água... / ainda vou mergulhar / na água refrescante, / eu, tal como sou, / e acabar minhas dores: / Ó, que suas vagas / me afoguem em bênçãos / e suas ondas me acalmem este ardor!]

Outro exemplo é a canção da morte de Isolda no ato 3, cena 4 do grande drama de *solutio* de Wagner, *Tristão e Isolda*:

---

8. Neumann, *The Origins and History of Consciousness*, p. 17.
9. Wagner, *The Ring of Nibelung*, p. 254.

FIGURA 3-1
Siegfried e as donzelas do Reno. (Rackham, *Color Illustrations for Wagner's "Ring".*)

*Resounding yet more clearly, wafting about me,
are they waves of refreshing breezes?
Are they clouds of heavenly fragrance?
As they swell and roar around me,
shall I breathe them, shall I listen to them?
Shall I sip them, plunge beneath them,
to expire in sweet perfume?
In the surging swell, in the ringing sound,
in the vast wave of the world's breath —
to drown, to sink
unconscious — supreme bliss!*

[Ressoando ainda mais nítidas, flutuando ao meu redor, / serão ondas de brisas refrescantes? Serão nuvens de celestial fragrância? / Enquanto zunem à minha volta num crescendo, / deverei ouvi-las, aspirá-las?/ Deverei sorvê-las, mergulhar em seu meio, / e expirar envolta em suave odor? / Nas vagas encapeladas, no clamor retumbante, / na vasta onda do respirar da terra –, / submergir, afogar-me / inconsciente – suprema bem-aventurança!]

Nosso texto alquímico é uma mistura de imagens, o que é comum na alquimia. Trata-se de uma combinação de *solutio* e *coniunctio*. Sol e Luna estão sendo, a um só tempo, dissolvidos e unidos. Isso corresponde a um tipo comum de figura alquímica, na qual o rei e a rainha se banham juntos na fonte mercurial. Há uma notável seqüência de figuras desse tipo no *Rosarium Philosophorum*[10] (ver figura 3-2).

Como indica o texto citado, a *solutio* tem duplo efeito: provoca o desaparecimento de uma forma e o surgimento de uma nova forma regenerada. Costuma-se descrever a dissolução do velho por meio de um conjunto negativo de imagens, associando-a com a *nigredo*. Por exemplo, afirma Filaleto: "O negrume fica, dia após dia, mais pronunciado, até que a substância passa a ter uma brilhante cor negra. Esse negro é um indício de que a dissolução se efetuou."[11]

FIGURA 3-2
O rei e a rainha no banho. (Mylius, *Philosophia reformata*, 1622. Reproduzido em Jung, *Psychology and Alchemy*.)

Por conseguinte, a *solutio* pode tornar-se *mortificatio*. Isso é compreensível, já que aquilo que está sendo dissolvido experimentará a

---

10. Reproduzida em Jung, "The Psychology of the Transference", in *The Practice of Psychotherapy, CW* 16.
11. Waite, trad., *The Hermetic Museum*, 2:258.

solutio como uma aniquilação de si mesmo. Aplica-se aqui o dito de Heráclito: "Para as almas, é morte tornar-se água."[12] Contudo, a *solutio* leva ao surgimento de uma nova forma rejuvenescida; quando esse aspecto é acentuado, o tom torna-se positivo. Por exemplo, diz *The Golden Treatise of Hermes:* "Ó, bendita forma aquosa pôntica, que dissolveis os elementos!... Porque quando a composição pelo poder da água é dissolvida, chega o dia da restauração; e então as trevas e a Morte dela se afastam, e a Sabedoria avança."[13]

Com freqüência realiza-se a *solutio* sobre um rei. Há, por exemplo, a imagem do rei que se afoga, pois "afogamento" é sinônimo de *solutio* (ver figura 3-3). Num texto, o rei que se afoga diz: "Aquele que me libertar das

FIGURA 3-3
Solutio do rei. Fundo: o rei, em vias de afogar-se, pedindo socorro. Primeiro plano: o rei renascido. (Trismosin, *Splendor Solis*, 1582.)

---

12. Freeman, *Ancilla to the Pre-Socratic Philosophers*, p. 27.
13. Atwood, *Hermetic Philosophy and Alchemy*, p. 122.

águas e me conduzir à terra seca, a este farei próspero com riquezas eternas."[14] Psicologicamente, o sentido é que o velho princípio dirigente, que passou pela *solutio*, pede para voltar a ser coagulado numa forma nova e regenerada, afirmando ter ela quantidades de libido (riquezas) a sua disposição.

Outro texto fala de uma hidropisia, um afogamento interior. "O rei pediu um gole de água, dizendo: 'Peço a água que se acha mais próxima do meu coração, e que me agrada mais do que todas as coisas'. Quando o servo lha levou, o rei bebeu tanto que 'todos os seus membros se encheram e todas as suas veias ficaram inchadas, e ele ficou descolorido'... 'Estou pesado e minha cabeça dói, e tenho a impressão de que todos os meus membros estão caindo'. Ele pediu para ser colocado num quarto aquecido, onde pudesse suar a água. Mas, pouco depois, quando o quarto foi aberto, ele ali jazia como se estivesse morto."[15]

Jung comenta este texto: "O rei personifica a hipertrofia do ego, que pede compensação... Sua sede decorre da sua concupiscência e do seu egoísmo irrefreados. Mas, ao beber, é dominado pela água – isto é, pelo inconsciente."[16]

Como sugere Jung, o rei refere-se ao ego – pelo menos ao princípio dominante ou regente de acordo com o qual se estrutura o ego. O rei dissolve-se em seu próprio excesso alimentar; quer dizer, a inflação é a causa e o agente da *solutio*. Um ego engolido é dissolvido pelo seu próprio excesso. Sua dissolução enseja um possível rejuvenescimento sobre bases mais sólidas.

Noutro texto, descreve-se o rei afogando-se nas fontes de Vênus. Neste poema, Vênus é identificada com a fonte, a mãe e a noiva do rei, na qual seu pai "fixo" é afogado:

A stone there is, and yet no stone,
In it doth nature work alone.
From it there welleth forth a fount [Venus]
In which her Sire, the Fixed, is drown'd:
His body and life absorbed there in
Until the soul's restored agen.[17]

[Há uma pedra e, contudo, não há. / Nela deve a natureza trabalhar sozinha. / Dela jorra uma fonte [Vênus] / Na qual seu Pai, o Fixo, está mergulhado: / Seu corpo e sua vida nela estão absorvidas / Até que a alma outra vez se renove.]

Neste caso, o agente da dissolução é o princípio de Eros, Vênus ou Afrodite. A mitologia de Vênus tem importantes relações com a água, uma vez que a deusa nasceu do mar (ver figura 3-4). Seus perigosos poderes de *solutio* têm como representação sedutoras sereias ou ninfas aquáticas que atraem os homens, levando-os à morte por afogamento. Um impressionante

---

14. Jung, *Psychology and Alchemy*, CW 12, par. 434.
15. Jung, *Mysterium Coniunctionis*, CW 14, par. 357.
16. *Ibid.*, par. 365.
17. *Ibid.*, p. 415.

exemplo desse tema ocorreu no sonho de um jovem que pensava em deixar esposa e filhos pequenos para desposar uma mulher sedutora. Ele sonhou:

> *Estou numa passagem inferior pela qual as pessoas têm acesso à praia. Ali estão à venda as guloseimas que se costuma vender em locais de lazer: enormes pirulitos, pipoca, roscas com mais de trinta centímetros de comprimento, e outros doces. Dois dos meus filhos estão comigo (os mais novos). Uma bela mulher me chama para o mar e eu deixo as crianças numa barraca comendo fatias de torta. O sonho termina quando me encontro a meio caminho entre o mar e a barraca.*

Um exemplo clássico de uma *solutio* fatal ocorre na história de Hilas. Durante a expedição dos Argonautas, Hilas, o belo favorito de Héracles, foi enviado para pegar água. Jogado num poço por ninfas aquáticas, jamais voltou a ser visto. Aqui, a imagem da *solutio* acompanha uma complicação homo-erótica, a ligação entre Héracles e Hilas (ver figura 3-5).

O Antigo Testamento oferece exemplos da *solutio* erótica que combinam os temas da mulher, do banho e da dissolução do masculino. Davi espionou Betsabá no banho (2: Sam., 11: 2) e assim começou a dissolução desse homem íntegro (ver figura 3-6). No texto apócrifo de Daniel e Susana, os dois anciãos se aproximam luxuriosamente de Susana enquanto ela se banhava; depois de terem cometido perjúrio os dois encontram sua queda (ver figura 3-7).

FIGURA 3-4
O nascimento de Afrodite. (Cerca de 460 a.C., Roma, Terme Museum. Reproduzido em Richter, *A Handbook of Greek Art*.)

Essas imagens nos dizem que o amor e/ou a luxúria são agentes de *solutio*. Isso corresponde ao fato de um problema ou um estágio psíquico específico de desenvolvimento com freqüência permanecerem presos ou paralisados enquanto o paciente está apaixonado. Depois, subitamente, o problema se dissolve. Apesar de novas complicações se manifestarem, a vida volta a fluir, pois foi liquefeita.

Um alquimista definiu a *solutio* da seguinte maneira: "A solução é a ação de todo corpo que, graças a certas leis de simpatia inata, incorpora algo de classe inferior à sua própria essência."[18] Entendida em termos psicológicos, tal definição afirma que o agente da dissolução será um ponto de vista superior, mais abrangente – capaz de atuar como recipiente para a coisa inferior. O conceito junguiano de "conteúdo e continente" aplica-se aqui. Diz ele que, ao relacionar-se com uma personalidade mais complexa, "a personalidade mais simples é cercada, senão efetivamente submergida, por aquela; é engolida pelo seu parceiro mais complexo e não pode ver a saída. Trata-se de ocorrência quase regular, para uma mulher, o ser toda contida, em termos espirituais, em seu marido, e, para o marido, o ser contido por inteiro, em termos emocionais, em sua mulher. Podemos descrever isso como o problema do 'conteúdo' e do 'continente' ".[19]

FIGURA 3-5
Hilas e as ninfas. (John William Waterhouse, Manchester, Inglaterra, City Art Gallery. Reproduzido em Grant e Hazel, *Gods and Mortals in Classical Mythology*.)

---

18. Kelly, *The Alchemycal Writings*, p. 87.
19. Jung, *The Development of Personality*, CW 17, par. 331.

FIGURA 3-6
Betsabá. (Rembrandt. Paris, Louvre. Reproduzida em *Rembrandt*, texto de Ludwig Munz.)

Aquilo que é mais amplo e abrangente do que o ego ameaça dissolvê-lo. No mundo interior, o inconsciente, na qualidade de Si-mesmo ou totalidade da psique latente, pode dissolver o ego. No mundo exterior, um indivíduo dotado de consciência mais ampla do que o outro pode provocar *solutio*. Por exemplo, um homem que há pouco tempo tivera contato com as idéias de Jung e ficara sob sua influência, *sonhou ter caído no lago de Zurique*. Um grupo, uma escola ou um partido também podem ser o agente da dissolução. Um grupo pode atrair com facilidade a projeção do Si-mesmo e engolfar o indivíduo que sucumbir a ele. A identificação com partidos políticos ou credos religiosos exemplificaria a *solutio* no interior de um grupo.

No processo da psicoterapia é comum acontecer de o ego do paciente encontrar no terapeuta um ponto de vista mais amplo de efeito dissolutivo. Esse evento leva com freqüência a um estado parcial de contenção do paciente pelo terapeuta e é uma causa comum da transferência. Sempre que encontra uma atitude mais ampla que inclui os opostos, uma atitude unilateral, caso esteja aberta à sua influência, é dissolvida por ela e entra num estado de *solutio*. Isso explica o porquê de um ponto de vista mais abrangente costumar ser experimentado como ameaça. A pessoa tem a sensação de estar se afogando e, por essa razão, resiste. Tal resistência é válida e necessária, devendo ser respeitada. O psicoterapeuta sempre deve estar alerta para a possibilidade de o paciente poder precisar de proteção diante de sua atitude

FIGURA 3-7
Susana e os anciãos. (Tintoretto. Viena, Gemäldegalerie. Reproduzida em *Italian Painting: The Renaissance*.)

mais ampla.[20] O agente da *solutio* é, basicamente, o Si-mesmo, experimentado, quer a partir de dentro, quer como uma projeção de um indivíduo ou de um grupo, de fora. Como diz Jung: "O ego está contido no Si-mesmo da mesma maneira como o está no universo, de que conhecemos, tão-somente, a mais insignificante parcela. [Uma pessoa pode servir a essa mesma função de continente porque] um homem mais perspicaz e inteligente do que eu pode me conhecer, mas eu não o posso conhecer, tendo em vista que a minha consciência é inferior à sua."[21]

O banho, o aguaceiro, o chuvisco, a natação, a imersão na água, etc. são equivalentes simbólicos da *solutio* que costumam aparecer em sonhos. Todas essas imagens relacionam-se com o simbolismo do batismo, que significa uma purificadora e rejuvenescedora imersão numa energia e num ponto de vista que transcendem o ego, uma verdadeira seqüência de morte e renascimento. O batismo já foi feito por meio da total imersão, pretendendo-se dar-lhe o sentido de afogamento – um eco do antigo procedimento primitivo de provação pela água. Significava uma conversão total, a morte da velha vida e o renascimento de uma outra pessoa na comunidade de crentes religiosos.

---

20. Encontramos um exemplo dos efeitos do encontro com uma personalidade mais forte na lenda muçulmana de Moisés e Khidr. Veja-se Jung, *The Archetypes and the Collective Unconscious*, CW 91, pars. 244ss.
21. Jung, *Letters*, 2:194.

Considerava-se o ritual, de modo bastante literal, como um agente da criação de uma nova personalidade. Elíade descreve o simbolismo do batismo com as seguintes palavras: "A imersão na água simboliza um retorno ao estado que precedeu a forma, uma total regeneração, um novo nascimento, porque imersão significa uma dissolução de formas, uma reintegração à condição informe que precede a existência; de igual maneira, emergir da água é uma repetição do ato da criação em que a forma foi expressa pela primeira vez."[22]

No batismo cristão, o indivíduo é unido com Cristo; quer dizer, vincula-se o ego com o Si-mesmo. Diz o apóstolo Paulo: "Não sabeis que todos quantos fomos batizados em Jesus Cristo, fomos batizados na sua morte? Dessa forma, fomos sepultados com ele na morte pelo batismo, para que, tal como Cristo ressuscitou dos mortos pela glória do Pai, também nós andemos em novidade de vida." (Rom., 6: 3-4, RSV.)

Outra característica do batismo reside no fato de ele dissolver todas as distinções individuais e todas as separações. Segundo Paulo: "Pois todos quantos fostes batizados em Cristo vos revestistes de Cristo. Não há judeu ou grego, não há escravo nem livre, não há macho nem fêmea; porque todos vós sois um em Jesus Cristo." (Gal., 3: 27-28, RSV.)

FIGURA 3-8
Diana e Actéon. (Ticiano. Edinburgo. National Gallery of Scotland. Reproduzida em *Titian: The Colour Library of Art*.)

Do ponto de vista interior, isso equivale a uma integração ou reunificação de elementos separados. Entretanto, do ponto de vista exterior – tal como

---

22. Eliade, *Patterns in Comparative Religion*, p. 88.

ocorre com um ritual religioso externalizado –, representa a coletivização do indivíduo, cujas características ímpares são dissolvidas por uma identificação com o novo ponto de vista. Esse é igualmente um exemplo de um ponto de vista menos amplo dissolvido por um mais abrangente – indicação dada pela expressão *"em* Jesus Cristo". Estar "em" alguma coisa, tal como ocorre quando somos tomados pelo amor ou pela dor, significa que se está cercado, contido e dissolvido pela matriz continente. Eis a razão por que os fiéis religiosos foram descritos como peixes que nadam no poço onde está a água da doutrina.

O fato de a *solutio* ser experimentada, com freqüência, não como contenção, mas como fragmentação e desmembramento revela a ambígua interação de opostos. Um exemplo clássico é o mito de Actéon (ver figura 3-8). O jovem caçador Actéon deu inesperadamente com Ártemis, desnuda, a banhar-se. Em retaliação, Ártemis o transformou num cervo, tendo ele sido desmembrado pelos próprios cães. O cão é um aspecto teriomórfico de Ártemis, podendo-se considerá-la como o agente desmembrador. Esse mito revela o aspecto perigoso do encontro com o feminino arquetípico por um ego imaturo. Esse ego vê-se atirado numa *solutio* regressiva pela ativação de fatores instintivos (os cães). Uma forma de dizê-lo é: Actéon é dissolvido pela sua luxúria. Sua natureza animal o mordeu e consumiu. Uma idéia semelhante encontra-se no relato de Ísis e Osíris feito por Plutarco. De acordo com essa história, a criança Maneros testemunhou o amor e o sofrimento terríveis de Ísis ao ver Osíris morto. Essa assombrosa cena foi tão intolerável para Maneros que ele caiu do barco e se afogou.[23] A maioria dos homens honestos reconhecerá ter tido a experiência de Maneros ao se encontrar diante do sofrimento, do desejo ou da dor intensos de uma mulher.

Ártemis é a lua. O desmembramento de Actéon, feito por ela, corresponde, portanto, à afirmação alquímica de que "a *solutio* ocorre na lua"[24] (ver figura 3-9). Um jovem que avançara na análise até o ponto em que podia, sonhou um dia com uma única afirmação: *A psicanálise é da lua.* Acordou em pânico e, não muito tempo depois, desistiu da análise. A análise pode de fato ser uma imersão dissolutiva no lado lunar, sombrio e irracional, sendo sobremodo compreensível a ansiedade do sonhador.

O tema do desmembramento conduz diretamente ao mito de Dioniso. Quando criança, Dioniso foi desmembrado pelos Titãs. Além disso, as Mênades que o adoravam eram desmembradoras, que faziam em pedaços quem se atrevesse a cruzar-lhes o frenético caminho. Este foi o destino de Penteu em *The Bacchae,* de Eurípides. Muitos aspectos do princípio dionisíaco pertencem ao simbolismo da *solutio*. Walter Otto nos diz: "A água é... o elemento no qual Dioniso está em casa... Os cultos e mitos são amplamente explícitos acerca do fato de Dioniso vir da água e a ela retornar e de que tem seu local de refúgio e sua casa nas profundezas aquosas."[25]

---

23. Plutarco, *Moralia*, vol. 5.
24. Bonus de Ferrara, *The New Pearl of Great Price*, p. 426.
25. Otto, *Dionysus, Myth and Cult*, p. 162.

FIGURA 3-9
Batismo com água lunar simultâneo à mordida de dragões. (Ashmole, org.,
Theatrum Chemicum Britannicum, 1652.)

Chega a haver descrições de Dioniso como o próprio princípio da umidade e, portanto, a fonte de toda fertilidade. Em termos psicológicos, ele é o princípio da vida, da espontaneidade e da energia, em contraste com a forma, a medida e a restrição.

Um dos aspectos da *solutio* dionisíaca é o banho de instinto orgiástico. Às vezes, por ser contido num todo mais amplo, o anseio do ego solitário e alienado é expresso como luxúria voltada para a sexualidade coletiva, orgiástica (ver figura 3-10). Se transformadas em atos concretos, essas experiências agravam o estado de fragmentação psíquica. Simbolicamente, contudo, a imagem de uma orgia coletiva sugere a possibilidade de restabelecimento da própria vinculação com a humanidade comum. As experiências

FIGURA 3-10
Bacanal dos andrianos. (Ticiano, Madri, Prado. Reproduzida em *Titian: The Colour Library of Art*.)

grupais de identificação coletiva podem ativar essa imagem de orgia. Por exemplo, um processo de grupo que tive ocasião de observar gerou em alguns participantes sonhos definidos de *solutio*. Depois de sofrer o choque do compartilhamento de intimidades psicológicas por parte de membros do grupo, um iniciante no grupo teve o seguinte sonho:

> *Procuro pelo grupo. Abro uma porta da sala e vejo, no solo, todos os membros do grupo mantendo relações sexuais. Um casal passa pela porta à minha frente.*

Um outro membro do grupo sonhou:

> *Estou numa sala de aula, que parece uma sala de química. Com bancos em fileiras elevadas que vão descendo até alcançarem uma plataforma semelhante a um palco. É nosso grupo, havendo a apresentação de uma praia com enormes ondas violentas, que se tornam, abruptamente, reais. Posso ver que, sob as ondas, pela areia, há uma forte e resistente rede de pesca, que foi amarrada com firmeza em vários pontos, evidentemente para poder suportar e resistir a um bom arrastão mesmo com tempo ruim; mas as ondas ficam tão reais e turbulentas que ultrapassam o palco e atingem a platéia. Vários de nós descem correndo dos bancos para não serem molhados. Percebo que, na pressa, deixei minha carteira; penso que terei de voltar para pegá-la.*

A água como princípio dionisíaco da fertilidade é belamente descrita no hino à água de Goethe:

Hail anew! Spring's burgeoning
Leaps up within my heart, a spring
With truth and beauty permeated –
From the wave was all created.
Water will all life sustain:
Ocean, grant your endless reign!
But for clouds of your rich lending,
And the brooklets of your sending,
Rivers' courses wide extending,
Streams that reach majestic ending,
What were our world, our mountains and our plains?
Your power the freshness of our life maintains.
'Tis you from whom the life flows in our veins.[26]

[Salve outra vez! O desabrochar da primavera / Faz nascer dentro do meu coração uma primavera / Impregnada de verdade e de beleza... / Tudo nasceu da onda. / A água é o sustento de toda forma de vida: / Oceano, mantém o teu reinado sem limites! / Mas para que as nuvens de tua rica provisão, / Para os regatos que produzes, / E que ampliam o curso dos rios, / Para os caudais que morrem majestosamente, / O que seriam o nosso mundo, as nossas montanhas / e as nossas planícies? / Tua força mantém o frescor da nossa vida. / De ti vem a vida que corre em nossas veias.]

A fertilidade e a criatividade eram acentuadas nos aspectos fálicos dos rituais dionisíacos. Diz Otto:

É inerente ao elemento dionisíaco de umidade, não apenas o poder que mantém a vida, como também o poder que a cria. Assim é que ele flui por todo o mundo humano e animal como substância fertilizadora e geradora. O erudito Varro estava muito bem informado ao afirmar que a soberania de Dioniso deveria ser reconhecida, não só no suco das frutas cuja glória mais sublime era o vinho, mas também no esperma das criaturas vivas. A partir dessa esfera da atividade do deus, ele traçou a origem do costume de coroar com grinaldas um falo que era carregado de um lado para o outro no culto do deus. Por certo sabemos quão importante foi o papel desempenhado por esse símbolo de poder procriador em seus festivais. "Uma jarra de vinho, uma videira, uma cabra, um cesto de figos e, por fim, o falo" – eis a descrição que Plutarco nos fornece da simplicidade original da celebração dionisíaca. Cantava-se uma canção para o falo. Temos inscrições que evidenciam o uso de um enorme falo de madeira nas procissões dos dionisíacos em Delos. Cada colônia enviava regularmente um falo aos dionisíacos de Atenas.[27]

Um exemplo da vinculação entre o simbolismo fálico dionisíaco e as imagens batismais é oferecido pelo sonho a seguir. A sonhadora era uma mulher de meia-idade com poderes criativos emergentes de poetisa e acadêmica. Ela sonhou:

---

26. Goethe, *Faust*, pt. 2, versos 8432-44.
27. Otto, *Dyonisus, Myth and Cult*, p. 164.

Há uma festa no apartamento da minha mãe. Um homem estranho e perturbador, o sr. X, um poeta, é o convidado de honra. (Depois de vários episódios a mãe deixa a festa.) Quando ela (a mãe) deixa a festa, há uma espécie de júbilo geral espontâneo de que eu também compartilho, embora não saiba o que se passa. Mas logo venho a saber. Porque, praticamente de uma só vez, X reúne todas as mulheres à sua volta, num semicírculo; em seguida ejacula um enorme jorro de esperma, que cai como uma fonte sobre cada uma de nós. Pensei que a idéia fosse a de o servirmos desse modo; mas, como se viu, isso era apenas uma parte. Porque, quando o banho de esperma nos atingiu com vigor, cada uma de nós experimentou seus próprios orgasmos distintos e individuais.

Esse sonho prenunciou uma realização emergente positiva das capacidades criativas da sonhadora. Todavia, o relacionamento com o poder criador por vezes é perigoso. Nietzsche, o grande expoente do princípio dionisíaco, é um assombroso exemplo dos perigos de uma *solutio* destrutiva causada por uma identificação pessoal com a criatividade dionisíaca. Nietzsche chamava a si mesmo "Dioniso" e assinava suas cartas como "Zagreu" - isto é, "o desmembrado". Jung tem algumas profundas observações a fazer a respeito do perigo de dissolução na identificação com os poderes criadores. Diz ele:

> [As forças criadoras] te mantêm preso aos cordões e danças de acordo com os movimentos delas, segundo sua melodia. Mas na medida em que dizes que essas forças criadoras existem em Nietzsche, em mim ou em qualquer outro lugar, causas uma inflação, porque o homem não possui poderes criadores, mas é, antes, possuído por eles. Eis a verdade. Se o homem permitir a plena posse por parte deles, sem questionar, sem encará-los, não há inflação; mas, no momento de dissociação, no qual ele pensa "sou o semelhante", segue-se uma inflação...
> Isso ocorre automaticamente: tomas consciência de ti mesmo e desapareces, como se tivesse tocado num fio de alta tensão. Nietzsche, com efeito, não podia deixar de olhar para a coisa, e foi tomado por ressentimentos, porque os poderes criadores roubam o tempo, solapam as forças, e o que resulta disso? Um livro, talvez. Mas onde se acha tua vida pessoal? Tudo se foi. Portanto, essas pessoas se sentem terrivelmente enganadas, ressentem-se, e todos devem ajoelhar-se à sua frente para compensar aquilo que lhes foi roubado por Deus. As forças criadoras tiraram isso delas e por isso elas gostariam de personificá-las, imaginar que são Shiva, a fim de terem o prazer de ser criativas. Mas se sabes que és criativo, mais tarde serás crucificado, porque todo aquele que se identifica com Deus será desmembrado. Um velho padre da igreja, o Bispo Sinésio, disse que o *spiritus phantasticus,* nosso espírito criador, é capaz de penetrar nas profundezas ou nas alturas do universo, tal como Deus, ou como um grande demônio; mas que, devido a isso, também terá de passar pela divina punição, que tomaria a forma do desmembramento de Dioniso ou da crucifixão de Jesus.[28]

---

28. Jung, *Zarathustra Seminar*, 1:67.

FIGURA 3-11
Banhistas. (Renoir. Filadélfia, coleção de Carrol Tyson. Reproduzida em Craven, *A Treasury of Art Masterpieces*.)

Em geral, o dionisíaco é possesso e extático, promovendo antes a intensidade da experiência do que o significado claro e estruturado. É um solvente dos limites e fronteiras, trazendo vida desmesurada. Em sua forma extrema, é selvagem, irracional, louco, extático, irrefreado. É o inimigo de todas as leis convencionais, normas e formas estabelecidas. Está a serviço da vida e do rejuvenescimento, e não da segurança. O fraco e imaturo pode ser destruído por suas violentas investidas; o saudável será fertilizado e vivificado como a terra pela inundação do Nilo (ver figura 3-11).

Muitas síndromes clínicas têm como causa uma identificação concretista com o princípio dionisíaco. O alcoolismo e o vício das drogas são exemplos evidentes. O donjuanismo também pode ser considerado uma identificação com Dioniso, na qual o indivíduo cria em torno de si uma corte de mulheres em vários estágios de paixão ou de frenesi (Mênades). Essa situação ameaça provocar o próprio desmembramento psicológico desse indivíduo através de conflitos, obrigações e embaraços. O dionisíaco assume qualidade compulsiva quando se manifesta numa personalidade dissociada. Em outras palavras, o dionisíaco destrói o ego semelhante a Penteu, que não se acha relacionado com a totalidade. Em circunstâncias favoráveis, promove a harmonia e dissolve diferenças. Por exemplo, consideremos o seguinte peã de Nietzsche ao dionisíaco:

> Sob o encantamento dionisíaco, não apenas se reafirma a união do homem com o homem, mas também a natureza – que se tornou alienada, hostil ou subjugada – celebra outra vez sua reconciliação com o filho pródigo, o homem. Espontaneamente, a terra oferece suas dádivas, e as feras das montanhas e dos desertos se aproximam pacificamente. O carro

de Dioniso é coberto de flores e de grinaldas; panteras e tigres avançam subjugados. Transforme-se em pintura o "Hino à alegria" de Beethoven; e, dando livre curso à imaginação, contemplem-se os milhões de seres frementes, prosternados na poeira – nesse momento aproxima-se o dionisíaco. Agora, o cativo é homem livre; todas as rígidas e hostis barreiras que a necessidade, o capricho ou a "insolência" haviam estabelecido entre os homens se desfazem. Agora, graças ao evangelho da harmonia universal, cada qual se sente, ao lado do próximo, não só unido, reconciliado e fundido, mas idêntico a ele, como se o véu de Maia tivesse sido rasgado, desfeito em farrapos diante da misteriosa unidade primordial.[29]

O apóstolo Paulo expressa mais ou menos a mesma idéia ao falar da eficácia do sangue de Cristo. Na Epístola aos Efésios, lemos: "Mas agora em Cristo Jesus, vós, que antes estáveis longe, pelo sangue de Cristo chegastes perto. Porque ele é a nossa paz; ele que fez de nós um só, derrubando o muro da hostilidade, que estava no meio, abolindo em sua carne a lei dos mandamentos e ordenanças, para criar em si mesmo um único homem onde antes havia dois, fazendo assim a paz, e para reconciliar a ambos com Deus num único corpo, através da cruz, com ela levando ao fim as hostilidades (Ef., 2: 13-16, RSV).

O vinho de Dioniso e o sangue de Cristo são simbolicamente equivalentes. Esse fato é ilustrado no sonho de um jovem ministro, que publiquei anteriormente em *Ego e arquétipo*.[30] É o seguinte:

Sonho (resumido):

Estou prestes a celebrar a comunhão. Na sacristia, que parece uma cozinha, o vinho da comunhão deve ser preparado através da mistura de dois vinhos distintos – um azul-escuro e um vermelho. A água está numa garrafa com um rótulo amarelo que parece um rótulo de uísque escocês e tem a inscrição "Paulo". Há dois homens sentados em torno de uma mesa redonda. Um deles é um político esquerdista; o outro, um direitista. Até agora, eles mantiveram uma atitude aparente de amenidade social, mas começam a mostrar-se hostis um com relação ao outro. Sugiro que conversem num nível profundo e resolvam sua relação sentimental. Nesse ponto, a cena fica escura como num drama teatral, e um refletor vermelho-amarelo focaliza uma pequena mesa que se encontra entre os dois homens, por trás deles. Há, na mesa, uma garrafa com um vinho vermelho quente com o rótulo de uísque escocês claramente marcado "Paulo". Então sobrevém uma total escuridão e há um som de choque de vidros, semelhante ao produzido por uma rachadura ou talvez pela quebra do vidro. O sentido é óbvio no sonho. Penso: eles beberam o vinho vermelho durante sua discussão, ficaram amigos e, no processo, se embriagaram, adormeceram e derrubaram os copos. Sinto deleite com o senso estético da forma pela qual isso é retratado e ansioso com o fato de que é preciso iniciar o serviço e de que agora não tenho os ingredientes para a mistura do vinho da comunhão.

---

29. Nietzsche, "The Birth of Tragedy", in *Basic Writings of Nietzsche*, p. 37.
30. Edinger, *Ego and Archetype*, pp. 248ss. [*Ego e Arquétipo*, Cultrix, 1988.]

FIGURA 3-12
O dilúvio. (Doré, *Bible Ilustrations*.)

Não conheço profundamente a psicologia do sonhador; entretanto, é evidente que os simbolismos dionisíaco e cristão encontram-se aqui combinados. Embora a união dos dois vinhos – talvez Logos e Eros – ainda não se realize, ocorreu uma *solutio* que dissolve a oposição entre esquerdista e direitista, mesmo às expensas da consciência, já que eles adormecem. Nesse caso, como costuma ocorrer, há uma confusão entre uma autêntica reconciliação de opostos por meio de uma maior consciência e uma dissolução regressiva que torna indistinta a percepção dos opostos.

Uma versão cosmológica da *solutio* é o mito muito difundido de uma catástrofe cósmica provocada pelo dilúvio (ver figura 3-12). No mito hebraico, é o dilúvio de Noé; no grego, a história de Deucalião e Pirra. De acordo com uma antiga idéia, cada um dos elementos deveria ser, em seqüência, agente de destruição do mundo. De acordo com o relato de Dio Chrysostom, a história é a seguinte: "O Senhor do mundo marcha numa carruagem guiada por quatro cavalos, consagrados, respectivamente, a Zeus, Hera, Posídon e Héstia. Em outras palavras, os quatro cavalos são os quatro elementos: fogo, ar, água e terra. Em geral, eles são controlados, mas de vez em quando, o primeiro cavalo fica indócil e ateia fogo aos outros. Essa é a origem da história de Faetonte, contada pelos gregos. Depois, o cavalo de Posídon fica indócil e as gotas do seu suor pingam sobre os outros três. Essa é a fonte de onde os gregos tiraram sua história do dilúvio de Deucalião" – e o mesmo acontece com os outros dois cavalos.[31]

Essa idéia corresponde à *circulatio* alquímica, em que o material deve ser repetidamente sublimado e coagulado, circulando muitas e muitas vezes por todos os estados do ser, até a criação da Pedra Filosofal. Por conseguinte, vê-se toda a história do mundo como um vasto processo alquímico.

Os mitos do dilúvio mostram-se sobremodo instrutivos sob o ponto de vista psicológico. Deus envia um dilúvio destruidor quando o mundo fica pérfido e degenerado. É como se a humanidade tivesse de ser reduzida, por meio da *solutio*, à sua *prima materia*, a fim de transformar-se em alguma coisa melhor. Outro aspecto da *solutio* também é demonstrado pelas histórias de dilúvio, a saber, o tema da prova da água. Através desta prova, os homens santos, aqueles cuja existência é autêntica, permanecem intactos, ao passo que os pérfidos ou inautênticos são dissolvidos. Psicologicamente, isso significaria que os aspectos do ego que se acham vinculados com o Si-mesmo de modo consciente suportam a *solutio*.

Nos mitos, a ameaça de um dilúvio mundial era usada para encorajar a percepção de Deus. Da mesma forma, uma ameaça de inundação vinda do inconsciente pode ter um efeito salutar sobre um ego presunçoso e produzir a consciência da necessidade de relacionamento com o transpessoal. Esse estado é expresso no Salmo 69 (ver figura 3-13):

> Salvai-me, ó Deus, pois a água tem entrado até a minha alma. Estou imerso num lodo profundo, onde não consigo firmar pé: entrei nas águas profundas, onde me submergem as ondas (1, 2 - AV).
>
> Libertai-me do lodo, para que não fique submergido: livrai-me dos que me têm ódio, e das águas profundas. Não deixe que me afoguem as ondas, nem que me devore o abismo, e que sobre mim não se feche a boca do poço (14, 15, AV).

Os sonhos com inundações referem-se à *solutio*. Representam uma ativação do inconsciente que ameaça dissolver a estrutura estabelecida do ego e reduzi-lo à *prima materia*. As grandes transições da vida costumam ser experiências de *solutio*. Por exemplo, uma mulher, mãe de três filhos, que passava por um segundo divórcio, sonhou várias vezes com inundações, tendo um de seus sonhos relatados por Rivkah Kluger:

> *Olho de uma casa de praia e vejo uma grande onda. Chamo as crianças para que entrem. Mary vem devagar mas chega a tempo e eu fecho as portas. Então, a onda cai sobre nós. Penetra por todas as rachaduras e nos cerca. Estou preocupada com Bob, meu filho, que está na praia e fico imaginando se conseguiu escapar. Sei que todos os banhistas estão mortos. Não há como escapar e digo a mim mesma: "Então é assim." Não sinto um pânico real. Como é impossível escapar, simplesmente é assim que são as coisas. Mas então a água retrocede.*
>
> *Corremos pela casa, procurando tapar as rachaduras. Há um furo no teto, além de muitas rachaduras nas paredes... Vem outra onda. Ela*

---

31. Hastings, *Encyclopedia of Religion and Ethics*, 1:199-200.

FIGURA 3-13
"Salvai-me, ó Deus, pois a água entrou até a minha alma." (Ilustração do Salmo 69, *The Visconti Hours*. Florença, National Library.)

golpeia acima de nós e ao nosso redor, mas desta feita a sala não é inundada e a cabana não é levantada e atirada pelo chão. Começamos a correr antes que venha a próxima onda. Abro a porta dos fundos e ali está um velho amigo, a quem não via há anos. Abraço-o com alegria e alívio... O lugar está sombrio e a lama forma uma grossa camada sobre a areia. Vejo a sorte que tivemos e estou muito contente por causa do homem que apareceu para nos tirar dali.[32]

Outro exemplo é o sonho seguinte. O sonhador foi um homem maduro, de meia-idade, que passava por uma importante reorientação de vida e que seria submetido a uma delicada intervenção cirúrgica. Além disso, mais tarde se divorciou. Ele sonhou:

Vê-se a vida do mundo como se se estivesse numa enorme tigela. Há então uma violenta inundação; algo semelhante a um dique que se abre,

---

32. Kluger, "Flood Dreams", in *The Reality of the Psyche*, p. 51.

e tudo é engolfado. É um cataclisma, uma catástrofe de amplas proporções e tudo é levado de roldão pelas águas que se elevam... Fugimos do dilúvio e alguns escapam.

Então temos a impressão de estar numa nova era. Trata-se da vida do mundo vista no interior de uma grande esfera. Há vários níveis ligados entre si por escadas, rampas, etc., em torno de um centro aberto. Apartamentos e áreas de estar são partes da parede exterior... Antes era noite e agora é dia. No meio, tudo é terra. Trata-se de uma espessa camada que cobre a água.

Sonhos de um grande dilúvio incluem a experiência de ser resgatado por um agente divino ou transpessoal. No seguinte sonho, fica evidente que a descoberta da psicologia junguiana evitou uma *solutio* fatal:

[A sonhadora] ficou presa num mar monstruoso. Embora fosse uma resistente e experiente nadadora, suas forças estavam quase no fim, e ela sabia que não poderia agüentar muito mais. Nesse momento, ela viu um barco-casa quadrado semelhante às arcas de Noé de sua infância. Com um tremendo esforço final, ela se dirigiu para lá e alcançou o lado do barco-casa bem a tempo, tendo sido içada, quase desfalecida, por nada mais nada menos que o dr. Jung, a quem jamais vira.[33]

Um homem de meia-idade, que passava pela dissolução de uma relação dependente, sonhou:

Estou no centro de uma grande cidade, observando uma vasta torrente de pessoas passar – indivíduos de todo tipo e aparência. É como o fluxo de um enorme rio. Estou fascinado.

Ao despertar, o sonhador pensou na doutrina de Heráclito, de acordo com o qual "todas as coisas se acham em movimento" (*panta rhei*). O sonho representava, portanto, o aspecto da existência ligado com a *solutio* – a vida como perpétua mudança e vir a ser. Uma dolorosa experiência pessoal é moldada num contexto arquetípico ou geral e assim se torna significativa e até fascinante.

A vinculação entre a *solutio* e a salvação é indicada pela relação que o apóstolo Pedro estabelece entre o dilúvio de Noé e o batismo. "Outrora, quando Noé construía aquela arca, na qual somente um pequeno grupo de oito pessoas se salvou 'por meio da água'... Aquela água corresponde ao batismo que agora vos salva." (Pedro, I, 3: 20-21, JB.)

Como oito pessoas se salvaram no dilúvio, o número oito passou a ser associado ao batismo, repetição ritualizada do dilúvio original. Os cristãos da Antigüidade e da Idade Média quase sempre erigiam seus batistérios com uma estrutura octogonal. Uma inscrição composta por Santo Ambrósio para o batistério da igreja de Santa Tecla, em Milão, diz o seguinte:

Eight are the temple's walls – O number worthy of holy
  Actions performed at the spot; eight are the walls of the font.

---

33. Bertine, "The Great Flood", in *Jung's Contribution to Our Time*, p. 204.

Mystical shape of the house that covers the rites of the water
* – Rites for the saving of man – mystical number of eight,*
Rites that derive their pow'r from the light of Christ resurrected
Christ who set all men free, breaking the shackles of Hell,
Who from the blemish of sin releaseth him that repenteth,
* In the crystalline spring cleansing the bather from guilt.*
What greater proof can ye ask of the power of God who
Acting at one small point loosens the guilt of the world?[34]

[Oito são os muros do templo – Ó número que merece as sagradas / Ações aí celebradas; oito são os muros da fonte. / Forma mística da casa que protege os ritos da água / – Ritos para a salvação do homem – místico número oito, / Ritos que extraem seu poder da luz de Cristo ressurreto / Cristo que a todos libertou, quebrando os grilhões do Inferno, / Que da culpa do pecado libertou o arrependido, / Lavando da culpa, na fonte cristalina, o que nela se banha. / Que prova maior poderemos exigir do poder de Deus / Que agindo sobre um pequeno ponto perdoa o pecado do mundo?]

Hoje sabemos que o número oito é um número de individuação, uma expressão de totalidade. O simbolismo do dilúvio e do batismo nos diz, por conseguinte, que, ao passarmos pela água da *solutio,* nos tornamos inteiros – isto é, relacionados com o Si-mesmo.

O êxodo e a passagem pelo Mar Vermelho também foram vinculados, por Paulo, ao batismo. "Ora, irmãos, quero que saibais que nossos pais estiveram todos debaixo da nuvem, e que todos atravessaram o mar, e todos foram batizados em Moisés, na nuvem e no mar." (Coríntios, I, 10: 1-2 RSV.)

Jung menciona a interpretação que os peratas (membros de uma seita gnóstica) davam ao Mar Vermelho: "O Mar Vermelho engoliu os egípcios, mas egípcios são todos os 'ignorantes'... O Mar Vermelho é a água da morte para os 'inconscientes', mas, para os que são 'conscientes', é a água batismal do renascimento e da transcendência."[35] Agostinho diz: "O Mar Vermelho significa o batismo" e, de acordo com Honório de Auto, "o Mar Vermelho é o batismo avermelhado pelo sangue de Cristo, no qual nossos inimigos, isto é, nossos pecados, são engolidos".[36]

Os alquimistas usavam a imagem do Mar Vermelho. Diz-se que a tintura é extraída do Mar Vermelho. Um certo texto fala da "tintura de Tiro, extraída do nosso puríssimo Mar Vermelho".[37] Afirma outro: "E saibas que nosso Mar Vermelho é uma tintura mais poderosa do que todos os mares e que [ele] ... penetra todos os corpos."[38] O termo "nosso Mar Vermelho" refere-se à *aqua permanens,* o solvente universal – isto é, a forma líquida da Pedra Filosofal. Assim, aquele que passou pela *solutio* do Mar Vermelho é o alvo da *opus,* o Si-mesmo. Ou, dito de outro modo, o Mar Vermelho é a totalidade da psique, o agente da *solutio* que o ego deve encontrar e pelo qual deve passar em sua jornada para a individuação (ver figura 3-14).

---

34. Rahner, *Greek Myths and Christian Mystery,* p. 78.
35. Jung, *Mysterium Coniunctionis, CW* 14, par. 257.
36. *Ibid.,* par. 256.
37. *Ibid.,* par. 259.
38. *Ibid.* -

FIGURA 3-14
O exército do faraó afogando-se no Mar Vermelho. (*The Visconti Hours*, Florença, National Library.)

O Mar Vermelho tinha, para os alquimistas, vários significados interpenetrantes. (1) Era a transição crucial do êxodo. Equiparava-se a fuga dos israelitas da escravidão com a redenção do valor perdido, oculto nas trevas da matéria e, na verdade, com todo o processo alquímico de transformação. (2) Tinha o significado geral do mar – o caos original, a fonte criadora de tudo o que veio a ser; em termos psicológicos, o inconsciente. (3) Sua cor rubra levava-o a ser associado com a cor da Pedra Filosofal e da tintura transformadora. Assim, o Mar Vermelho era não apenas a *prima materia*, mas também o alvo da *opus*. Encontrava-se vinculado, de igual maneira, com o sangue redentor de Cristo e com o "sangue do cordeiro" descrito no Apocalipse: "Quem são estes que vêm cobertos de vestimentas brancas?... São os que vêm de uma grande tribulação, e lavaram suas vestes, e as tornaram brancas no sangue do Cordeiro. Por isso estão diante do trono de Deus, e o servem, de dia e de noite, no seu templo." (Apoc., 7: 14, 15, AV.)

O batismo literal de sangue era praticado no tauroboleo do mitraísmo. O sangue associa-se ao elemento fogo; logo, o simbolismo do sangue combina com o fogo e com a água – isto é, com as imagens da *calcinatio* e da *solutio*.

O batismo é, em seus aspectos essenciais, um ritual de purificação que deixa a pessoa livre de impurezas, tanto em termos literais como em termos espirituais. As lavagens eram procedimentos preliminares freqüentes em cerimônias religiosas – por exemplo, nos Mistérios Eleusinos. Psicologicamente, a sujeira (ou pecado) lavada pelo batismo pode ser compreendida como inconsciência, qualidades da sombra de que não nos damos conta. A limpeza psicológica não significa pureza literal, mas consciência da própria sujeira que há na pessoa. Quando se é limpo em termos psicológicos, não se contamina o próprio ambiente com projeções de sombra (ver figura 3-15).

FIGURA 3-15
A mulher lavando roupas. (Maier, *Atalanta Fugiens*, 1618.)

Não posso concluir esta seção dedicada ao batismo sem citar uma bela passagem que equipara Cristo ao sol, como companheiros de batismo. Seu autor é Melito de Sardes, teólogo do século II:

> Quando, levado por seus cavalos flamejantes, o sol completa seu curso diário, em razão de sua vertiginosa passagem, assume a cor do fogo, transformando-se numa tocha ardente... Então, quase perdido de vista, desce sobre o oceano... Banhando-se nas misteriosas profundezas, deixa escapar vigorosas exclamações de júbilo, porquanto a água é seu alimento. Ele permanece uno e inalterado e, no entanto, sai fortalecido das profundezas, um novo sol, e faz sua luz brilhar sobre os homens, depois de purificar-se na água...

No momento oportuno, ele é seguido pelos níveis balouçantes das estrelas e, por sua causa, a lua exibe seu próprio poder. Eles se banham no batistério do sol como quem obedece a instruções, e somente por seguirem o curso do sol brilham a lua e as estrelas com luz verdadeiramente pura. E se o sol, a lua e as estrelas, todos juntos, se banham no oceano, por que não deveria Cristo ser batizado no rio Jordão? O Rei do Céu, príncipe da criação, sol do céu do oriente, que se fez visível para os mortos no Hades e para os mortais sobre a terra, ele, o único Hélio real, nasceu para nós das alturas altíssimas do Céu.[39]

Anteriormente, a lua foi citada como agente de *solutio* negativa ou destrutiva. Ela também exibe importantes vínculos com imagens sobremodo positivas. Considerava-se a lua como a fonte do orvalho – um agente de graça curativa, idêntico à *aqua permanens*. Chama-se Ísis de "orvalho" e o orvalho de suas lágrimas foi o que reuniu os fragmentos desmembrados de Osíris.[40] Jung descreve o simbolismo da lua e do orvalho com as seguintes palavras:

Luna secreta o orvalho e o suco da vida. [Segundo um texto alquímico] "Esta lua é o suco da água da vida, que se acha oculto no Mercúrio!" Também os alquimistas gregos supunham que havia um princípio na lua que Christianos chama de "líquido do filósofo". A relação entre a lua e a alma, tão acentuada na antiguidade, também se encontra na alquimia, se bem que com outro matiz. Costuma-se dizer que da lua provém o orvalho, mas a lua também é a *aqua mirifica* que extrai as almas dos corpos ou dá a estes vida e alma. Junto com o Mercúrio, Luna irriga o dragão desmembrado com sua umidade e o reanima, "fá-lo viver, andar, correr, tornando-lhe a cor semelhante à natureza do sangue". Como a água da ablução, o orvalho cai do céu, purifica o corpo, preparando-o para receber a alma; isto é, produz o *albedo,* o branco estado da inocência, que, à semelhança da lua e da noiva, espera o esposo.[41]

No simbolismo eclesiástico, o orvalho representa a graça; na alquimia, é a *aqua sapientiae*. Há um excelente exemplo num dos quadros do *Rosarium* reproduzidos em *The Psychology of Transference*[42] (ver figura 3-16). O quadro mostra o rei e a rainha, após o coito, num estado de fusão, jazendo, mortos, sobre uma laje. Gotas de umidade caem sobre eles a partir de uma nuvem. Jung interpreta o orvalho que cai como a água da Sabedoria divina ou como o "orvalho de Gedeão", sinônimo da *aqua permanens*. É "um sinal da intervenção divina, a umidade que anuncia o retorno da alma".[43] Isso corresponde à recuperação do sentimento depois de se ter sucumbido ao estado morto e vazio da abstração intelectual, tal como ocorreu com Fausto antes do seu encontro com Mefistófeles. Como diz Jung: "Os alquimistas pensavam que a *opus* requeria, não só trabalho no laboratório, leitura de livros, meditação e paciência, mas também amor."[44]

---

39. Rahner, *Greek Myths and Christian Mystery*, p. 115.
40. Jung, *Mysterium Coniunctionis*, CW 14, par. 14.
41. *Ibid.*, par. 155.
42. Incluído em Jung, *The Practice of Psychotherapy*, CW 16.
43. *Ibid.*, par. 487.
44. *Ibid.*, par. 490.

PHILOSOPHORVM
ABLVTIO VEL
Mundificatio

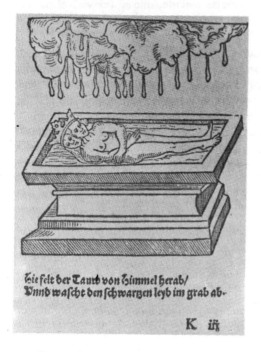

FIGURA 3-16
O cadáver da fusão rei-rainha sendo purificado e reanimado pelo orvalho celeste. (*Rosarium Philosophorum*, Frankfurt, 1550. Reproduzida em Jung, *The Practice of Psichotherapy*.)

O orvalho da Sabedoria divina acentua outro aspecto da *solutio*, seu poder de responder a perguntas ou fornecer *solução* a problemas. Gerhard Dorn afirma: "A putrefação química é comparada com o estudo dos filósofos, porque, assim como os filósofos se dispõem a obter conhecimento por meio do estudo, assim também as coisas naturais se dispõem, por meio da putrefação, à solução. A isso se compara o conhecimento filosófico, porquanto da mesma maneira como os corpos se dissolvem pela solução, assim, também, pelo conhecimento se resolvem as dúvidas dos filósofos."[45]

O *Rubaiyat de Omar Khayyam* exprime essa mesma idéia num estilo mais apropriado à *solutio:*

> The Grape that can with Logic absolute
> The Two-and-Seventy jarring Sects confute:
> The sovereign alchemist that in a trice
> Life's leaden metal into Gold transmute.[46]

[A Uva que pode, com absoluta Lógica / Confutar as inúmeras Facções dissonantes: / O soberano alquimista que, num instante, /Transmuta em Ouro a vida do metal derretido.]

---

45. Jung, *Mysterium Coniunctionis*, CW 14, par. 363.
46. Fitzgerald, trad., *The Rubaiyat of Omar Khayyam*, est. 42.

A experiência da *solutio* "dissolve" problemas psicológicos mediante a transferência da questão para o domínio do sentimento. Em outras palavras, dá respostas a questões "irrespondíveis" ao dissolver a obstrução da libido de que a questão era sintoma.

Uma variante da *solutio* é a *liquefactio*, o processo de derretimento, chamado, por vezes, "ceração". Diz Ruland acerca desse procedimento: "A ceração é realizada sobre um corpo duro e de humor seco, que é embebido continuamente até derreter-se... o ponto da perfeita ceração é aquele em que a substância, jogada com muita rapidez sobre um prato quente, se dissolve, sem produzir fumaça, assumindo a consistência de cera derretida."[47]

A capacidade de derreter-se quando sofre o aquecimento, característica da maioria dos metais, era tida como indício de qualidade ou de nobreza. Assim, tratando-se de um metal não fundível, exclama, com desgosto, um alquimista: "O bismuto... não se derrete nem pelo fogo – tal a sua aspereza e impureza terrenas".[48] Trata-se de um importante ponto psicológico. Diz-nos que a qualidade psíquica tem como indicação sua capacidade de se suavizar, de derreter-se, de passar para um fluido estado líquido. Talvez seja esta a imagem-fonte da idéia de um *gentil*-homem. Lao Tse o descreve de forma bela:

The best of men is like water;
Water benefits all things
And does not compete with them.
It dwells in (the lowly) places that all disdain, –
Wherein it comes near to the Tao.

In his dwelling, (the Sage) loves the (lowly) earth;
In his heart, he loves what is profound;
In his relations with others, he loves kindness;
In his words, he loves sincerity;
In government, he loves peace;
In business affairs, he loves ability;
In his actions, he loves choosing the right time.
   It is because he does not contend
   That he is without reproach.[49]

[O melhor dos homens é como a água; / A água a todas as coisas beneficia / E com elas não compete. / Ocupa os (humildes) locais vistos por todos com desdém, – / Nos quais se assemelha ao Tao. // Em sua morada (o Sábio) ama a (humilde) terra; / Em seu coração, ama a profundidade, / Em suas relações com os outros, ama a gentileza; / Em suas palavras, ama a sinceridade; / No governo, ama a paz; / No trabalho, ama a habilidade; / Em suas ações, ama a oportunidade. / Porquanto não querela, / Vê-se livre de reparos.]

O *I Ching* tem um hexagrama, número 59, que poderia ter sido denominado "*solutio*". Wilhelm dá-lhe o nome de "Dispersão ou Dissolução". Parte do comentário diz o seguinte:

---

47. Ruland, *A Lexicon of Alchemy*, p. 95.
48. Waite, trad., *The Hermetic Museum*, 1:24.
49. *Tao Teh Ching* ou *The Book of Tao*, cap. 8, trad. de Lin Yutang. [Existem em português duas edições da Editora Pensamento: *O livro do caminho perfeito* e *Tao-Te King*.]

Para superar o egoísmo que divide os homens é preciso recorrer a forças religiosas. O meio empregado pelos grandes governantes para unir os homens era a celebração em comum das grandes festas de sacrifícios e ritos sagrados... A música sacra e o esplendor das cerimônias envolviam as pessoas numa intensa emoção conjunta, despertando-lhes a consciência para a origem comum de todos os seres. Assim, a desunião era superada e a intransigência, dissolvida... O egoísmo e a cobiça isolam o homem. Por isso é necessário que uma emoção de devoção se apodere do coração dos homens. Eles precisam ser sacudidos por uma comoção religiosa diante da revelação da eternidade.[50]

Em resumo, falei dos sete principais aspectos do simbolismo da *solutio*: (1) retorno ao útero ou estado primal; (2) dissolução, dispersão, desmembramento; (3) contenção de uma coisa menor por uma maior; (4) renascimento, rejuvenescimento, imersão no fluxo de energia criadora; (5) prova da purificação; (6) solução de problemas; e (7) processo de derretimento ou suavização. Esses diferentes aspectos se entremesclam. Vários deles podem formar diferentes facetas de uma única experiência. Em termos essenciais, a *solutio* resulta do confronto entre o ego e o inconsciente. Diz Jung:

A análise e a interpretação dos sonhos confronta o ponto de vista da consciência com as declarações do inconsciente, com o que lhe amplia o horizonte limitado. Esse afrouxamento de atitudes rígidas e restritas corresponde à solução e separação de elementos pela *aqua permanens*, que já antes estava no "corpo" e agora é atraída, com engodos, pela arte. A água é a alma ou espírito, isto é, "substância" psíquica, que é aplicada, por sua vez, ao material inicial. Isso corresponde ao uso do sentido do sonho para esclarecer problemas existentes. A *"solutio"* é definida neste sentido por Dorn. "Como os corpos se dissolvem pela solução, assim também, pelo conhecimento, se resolvem as dúvidas dos filósofos."[51]

Essa passagem descreve, em termos essenciais, o processo analítico como uma *solutio* para o paciente. Contudo, o terapeuta também deve submeter-se à *solutio*. Certos textos o afirmam explicitamente: "É portanto necessário converter os corpos dos metais em substância fluida; porque... toda tintura tingirá mil vezes mais uma substância suave e líquida do que uma substância seca... Desse modo, a transmutação de metais imperfeitos não pode ser feita enquanto estes estiverem secos e duros: em benefício dessa causa, deve-se fazê-los retornar à sua matéria primeira, que é suave e fluida."[52] E, de novo: "Aquilo que é seco em nada penetra, nem tinge qualquer coisa senão a si mesmo... e também não pode tingir, exceto se for tingido."[53]

Por conseguinte, paciente e agente devem ser suaves e fluidos. Isso corresponde ao que Jung diz sobre a natureza da psicoterapia:

O relacionamento entre médico e paciente conserva seu caráter pessoal no contexto impessoal de um tratamento profissional. Mas o

---

50. Wilhelm, trad., *The I Ching or Book of Changes*, pp. 227ss. [Edição brasileira da Editora Pensamento.]
51. Jung, *Mysterium Coniunctionis*, CW 14, par. 306 e nota 587.
52. *The Lives of the Alchemystical Philosophers*, p. 135.
53. *Ibid.*

tratamento não pode ser nada mais do que produto da influência mútua, na qual todo o ser do médico, assim como o de seu paciente, tem um papel... Em conseqüência, é comum que as personalidades do médico e do paciente sejam infinitamente mais importantes para o resultado do tratamento do que aquilo que o médico pensa e diz... Porque o encontro de duas personalidades se assemelha à mistura de duas substâncias químicas: se houver alguma combinação, ambas as substâncias se transformam. Em todo tratamento psicológico eficaz, o médico deve influenciar o paciente; mas essa influência só ocorre se o paciente também influenciar o médico. Não se pode exercer influência se não se é suscetível à influência.[54]

Entre médico e paciente, portanto, há fatores imponderáveis que produzem uma transformação mútua. No processo, a personalidade mais forte e estável ficará com a última palavra. Vi muitos casos em que o paciente assimilou o médico, desafiando todas as teorias e as intenções profissionais deste último – em geral, embora com exceções, em prejuízo do médico.[55]

Cada operação alquímica exibe um aspecto inferior e um superior, da mesma maneira como tem um lado positivo e um lado negativo. O fogo da *calcinatio* pode ser experimentado como fogo do inferno ou como inspiração do Espírito Santo. O mesmo se aplica à *solutio*. Afirma um texto: "Deves saber que, embora a solução seja uma só, ainda assim podemos distinguir entre uma primeira e uma segunda... A *primeira* solução é ... a redução à Primeira Matéria; a *segunda* é aquela perfeita solução de corpo e espírito a um só tempo, na qual o solvente e o dissolvido sempre vão juntos, e com essa solução do corpo ocorre, simultaneamente, uma consolidação do espírito."[56]

A *solutio* superior envolve, pois, uma transposição de opostos; a solução do corpo produz uma consolidação do espírito. Muitos outros textos dizem o mesmo. Kelly cita Avicena: "O verdadeiro princípio do nosso trabalho é a dissolução da Pedra, porque os corpos dissolvidos assumiram a natureza de espíritos, isto é, porque sua qualidade é mais seca. Para que a solução do corpo seja acompanhada da coagulação do espírito."[57] Diz outro texto: "Nossa solução é causa de nossa coagulação; porquanto a dissolução do lado corporal causa o congelamento do lado espiritual."[58]

Eis um profundo e paradoxal simbolismo. O significado mais evidente é que uma libertação de particularidades concretas promove a realização de universais. Entretanto, a paradoxal interação de opostos tem como significado essencial que o procedimento leva ao Si-mesmo – o centro transpessoal da psique, que unifica e reconcilia os opostos. Conseqüentemente, chegamos assim ao âmago do simbolismo da *solutio*, a idéia da água que constitui o alvo do processo. Vários termos são usados para essa versão líquida da Pedra Filosofal: "*aqua permanens*", "*elixer vitae*", "tintura", "água filosofal",

---

54. *The Practice of Psychotherapy*, CW 16, par. 163.
55. *Ibid.*, par. 164.
56. Waite, trad., *The Hermetic Museum*, 1:40.
57. Kelly, *The Alchemical Writings of Edward Kelly*, p. 49.
58. *The Lives of the Alchemystical Philosophers*, p. 219.

"solvente universal", "água divina", e assim por diante. A água como alvo da *opus* é descrita no seguinte texto:

> [Os filósofos] dizem que toda ação e substância da obra nada são além da água; e que o seu tratamento também não ocorre senão na água... E sejam quais forem os nomes que os filósofos tenham dado à sua pedra, eles sempre se referem a essa mesma substância, isto é, à água de que tudo [se origina] e na qual tudo está [contido], que a tudo rege, na qual são cometidos erros, e na qual se corrigem os próprios erros. Dou-lhe o nome de água "filosofal", não água comum, mas *aqua mercurialis*.[59]

Aqui, a água filosofal em que tudo ocorre é tanto o início como o final da *opus*, a *prima materia* e a Pedra Filosofal. É um símbolo líquido do Si-mesmo, que contém os opostos e que transforma todas as coisas unilaterais em seu contrário. Assim é que se diz: "Essa (divina) água torna os mortos vivos e os vivos mortos; ilumina as trevas e escurece a luz."[60]

Da mesma maneira como se identificava a Pedra Filosofal com Cristo, assim também se vinculava a água divina dos alquimistas com a água viva que Cristo equiparou a si mesmo no Evangelho de São João: "Quem beber da água que eu lhe der não mais padecerá de sede. A água que eu dou é uma fonte interior que sempre jorra para a vida eterna." (João 4:14, NEB.) "Quem tiver sede, que venha a mim; aquele que crer em mim beberá. Como dizem as Escrituras: 'Torrentes de água viva jorrarão de dentro dele.'" (João 7:38, NEB.)

Um interessante paralelo onírico das "torrentes de água viva" chamou minha atenção. No curso de uma certa sessão, o analista mostrou grandes recursos no oferecimento de uma rica amplificação do sonho do paciente. À noite, o paciente sonhou que *uma torrente de água límpida como cristal fluía da boca do analista*. Esse episódio é um excelente exemplo da declaração de Jung: "A análise e a interpretação dos sonhos... corresponde à solução e separação de elementos pela *aqua permanens*."[61]

O salmista exclama, dirigindo-se a Deus: "Minh'alma tem sede de ti, numa seca e sedenta terra onde não há água." (Salmos, 63: 1, AV.) Quase como uma resposta a essa exclamação, uma receita alquímica de *solutio* começa com as seguintes palavras: "Se souberes irrigar esta terra árida com a água apropriada dilatarás os poros da terra." Jung dá a ela a seguinte interpretação:

> Quando contemplares como estagnação e estéril deserto tua falta de fantasia, de inspiração e de vivacidade interior, e impregnares isso com o interesse que em ti desperta o alarme por perceberes tua morte interior, então algo pode acontecer contigo, já que teu vazio interior oculta uma plenitude tão grande quanto ele mesmo, contanto que permitas que ela penetre em ti. Se te mostrares receptivo a esse "clamor do deserto", então o anseio por plenitude dará vida ao ermo estéril de tua alma, como a chuva revive a terra árida.[62]

---

59. Jung, *Psychology and Alchemy*, CW 12, par. 336.
60. Jung, *Mysterium Coniunctionis*, CW 14, par. 317.
61. *Ibid.*, par. 306.
62. *Ibid.*, par. 190.

Essa *solutio* superior é um encontro com o *Numinosum*, que submete à prova e estabelece a relação do ego com o Si-mesmo. Como nos dizem explicitamente os mitos do dilúvio, o dilúvio vem de Deus; quer dizer, a *solutio* vem do Si-mesmo. Aquilo que vale a pena salvar no ego é salvo. Aquilo que não merece salvação é dissolvido e derretido a fim de ser recomposto em novas formas de vida. Por conseguinte, o permanente processo vital renova-se a si mesmo. O ego comprometido com esse processo transpessoal cooperará com ele e experimentará sua própria redução como um prelúdio à vinda da personalidade mais ampla, a totalidade do Si-mesmo.

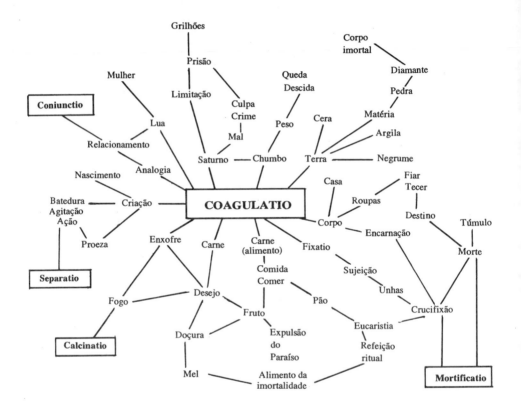

4 Coagulatio

Assim como a *calcinatio* é a operação do elemento fogo, a *solutio* a operação da água e a *sublimatio* a operação pertinente ao ar, a *coagulatio* pertence ao simbolismo do elemento terra. Tal como ocorre com todas as operações alquímicas, a *coagulatio* refere-se, em primeiro lugar, à experiência no laboratório. O resfriamento pode transformar um líquido num sólido. Um sólido dissolvido num solvente reaparece quando o solvente é evaporado.[1] Da mesma maneira, uma reação química pode produzir um novo composto sólido – por exemplo, a coagulação da clara de ovo quando esta é aquecida.

Em termos essenciais, a *coagulatio* é o processo que transforma as coisas em terra. "Terra" é, por conseguinte, um dos sinônimos de *coagulatio*. Pesada e permanente, a terra tem forma e posição fixas. Não desaparece no ar por meio da volatilização, nem se adapta facilmente à forma de qualquer recipiente, ao contrário da água. Sua forma e localização são fixas; assim, para um conteúdo psíquico, tornar-se terra significa concretizar-se numa forma localizada particular – isto é, *tornar-se ligado a um ego* (ver figura 4-1).

Costuma-se equiparar a *coagulatio* com a criação. Há, em *Turba Philosophorum*, a afirmação: "Deus criou todas as coisas pela sua palavra, tendo dito a elas: Sejam, e elas foram feitas com os quatro outros elementos, a terra, a água, o ar e o fogo, que Ele coagulou."[2] Certos mitos da criação usam imagens explícitas de *coagulatio*. Na cosmogonia dos índios norte-americanos, aparece com freqüência a afirmação de que o mundo foi criado por um "mergulhador da terra" que trouxe pedaços de lama das profundezas do mar.[3] Por exemplo, um mito cherokee diz: "Originalmente, os animais foram reunidos no céu-mundo; embaixo, tudo era água. O Besouro da Água foi enviado para fazer uma exploração. Depois de percorrer toda a superfície da

---

1. Ruland o denomina "Coagulação por Segregação", e afirma que "quando certas porções são segregadas, o resto é solidificado. A operação poderia ser denominada Solidificação. Realiza-se por meio do aquecimento, graças ao qual o humor evapora ou exala, removendo-se assim a causa da fluidez". (Ruland, *A Lexicon of Alchemy*, p. 107.)
2. Waite, trad., *Turba Philosophorum*, p. 25.
3. Há um exemplo disso em Elíade, *From Primitives to Zen*, p. 88.

101

FIGURA 4-1
A terra nutre o *Filius Philosophorum*. (Maier, *Atalanta Fugiens*, 1618.)

água sem encontrar repouso, mergulhou nas profundezas, de onde trouxe um pouco de lama, da qual a Terra se desenvolveu por adição. Quando a terra secou... os animais desceram."[4]

Há uma interessante imagem de *coagulatio* na mitologia hindu. Depois que o dilúvio (*solutio*) destruiu todas as pessoas, menos Manu, o Noé hindu, era necessário recuperar objetos de valor perdidos na inundação. "Deuses e gênios bateram o oceano de leite, usando a grande serpente (Sesa-naga) como corda e a Montanha Lenta (Mandara) como haste."[5] Desse processo, vários objetos, como a manteiga a partir do creme, foram coagulados. Essa mesma imagem recebe uma aplicação psicológica nos *Upanishads*: "Tal como a manteiga oculta no leite, a Pura Consciência (*vijnanam*: o estado de Atman como Brahman, a bênção absoluta) está em todo ser. Deve ser batida de maneira constante, servindo a mente de haste de bater."[6] Anaximandro também expressa a idéia de que o mundo foi coagulado, vindo a ser, mediante um movimento de agitação ou de batedura: "Há um eterno movimento, no qual se produziu a origem de todos os mundos."[7] Concebia-se esse "eterno movimento" como um vórtice que se manifestava no "ilimitado" (*apeiron*), a *prima materia*, aproximando-se bastante do mito hindu.

---

4. Alexander, *The Mythology of All Races*, 10:60.
5. Daniélou, *Hindu Polytheism*, p. 167.
6. Zimmer, *Philosophies of India*, p. 369.
7. Burnet, *Early Greek Philosophy*, p. 52.

Um homem de meia-idade que passava por uma importante reorientação, com um "sentimento de desaparecimento da velha ordem" sonhou o seguinte:

> *É madrugada, a luz do sol nascente começa a aparecer. Estou mergulhado até a cintura numa substância formada pela mistura de lama negra, limo e excrementos. Não há ninguém por perto e a escuridão se estende até o horizonte. É como o começo do mundo, o primeiro dia da criação. Começo a agitar as pernas, batendo a lama negra com enorme e persistente esforço. Continuo a fazê-lo horas a fio e, aos poucos, o pântano primevo passa a endurecer e a tornar-se firme. Percebo que o sol se eleva no horizonte e que seu calor está secando a água e propiciando terra sólida. Antecipo que terei condições de pisar num terreno firme.*

Esses mitos nos dizem que a *coagulatio* é promovida pela ação (mergulho, batedura, movimento de espiral). Eles correspondem ao que Fausto aprendeu do Espírito de Mefistófeles: "No princípio, era a proeza."[8] Em termos psicológicos, significa que a atividade e o movimento psíquico promovem o desenvolvimento do ego. A exposição à tempestade e à tensão da ação, a batedura da realidade, solidifica a personalidade.

O *Turba Philosophorum* dá a seguinte receita alquímica de *coagulatio*: "Toma o mercúrio, coagula-o no corpo de Magnésio, no Kuhul (chumbo) ou no Enxofre que não queima, etc." (*Dictum* 11.) Esse texto tem uma referência química reconhecível. Se o mercúrio for amalgamado com uma grande quantidade de outro metal, como por exemplo o chumbo, o amálgama se solidificará. Da mesma maneira, o mercúrio combina-se com o enxofre para formar sulfeto de mercúrio sólido. Todavia, a referência ao enxofre que não queima deixa clara a superposição de um significado psíquico nos fatos químicos.

A substância a ser coagulada é o mercúrio fugidio. Trata-se do Espírito de Mercúrio acerca do qual Jung escreveu amplamente.[9] Ele é, em termos essenciais, o espírito autônomo da psique arquetípica, a manifestação paradoxal do Si-mesmo transpessoal. Submeter o Espírito de Mercúrio à *coagulatio* significa nada menos que ligar o ego com o Si-mesmo, realizar a individuação. Os efeitos menores do fugidio Mercúrio aparecem nos efeitos de todos os complexos autônomos. A assimilação de um complexo é, portanto, uma contribuição à *coagulatio* do Si-mesmo.

O texto menciona três agentes da *coagulatio*: o magnésio, o chumbo e o enxofre. Magnésio significava, para os alquimistas, algo diferente do que representa hoje; era um termo geral que designava vários minérios metálicos crus ou misturas impuras.[10] Psicologicamente, isso pode ser uma referência à

---

8. Goethe, *Fausto*, pt. 1, verso, 1237.
9. Jung, *Alchemical Studies*, CW 13, pars. 239ss.
10. Ver Ruland, *A Lexicon of Alchemy*, "*magnesia*" e "*marcasite*".

união do espírito transpessoal com a realidade humana corriqueira. Talvez seja esse o sentido da observação de Jung relatada por Aniela Jaffé: "Quando Jung, na casa dos oitenta anos, discutia com um grupo de jovens psiquiatras, em sua residência, o processo de se tornar consciente... terminou o que dizia com as surpreendentes palavras: 'E assim, vocês têm de aprender a se tornarem inconscientes de modo decente.'"[11]

O próximo agente da *coagulatio* é o chumbo. O chumbo é pesado, sombrio e incômodo. É associado ao planeta Saturno, que carrega as qualidades da depressão, da melancolia e da limitação mortificante. Assim sendo, o espírito livre e autônomo deve vincular-se com a pesada realidade e com as limitações das particularidades pessoais. Na prática analítica, esse vínculo com o chumbo costuma ser efetuado quando o indivíduo assume responsabilidade pessoal por fantasias e idéias inconstantes mediante sua expressão diante do analista ou de outra pessoa significativa. É surpreendente a diferença entre uma idéia pensada e uma idéia falada. É a mesma diferença entre o mercúrio e o chumbo (ver figura 4-2).

FIGURA 4-2
Águia agrilhoada a um animal do solo. (Stolcius, *Viridarium Chymicum*, 1624. Reproduzida em Read, *Prelude to Chemistry*.)

O terceiro agente coagulador mencionado é o enxofre. Sua cor amarela e seu caráter inflamável o associam ao sol. Por outro lado, seus vapores impregnam de mau cheiro e escurecem a maioria dos metais, razão pela qual é

---

11. Jaffé, *The Myth of Meaning*, p. 149.

um aspecto característico do inferno. Jung sintetiza sua brilhante discussão do simbolismo do enxofre, em *Mysterium Coniunctionis*, com as seguintes palavras:

> O enxofre constitui a substância ativa do sol ou, em linguagem psicológica, *a força impulsionadora da consciência*: de um lado, a vontade, melhor concebida como um dinamismo subordinado à consciência; do outro, a compulsão, uma motivação ou impulso involuntário, que vai desde o simples interesse até a possessão propriamente dita. O dinamismo inconsciente corresponderia ao enxofre, porque a compulsão é o grande mistério da existência humana. É o cruzamento da nossa vontade consciente e da nossa razão por uma entidade inflamável que está dentro de nós, manifestando-se, ora como um incêndio destruidor, ora como um calor que gera vida.[12]

O enxofre é paradoxal: "Como corruptor, tem afinidade com o diabo, mas ao mesmo tempo se apresenta como um paralelo para Cristo."[13] Portanto, se parte do significado do enxofre é desejo – procura do poder e do prazer –, chegamos à conclusão de que o *desejo coagula*.

No Novo Testamento, a carne é equiparada explicitamente ao desejo pecaminoso: 'Porque tudo o que há no mundo, a concupiscência da carne, a concupiscência dos olhos e o orgulho da vida, não é do Pai, mas do mundo." (1 João, 2:16, RSV.) De igual forma, Paulo disse: "Mas as obras da carne estão patentes, como são o adultério, a fornicação, a impureza, a lascívia, a idolatria, a feitiçaria, as inimizades, as contendas, os zelos, as iras, as brigas, as discórdias, as heresias, as invejas, os assassínios, a embriaguez, as devassidões, e outras coisas semelhantes." (Gal., 5: 19-21, AV.)

O desejo irrefreado é não apenas característica da carne – o aspecto coagulado da psique –, como, ao que se afirma, inicia o processo da encarnação. Por exemplo, encarnação e desejo se acham vinculados em *O livro tibetano dos mortos*. Quando está para encarnar-se e alojar-se num útero, a alma tem visões de casais em coito e dela se apossa um intenso desejo: se for de um homem, tem desejo pela mãe e aversão pelo pai; se for de uma mulher, desejo pelo pai e aversão pela mãe.[14] Jacob Boehme, tratando da manifestação da natureza divina, diz: "Ao desejar, a vontade se contrai e se torna substancial. Assim, criam-se trevas dentro dela, ao passo que, sem o desejo, não haveria senão quietude eterna, sem substancialidade."[15] Uma imagem neoplatônica da encarnação da alma também atribui a esta o estado de motivação pelo desejo: "Olhando a terra daquela altíssima esfera e daquela luz perpétua, e tendo contemplado com secreto desejo a tentação do corpo e de sua 'vida', dita na terra, a alma, pelo próprio peso disso faz seu pensamento voltado para a terra afundar gradualmente na direção do mundo

---

12. Jung, *Mysterium Coniunctionis*, CW 14, par. 151.
13. *Ibid.*, par. 153.
14. Evans-Wentz, org., *The Tibetan Book of the Dead*, pp. xlv ss. [*O livro tibetano dos mortos*, Pensamento.]
15. Boehme, "Forty Questions", citado em *Personal Christianity: The Doctrine of Jacob Boehme*, p. 88.

inferior... Em casa esfera (por que passa) é revestida por um invólucro etéreo, pelos quais se reconcilia, por etapas, com a companhia de suas vestes terrenas. E assim é que ela passa por tantas mortes quantas são as esferas que percorre quando se dirige para aquilo que, na terra, é chamado 'vida'."[16]

Nesta passagem, vincula-se o processo de encarnação com o desejo, com uma descida ou queda do céu e com o vestir-se. O motivo da queda do céu em conseqüência da soberba ou da paixão remonta ao Gênesis 6, 2 (AV): "Viram os filhos de Deus que as filhas dos homens eram formosas; e tomaram por esposa aquelas que de entre elas escolheram." Também tem relevância a rebelião de Lúcifer, bem como sua queda do céu, descritas de modo tão belo por Milton:

> *He trusted to have equal'd the most High,*
> *If he opposed; and with ambitious aim*
> *Against the Throne and Monarchy of God*
> *Rais'd impious War in Heav'n and Battel proud*
> *With vain attempt. Him the almighty Power*
> *Hurl'd headlong flaming from th' Ethereal Skie*
> *With hideous ruin and combustion down*
> *To bottomless perdition, there to dwell*
> *In Adamantine chains and penal Fire,*
> *Who durst defie th' Omnipotent to Arms.*[17]

[Pensou ter-se igualado ao Altíssimo / Ao se opor; e com um objetivo ambicioso / contra o Trono e o Reinado de Deus / Moveu ímpia guerra no céu e batalhou orgulhoso / Em vã investida. Contra o Poder supremo / Arremessou as chamas do Céu etéreo / Causando medonha ruína e incêndio / Para que sua perdição fosse eterna e tivesse por morada / Inquebráveis grilhões, / E fosse castigado pelas chamas / Quem se atreveu a desafiar o Onipotente.]

Essa passagem contém elementos do simbolismo da *calcinatio*, mas sua referência principal é a *coagulatio*. Trata-se de uma magnífica descrição do ato pré-consciente original que assentou os alicerces do ego. Os anjos ou seu equivalente ainda caem do céu nos sonhos modernos (ver figura 4-3).

Uma jovem mulher que padecia de uma deficiência de desenvolvimento do ego – uma falta de consciência da sua identidade feminina – teve, no início da análise, o seguinte sonho:

> (Resumido) *Chamaram-me à janela para observar um fenômeno no céu. Ao contemplar a lua, vi outro corpo emergir de detrás dela – algo parecido com uma segunda lua. De repente, o segundo corpo começou a explodir em cores espetaculares, como se fosse uma bomba H explodindo. Pensei que estávamos presenciando o nascimento de um novo sol. Subitamente, durante outro evento explosivo, uma parte do novo corpo foi atirada no espaço e caiu em nosso apartamento. Corremos dali o mais rápido possível, temendo que fosse radioativa.*

---

16. Macrobius, *In Somn. Scip.*, citado em Jonas, *The Gnostic Religion*, p. 158.
17. Milton, "Paradise Lost", in *Milton: Complete Poetry and Selected Prose*, bloco 11, versos 40-49.

FIGURA 4-3
A queda dos anjos rebeldes. (*Les Très Riches Heures du Duc de Berry*. Chantilly. Musée Condé.)

Este sonho encorajou-me a perseverar num lento e difícil processo terapêutico. Um aspecto importante desse processo foi o gradual desenvolvimento da capacidade de relacionamento pleno da paciente com um homem.

Sonhos de aviões em choque e de objetos cadentes costumam referir-se à *coagulatio*. Exemplo disso é o sonho de um homem que se encontrava no processo de desenvolvimento de uma relação mais autêntica com sua religião:

> *Encontro-me no centro de Manhattan. Prédios altos estão sendo demolidos. Um enorme bloco de pedra, da parte superior de um dos prédios, cai com estrépito no chão e quase me atinge.*

O sonhador associou o bloco de pedra com Pedro, a rocha sobre a qual Cristo erigiu sua Igreja. (Mat., 16:18.)

A experiência psicoterapêutica comprova a idéia de que o desejo promove a *coagulatio*. Para aqueles que já se acham movidos pelo desejo, a *coagulatio* não é a operação necessária. Contudo, muitos pacientes têm um investimento inadequado de libido, uma fragilidade em termos de desejo que por vezes beira a anedonia.* Essas pessoas não sabem o que querem e temem os próprios desejos. Assemelham-se a almas não nascidas que, no céu, fogem da queda na realidade concreta. Elas precisam cultivar seus desejos – procurá-los, alimentá-los e agir de acordo com eles. Somente depois que o fizerem a energia psíquica se mobilizará para promover experiência de vida e desenvolvimento do ego. Na psicoterapia, o surgimento de desejos de transferência indica com freqüência o início de um processo de *coagulatio*, razão por que deve ser tratado com cautela.

O atrativo do desejo é a *doçura* da realização. O mel, na qualidade de exemplo supremo da doçura, é, portanto, um agente de *coagulatio*. Diz Paracelso que "a matéria primeira do mel é a doçura da terra, que reside nas coisas que crescem naturalmente". E, outra vez, o mel "é a matéria primeira concretizada, porquanto o mel e a cera são uma só coisa".[18] Segundo a receita do alquimista Dorn, um dos agentes necessários para a união do espírito com o corpo (*unio mentalis*) é o mel.[19] Jung comenta, a respeito do uso do mel por parte de Dorn:

> Por conseguinte, a mistura adquiriu a propriedade, não apenas de eliminar as impurezas, mas também de transformar o espírito em corpo; diante da proposta conjunção entre o espírito e o corpo, isso parecia um indício particularmente promissor. Para dizer a verdade, a "doçura da terra" não é isenta de perigos, porque, como vimos..., o mel pode transformar-se num veneno mortal. Segundo Paracelso, o mel contém "Tartarum", o qual, como seu nome implica, vincula-se com o Hades. Ademais, "Tartarum" é um "Saturno calcinado", tendo por isso mesmo afinidades com esse planeta maléfico.[20]

---

* Em inglês, *anhedonia*. Vincula-se à palavra *anedo* (do grego *Anaides* = que não tem órgãos sexuais). N. do T.

18. Paracelso, *The Hermetic and Alchemical Writings of Paracelsus*, 2:74.
19. Jung, *Mysterium Coniunctionis*, CW 14, par. 683.
20. *Ibid.*, par. 687.

O mel, graças às suas qualidades de preservação, era considerado pelos antigos como um remédio da imortalidade, tendo sido usado na Eucaristia em algumas comunidades cristãs primitivas.[21]

Nos sonhos modernos, referências a doces (balas, bolos, biscoitos, etc.) em geral indicam uma tendência regressiva de busca infantil de prazeres, o que requer uma interpretação redutiva (*mortificatio*). Às vezes, contudo, indicam uma autêntica necessidade de *coagulatio*. A *coagulatio* costuma suscitar resistências porque dá a impressão de ser moralmente ambígua, capaz de provocar a dor e o conflito. O protesto clássico é o de Hamlet: "Oh! Se esta sólida, totalmente sólida carne pudesse derreter-se, / Evaporar e dissolver-se num orvalho." (Ato 1, cena 2, verso 129.) De fato, associa-se explicitamente a *coagulatio* ao mal. É o que demonstra a ligação alquímica entre ela e Saturno, o princípio maléfico. Diz um texto que "a coagulação (ocorre) em Saturno".[22] Segundo Jacob Boehme, "Saturno, esse frio, áspero, austero e adstritivo regente, não tem seu início e matriz no sol; porque Saturno tem em seu poder a câmara da morte, servindo para secar todas as forças, daí vindo a corporeidade. Pois assim como o sol é o coração da vida, e matriz de todos os espíritos do corpo deste mundo, assim também Saturno é iniciador de toda a corporeidade, compreensibilidade ou palpabilidade"[23] (ver figura 4-4). A natureza profundamente maligna de Saturno é expressa por Chaucer, que o faz dizer:

My course, which has so wide a way to turn,
Has power more than any man may know.
Mine is the drowning in the sea below;
Mine is the dungeon underneath the moat;
Mine is the hanging and strangling by the throat;
Rebellion, and the base crowd's murmuring,
The groaning and the private poisoning,
And vengeance and amercement – all are mine,
While yet I dweel within the Lion's sign.
Mine is the ruining of all high halls,
And tumbling down of towers and of walls
Upon the miner and the carpenter.
I struck down Samson, that pillar shaker;
And mine are all the maladies so cold,
The treasons dark, the machinations old;
My glance is father of all pestilence.[24]

[Minha órbita, que tem de percorrer trilha tão longa, / Tem mais poder do que qualquer homem pode imaginar. / Meu é o que se afoga lá embaixo no mar; / Minha a masmorra na parte mais baixa do fosso; / Meu o enforcado e quem se estrangula pela garganta; / Meus a rebelião e os murmúrios abjetos da multidão, / Os gemidos, os envenenamentos secretos, / E a vingança e as sanções arbitrárias – tudo é meu, / Embora eu ainda esteja sob o signo do Leão. / Minha é a ruína de todos os altos salões, / E a queda de torres e paredes /

---

21. Eisler, *Orpheus the Fisher*, pp. 242ss.
22. Bonus de Ferrara, *The New Pearl of Great Price*, p. 426.
23. Boehme, *Aurora*, p. 687.
24. Chaucer, "The Knight's Tale", in *Canterbury Tales*, pp. 68s.

Sobre o carpinteiro e o minerador. / Derribei Sansão, o destruidor de colunas; / E minhas são todas as moléstias tão desalentadoras, / As negras traições e velhas patifarias; / Meu olhar é o pai de toda pestilência.]

Desde a antigüidade manifesta-se a tendência de identificar a matéria com o mal, que alcançou extremos em algumas seitas gnósticas. A queda da alma do seu estado imortal para a forma corporal também costuma ser vinculada com um crime primal. Empédocles, por exemplo, descreve espíritos imortais condenados à encarnação por causa da violência e do perjúrio: "Quando um dos divinos espíritos merecedores de longa vida macula pecaminosamente as mãos pelo derramamento de sangue e, seguindo a voz do Ódio, dá falso testemunho, esse é condenado a vagar por três vezes dez mil estações, longe da companhia dos bem-aventurados, devendo nascer, durante esse tempo, sob todos os tipos de forma mortal, que trocam um tipo de vida dura por outra... Desse número também sou, um fugitivo do céu, um vagabundo, porque confiei no espumante Ódio."[25]

FIGURA 4-4
A pedra de Saturno. (Maier, *Atalanta Fugiens*, 1618.)

Segundo antiga lenda, havia um crime dos Titãs por trás da criação dos seres humanos. Enquanto brincavam com o menino Dioniso, eles o desmembraram, ferveram e comeram – deixando apenas o coração, que Zeus resgatou. Como punição, Zeus os consumiu com o relâmpago e usou suas cinzas para criar a raça humana. Desse modo, a "terra titânica", que continha

---

25. Empédocles, *Purifications*, frag. 115, citado em Freeman, *Ancilla to the Pre-Socratic Philosophers*, p. 65.

partículas espalhadas do divino Dioniso, tornou-se a argila da *coagulatio* humana – material produzido por um crime primal.

Prometeu, que ensinou os seres humanos a enganarem os deuses e a ficarem com a melhor parte do animal sacrificial para si mesmos, roubou o fogo para dá-lo às pessoas e por isso foi punido pela *coagulatio* sendo acorrentado a uma pedra (ver figura 4-5). Da mesma maneira, Adão e Eva foram expulsos da condição paradisíaca, que precede o ego, depois do crime que cometeram ao comer do fruto proibido. Esses exemplos demonstram que o desenvolvimento do ego associa-se à experiência do mal, do crime e da culpa. Assim, a consciência do mal que há em cada um – isto é, percepção da sombra – coagula. Podemos ver isso como o sentido psicológico da injunção de Cristo: "Não resisti ao mal." (Mat., 5: 39, AV.) Se se deseja contribuir para o mundo real, deve-se deixar um espaço para o mal. Assim é que Jung escreveu a Richard Wilhelm: "És *demasiado importante* para o nosso mundo ocidental, devo continuar a dizer-te. Não te deves dissolver ou desaparecer de qualquer outra maneira, nem adoecer, mas os desejos maus devem prender-te à terra a fim de que teu trabalho possa prosseguir."[26] Todos conhecemos a frase: "Ele era bom demais para esse mundo". As pessoas santas ou espiritualizadas costumam ter vida curta. No passado, com freqüência morriam de tuberculose. É perigoso ser unilateral, mesmo na bondade.

Os sonhos freqüentemente fazem alusão ao aspecto criminoso da condição de ego.* A presunção de assumir a vontade e a consciência pode ser representada como um roubo. O atrevimento que consiste em seguir a autoridade interior é expresso como o assassinato de uma autoridade projetada, talvez como um parricídio. O ser um ego está inextricavelmente vinculado com a culpa, punida com a *coagulatio* – confinamento dentro dos limites da própria realidade pessoal (sugerido pelo motivo dos grilhões e da prisão). Embora seja um processo marcado pela culpa, a *coagulatio* contém, de acordo com um certo texto, sua própria capacidade de redenção. "O chumbo significa as tribulações e problemas com que Deus nos visita, levando-nos outra vez ao arrependimento. Porque, assim como o chumbo queima e remove todas as imperfeições dos metais... assim também a tribulação, nesta vida, nos purifica das tantas máculas que acumulamos: eis por que Santo Ambrósio lhe dá o nome de chave do céu."[27]

A *coagulatio* costuma ser seguida por outros processos, em geral pela *mortificatio* e pela *putrefactio*. Aquilo que se concretizou plenamente ora se acha sujeito à transformação. Tornou-se uma tribulação, que chama à transcendência. Eis como podemos entender as palavras do apóstolo Paulo ao vincular o corpo e a carne com a morte: "Quem me libertará do corpo desta morte?" (Rom., 24, AV.) E: "Porque, se vivermos na carne, morreremos; mas se, por meio do Espírito, mortificarmos os feitos do corpo, viveremos." (Rom., 8:13, AV.) E, mais uma vez: "Porque aquele que vive segundo a carne inclina-se para as coisas da carne. A inclinação da carne é morte; mas a

---

26. Jung, *Letters*, 1:63.
* Em inglês, *egohoodo*. N. do T.
27. Citado em *Mysterium Coniunctionis*, CW 14, par. 472, nota.

111

FIGURA 4-5
A tortura de Prometeu. (Moreau. Reproduzida em *Larousse Encyclopedia of Mithology*.)

inclinação do Espírito é vida e paz. Aquele que se inclina para a carne se opõe a Deus; não se sujeita à lei de Deus, e nem pode sujeitar-se; e aquele que está na carne não pode agradar a Deus." (Rom., 8: 5-8, RSV.)

A identificação do corpo e da carne com a morte deve-se ao fato de que tudo aquilo que nasce no plano espaço-temporal deve submeter-se às limitações dessa existência, que incluem um fim, a morte. Esse é o preço do ser real. Uma vez plenamente coagulado ou encarnado, o conteúdo torna-se sem vida, sem maiores possibilidades de crescimento. Emerson exprime essa idéia: "Somente a vida é benefício, e não o ter vivido. A força cessa no instante do repouso; ela reside no momento da transição de um estado passado para um novo, na voragem do abismo, no arremesso contra um alvo. Eis um fato que o mundo abomina; o fato de a alma *vir a ser;* porquanto isso degrada o passado, torna todos os bens em pobreza, toda reputação em vergonha, confundindo o santo com o velhaco, varrendo Jesus e Judas para longe, sem distinção."[28] Realizada a plena *coagulatio*, vem a *putrefactio*. "Porque o que semeia na sua carne da carne ceifará a corrupção; mas o que semeia no Espírito do Espírito ceifará a vida eterna." (Gal., 6: 8, RSV.) Um texto alquímico trata do mesmo tema: "O leão, o sol inferior, pela carne se corrompe... Assim, o leão tem corrompida a natureza por meio de sua carne, que segue os ritmos da lua, e é eclipsada. Porque a lua é a sombra do sol, e com corpos corruptíveis é consumida; e, por meio da destruição da lua, o leão é eclipsado com o auxílio da umidade de Mercúrio; o eclipse, não obstante, é transmutado, tornando-se útil e de melhor natureza, e ainda mais perfeito do que o primeiro."[29]

O leão ou sol inferior é o aspecto teriomórfico da consciência masculina – o ego encarnado no orgulho e na concupiscência. O texto nos diz que ele deve ser corrompido "por meio de sua carne, que segue os ritmos da lua". A corrupção é inerente à carne, sendo as duas promovidas pela lua. Isso se refere ao fato de que não apenas Saturno, mas também a lua, governam a *coagulatio* (ver figura 4-6). Segundo o pensamento antigo, a lua, na qualidade de "planeta" mais próximo da terra, era o portal que separa os reinos celestial e terreno. Todas as entidades espirituais que se dirigiam para a encarnação eram canalizadas pela lua, na qual se materializavam. Jacob Boehme diz: "A sétima forma é chamada Luna... nela se encontra a propriedade de todas as [outras] seis formas, sendo ela uma espécie de ser corpóreo do conjunto; ... porquanto todas as outras formas canalizam seus desejos, por meio do Sol, na Luna; no Sol, são espirituais e na Luna, corpóreos... aquilo que é o sol, que faz o próprio espírito-vida, a Luna também é, e faz o próprio corpóreo."[30] A associação entre Luna e *coagulatio* indica ser esta última governada pelo princípio feminino. É o que indica igualmente a natureza feminina da terra, matéria (*mater*), e o fato de só podermos encarnar por meio de um útero feminino. Toda forma, manifestação ou estrutura específicas que solidifiquem nossas energias vitais numa expressão particular e concreta faz parte da

---

28. Emerson, "Self Reliance", in *The Writings of Ralph Waldo Emerson*, p. 158.
29. *Mysterium Coniunctionis, CW* 14, par. 21.
30. Boehme, *The Signature of All Things*, pp. 96ss.

FIGURA 4-6
Virgem e Menino na lua crescente. (Dürer. Reproduzida em Panofsky, *The Life and Art of Albrecht Dürer*.)

natureza da mulher. O país, a igreja, a comunidade, a instituição, a família, a vocação, a diversão, a relação pessoal – tudo isso garante nosso compromisso através do princípio feminino. Mesmo aparentes abstrações como a ciência, a sabedoria, a verdade, a beleza, a liberdade (ver figura 4-7, *A Liberdade liderando o povo*), e assim por diante, quando servidas de modo concreto e realista, são experimentadas como personificações do feminino. Jung definiu o princípio feminino como o princípio da relação. Assim, podemos afirmar que o *relacionamento coagula*. Trata-se de importante fato para a psicoterapia, ensejando alguma discussão.

Por intermédio do trabalho clínico conhecemos o profundo efeito da experiência da infância e das relações pessoais com os pais sobre a personalidade emergente da criança. Também sabemos, com base em casos como os de "crianças-lobo", que a falta de um ambiente de relacionamento humano impede à criança desenvolver uma personalidade humana. Nesses casos, não surge um ego. O mesmo ocorre nos casos pouco freqüentes de crianças que ficaram anos trancadas num quarto, objeto de total rejeição por parte dos pais. A criança simplesmente permanece como um animal. De igual maneira, nos casos de perda de uma figura parental em tenra idade em que não houve uma substituição adequada, mantém-se uma espécie de furo na psique: uma importante imagem arquetípica não sofreu personalização, ou *coagulatio*, retendo, por conseguinte, um poder primordial e ilimitado que ameaça inundar o ego caso este dele se aproxime. Por outro lado, há pacientes que, apesar de terem passado por severas privações nas mãos dos pais, foram capazes de

FIGURA 4-7
A Liberdade liderando o povo. (Delacroix. Paris, Louvre. Reproduzida em Craven, *A Treasury of Art Masterpieces*.)

encontrar um importante relacionamento com alguma figura secundária de sua infância. Uma ama, uma tia, um(a) professor(a) ou um dos avós, enfim, alguém que tenha sido capaz de relacionar-se genuinamente com a criança, servindo assim de mediador entre ela e a imagem arquetípica, à qual personalizou. Nesses casos, a carência parental, embora nociva, não foi fatal para o desenvolvimento da criança, porque esta encontrou uma fonte alternativa de relacionamento humano. A duração de relações positivas isoladas desse tipo não é o fator mais importante, mesmo em casos restritos a um curto período de tempo; seus efeitos, contudo, parecem ter sido incorporados de maneira permanente na personalidade em crescimento.

A experiência clínica demonstra que o indivíduo só percebe – e só tem relação com – aqueles aspectos dos arquétipos parentais encontrados nas relações pessoais. A parte do arquétipo que a personalidade dos pais é capaz de ativar, mediar e incorporar será aquela que a criança pode mais facilmente incorporar e construir em sua própria personalidade. A porção do arquétipo com a qual os pais não tiverem relação será deixada, em sua maior parte, impercebida, no reino das formas eternas, ainda não encarnada na história da criança.

Todo processo inicial de desenvolvimento psíquico individual – o surgimento do ego a partir do seu estado original de unicidade com a psique objetiva – pode ser tido como um processo de *coagulatio*. A experiência e a percepção consciente das imagens arquetípicas inatas só têm seqüência se as encontrarmos encarnadas em formas concretas, personalizadas. Neumann faz referência a esse fato ao falar da necessária fase de personalização secundária. A esse respeito, diz ele:

> O princípio [da personalização secundária] afirma que há no homem uma persistente tendência no sentido de tomar os conteúdos primários e transpessoais como conteúdos secundários e pessoais, e reduzi-los a fatores pessoais. A personalização acha-se diretamente vinculada com o crescimento do ego, da consciência e da individualidade... por meio das quais... o ego emerge da torrente de eventos transpessoais e coletivos... A personalização secundária promove uma consistente diminuição do poder efetivo do transpessoal e um aumento consistente da importância do ego e da personalidade.[31]

Isso descreve a *coagulatio,* na qual os conteúdos arquetípicos caem do céu e são incorporados ao ego.

O relacionamento pessoal da infância coagula os arquétipos, mas também os distorce e limita. Se os aspectos particulares que foram objeto da coagulação se revelarem demasiado unilaterais em termos de negatividade ou de alguma outra forma nocivos para o crescimento, sua destruição e recoagulação, sob circunstâncias mais favoráveis, serão um imperativo. Uma mulher que passou por essa experiência sonhou:

> *Ela vê quatro blocos quadrados de concreto nos quais há círculos. Uma voz diz: "Eis tuas atitudes errôneas a respeito da feminilidade, que agora são destruídas."*

Uma abordagem ativa, sensível e participativa por parte do psicoterapeuta promove a *coagulatio*. Certos pacientes requerem essa abordagem e são ameaçados por tudo o que encorajar a *solutio*. O caso extremo de falha na concretização das imagens arquetípicas é a esquizofrenia evidente. O ego é literalmente inundado por imagens arquetípicas ilimitadas e primordiais. Um indivíduo acometido por isso não teve oportunidades adequadas de experimentar os arquétipos mediados e personalizados por meio de relacionamentos humanos.

A necessidade vital de personalização do arquétipo explica o modo pelo qual muitos pacientes se aferram obstinadamente à experiência original que tiveram com os pais. Se, por exemplo, esta tiver sido muito negativa e destrutiva, o paciente poderá encontrar dificuldades para aceitar e suportar uma experiência parental positiva. Fiquei com a nítida impressão de que uma pessoa permanecerá numa, digamos assim, orientação negativa do arquétipo do pai simplesmente porque este foi o aspecto da imagem que se coagulou em sua própria vida, apresentando, portanto, um elemento de segurança e proteção, embora seja negativo. Para a pessoa que tem esse problema, o encontro com o aspecto positivo do arquétipo é perigoso, tendo em vista que esse lado jamais foi personalizado e traz consigo uma magnitude transpessoal que ameaça dissolver os limites estabelecidos do ego. Emily Dickinson descreve esse estado de coisas:

---

31. Neumann, *The Origins and History of Consciousness,* p. 336.

> *I can wade Grief —*
> *Whole pools of it —*
> *I'm used to that —*
> *But the least push of Joy*
> *Breaks up my feet —*
> *And I tip-drunken —*
> *Let no Pebble-smile —*
> *'Twas the New Liquor —*
> *That was all!*[32]

[Suporto bem o Sofrimento / Grandes porções de sofrimento. / Estou acostumada. / Mas a mínima investida de Prazer / Me faz trocar os passos. / E eu, muito confusa / Reprimo o mais leve sorriso: / Foi a Nova bebida. / E nada mais!]

A coagulação atinge não só a relação exterior, como também a interior. Um exemplo disso vem de um texto alquímico: "O espírito ígneo do fogo natural corporifica-se nas substâncias que lhe são *análogas*. Nossa pedra é um fogo astral, que se aproxima do fogo natural, e que, como verdadeira salamandra, tem seu nascimento, nutrição e crescimento no fogo elementar, que lhe é *geometricamente proporcional*."[33]

O texto fala de dois fogos, um astral e um natural; parece dizer que o fogo natural é proporcional ao fogo astral e que, portanto, o primeiro corporifica ou *coagula* este último. O termo "proporção geométrica" sem dúvida se refere à passagem do *Timeu* de Platão, em que é descrita a criação do *corpo* do universo:

> Ora, aquilo que vem a ser deve ser corpóreo e, portanto, visível e tangível; e nada pode ser visível sem fogo ou tangível sem algo sólido, e nada é sólido sem terra. Eis por que o deus, quando começou a formar o corpo do universo, procurou fazê-lo de fogo e de terra. Mas duas coisas não podem ser satisfatoriamente unidas sem uma terceira; porque deve haver alguma conexão entre elas que as faça ficar juntas. E, de todos os conectores, o melhor é aquele que faz de si mesmo e dos elementos que conecta uma unidade no sentido pleno; e é da natureza de uma proporção geométrica contínua (*analogia*) realizá-lo com perfeição.[34]

Essa passagem diz, essencialmente, que o corpo do universo é criado (isto é, coagulado), por intermédio da proporção ou analogia. A analogia é um processo de relacionamento, uma elaboração de conexões por meio do "como se". Esses textos dizem que a analogia encarna ou coagula o espírito. Eis o que torna a alquimia tão importante para a psicologia profunda. Ela é um tesouro de analogias que personificam ou encarnam a psique objetiva e os processos por que ela passa no curso do desenvolvimento. O mesmo se aplica à religião e à mitologia. A importância da analogia para a percepção da psique não pode ser demasiado acentuado. Ela dá forma e visibilidade ao que antes era invisível e intangível, ainda não coagulado.

---

32. Dickinson, *The Complete Poems of Emily Dickinson*, p. 115.
33. *The Lives of the Alchemystical Philosophers*, p. 216.
34. Cornford, *Plato's Cosmology*, p. 43ss.

Os conceitos e abstrações não coagulam. Formam ar, e não terra. São agentes da *sublimatio*. As imagens dos sonhos e da imaginação ativa coagulam. Elas vinculam o mundo exterior com o mundo interior por meio de imagens análogas ou proporcionais e por isso coagulam o material que vem da alma. Os humores e afetos nos agitam violentamente enquanto não coagulam, formando algo visível e tangível; quando isso acontece, podemos ter com elas uma relação objetiva. Diz Jung em suas memórias: "Na medida em que conseguia traduzir as emoções em imagens – ou seja, na medida em que conseguia descobrir as imagens que se achavam ocultas nas emoções –, eu recuperava a calma e a paz interiores."[35]

Os antigos consideravam a existência humana como algo controlado por um certo fator inexorável chamado fado, destino, parte ou porção. Usava-se a imagem do fiar e do tecer. As três Moiras tecem a existência de cada um. Cloto tece o fio, Láquesis o mede e Átropos o corta. O destino de cada pessoa era tido como um tecido fiado ou uma roupa, uma corda, uma corrente ou um jugo que a confinava sem misericórdia a limites predeterminados.[36] Píndaro invoca seu fator de *coagulatio* como a deusa do nascimento: "Deusa do nascimento, arte entronizada ao lado da tecedura de Destinos! Ouve, ó filha da poderosa Hera, tu que geras descendentes. Sem tua ajuda, não vemos a luz, nem o brilho escuro, antes de encontrarmos tua irmã, Hebe de membros luzentes. E, no entanto, não é para fins iguais que todos nós ganhamos alento, porque vários são, com efeito, os fados que atam os mortais à corrente do destino."[37]

Quando Agamenon decide, apesar das lamentosas súplicas de sua irmã, Ifigênia, obedecer à profecia e sacrificá-la em troca de ventos favoráveis para Tróia, Ésquilo diz: "E assim em suas costas colocou / O pesado jugo opressor do Destino." Ou, noutra tradução: "Então ele envergou / O arnês da necessidade."[38] Experimenta-se a *coagulatio* como sujeição porque ela confina os indivíduos à sua realidade verdadeira, o quinhão que o destino lhes reservou. Talvez isso explique a frase: "Ele estava *fadado* a fazê-lo." A linguagem indica que o destino é uma sujeição (ver figura 4-8).

Chega-se mesmo a descrever a existência encarnada como prisão ou túmulo. Platão fala da alma como estando "entronizada no túmulo vivo que conosco carregamos, agora que nos encontramos presos ao corpo, como uma ostra em sua carapaça" (*Fedra*, 250). Numa visão menos negativa, descreve-se o corpo como a casa ou o templo da alma. Oliver Wendell Holmes usa essa imagem em seu poema *The Chambered Nautilus:*

Build thee more stately mansions, O my soul,
As the swift seasons roll!
Leave thy low-vaulted past!
Let each new temple, nobler than the last
Shut thee from heaven with a dome more vast,

---

35. Jung, *Memories, Dreams, Reflections*, p. 177.
36. Onians, *The Origins of European Thought*, passim.
37. *Nemean Odes* 7, 1-8, in *The Odes of Pindar*, p. 381.
38. Oates e O'Neill, orgs., "Agamemnon", in *The Complete Greek Drama*, verso 318.

Till thou at lenght are free,
Leaving thine outgrown shell by life's unresting sea!

[Constrói, alma minha, as mais belas mansões, / Enquanto as estações se sucedem! / Deixa teu humilde passado! / Que cada novo templo, mais nobre que o anterior / Te separe do céu com um domo mais amplo, / Até que, por fim, possas ficar livre, / Abandonando tua pequena concha no revolto mar da vida!]

As roupas também são imagens da condição encarnada. A carne é uma vestidura adquirida durante a descida da alma pelas esferas planetárias. Embora Jung costumasse interpretar as roupas, nos sonhos, como referências à persona, elas também podem ser compreendidas, muito apropriadamente, como modalidades de *coagulatio*. A idéia da vida encarnada como tecido ou como tapete manifesta-se num sonho de uma mulher que acabara de engravidar pela primeira vez. Ela teve esse sonho seis dias depois da primeira ausência de menstruação e dois antes de saber que seu teste de gravidez fora positivo:

Um tapete é trazido do sótão. Tem duas partes separadas que devem ser unidas – o fundo de aniagem e o desenho formado por fios. Primeiro é trazido para baixo o fundo de aniagem. Depois deveríamos trazer o desenho formado por fios. Esperava-se que estudássemos o desenho do tapete a fim de entendê-lo. Isso envolveria a contagem dos fios. O desenho era bastante rico e complexo.

O sonho reveste-se de considerável interesse como exemplo da reação do inconsciente ao fato biológico da concepção. Tem várias semelhanças com os mitos. Em primeiro lugar, o evento é descrito como uma queda, uma descida do sótão. Em segundo lugar, há uma distinção entre a base material (a aniagem) e a imagem dotada de sentido (o desenho formado por fios). Isso corresponderia à distinção entre a alma e a carne que vai abrigá-la – ou o material que vai servir de suporte à expressão da imagem da alma. Além disso, a contagem dos fios corresponderia à função de medição da segunda Moira, Láquesis.

Os sonhos de *coagulatio* por vezes ocorrem quando a morte se aproxima, como se expressassem o sentido da encarnação que está em vias de acabar. Uma mulher de oitenta e dois anos teve, poucas semanas antes de sua morte súbita, o seguinte sonho:

Eu estava na cozinha e olhei para o forno. Havia um assado completamente cozido, talvez um pouco ressecado. Uma voz disse: "Você o deixou aí por um período longo demais, não foi?" Reconheci que era verdade.

Outro exemplo é o relato feito por uma mulher a respeito da morte do avô: "Antes de morrer, meu avô ficou numa casa de idosos por uns oito ou dez anos, tão senil que parecia não reconhecer ninguém. Todos diziam: 'Por que será que ele não morre?' Todos costumavam repetir que teria sido muito

FIGURA 4-8
A Fortuna, ou Nêmesis, carregando a taça e os arreios do Destino. (Dürer. Reproduzida em *The Complete Engravings, Etchings and Drypoints of Albrecht Dürer*.)

melhor se ele tivesse morrido quando sua vida ativa terminara; porque ele sempre e somente encontrara sentido no trabalho e na atividade. Na noite que precedeu sua morte, uma de suas filhas (minha tia) sonhou

> *ter visto, pendurado à sua frente, um tapete oriental muito amplo e belo, tecido num padrão bem colorido e intrincado. Na borda superior, ela viu o derradeiro fio ser colocado no lugar. Compreendeu que o tapete era o trabalho da alma do pai, que ele fora tecendo silenciosamente nos últimos oito ou dez anos; agora que terminara, estava livre para ir.*

No dia seguinte, meu avô morreu."[39]

É particularmente marcante o fato de sonhos referentes a roupas ocorrerem quando a morte está próxima. Por exemplo, alguns dias antes de morrer, uma mulher que sabia ter sido acometida de uma moléstia mortal sonhou *estar se preparando para ir assistir a um desfile de moda.*[40] Poucos dias antes da morte do pai, um homem sonhou *que viu o pai envergando, com muita elegância, roupas novas.* Esses sonhos parecem referir-se a uma *coagulatio* final: a aquisição de um corpo imortal. No *Livro de Enoque*, lemos:

> E os justos e eleitos se elevarão da terra,
> E cessarão de ter o semblante abatido.
> E estarão envoltos em vestiduras de glória.
> E essas serão as vestes da Vida que vem do Senhor dos Espíritos:
> E vossas vestiduras não se desgastarão,
> Nem vossa glória desaparecerá diante do Senhor dos Espíritos. (62: 15-16.)[41]

Paulo usa essa mesma imagem: "Porque sabemos que, se a casa terrestre em que vivemos se desfizer, temos de Deus um edifício, uma casa não feita por mãos, eterna, nos céus. Em verdade, por isso aqui gememos, desejando ser vestidos pela nossa habitação celeste; de maneira que, estando vestidos, não sejamos achados nus. Porque nós também, que ainda nos achamos nessa morada, gememos com ansiedade; não porque desejemos ser despidos, mas para sermos ainda mais revestidos, para que o mortal seja absorvido pela vida." (2 Cor., 1-4, RSV.)

A idéia de um corpo imortal, que expressa uma *coagulatio* final do espírito, é uma imagem fronteiriça cujo sentido só pode ser percebido de modo deveras difuso. Corresponde ao símbolo paradoxal da Pedra Filosofal e parece referir-se ao alvo final da individuação.

O mais grandioso símbolo da *coagulatio* é o mito cristão da Encarnação do Logos Divino. "E o Verbo se fez carne e habitou entre nós." (João, 1:14 RSV.) (Ver figura 4-9.) Esse assunto requer um tratamento específico.

---

39. Devo a Robin van Loben Sels esse relato.
40. Devo a Edward Whitmont esse sonho.
41. Charles, *The Apocrypha and Pseudepigrapha of the Old Testament*, 2:228.

Contudo, alguns aspectos da vida de Cristo podem ser destacados por sua relevância particular. Cristo nasceu de uma virgem; isto é, encarnou por meio da terra pura. A Virgem Maria corresponde à noção alquímica de "terra branca foliada". Diz a alquimia: "Semeia teu ouro na terra branca foliada" (ver figura 4-10). A terra branca corresponde à cinza que sobreviveu à *calcinatio*. Trata-se de uma contradição, porque a terra é tipicamente branca. Como observamos, o princípio da materialidade que promove a *coagulatio* tem um nome ruim, terra negra. Mas no simbolismo cristão e, de modo mais explícito, na alquimia, surgiu a imagem simbólica da terra branca, um princípio da materialidade purificada. Psicologicamente, isso representa a possibilidade de uma atitude nova e purificada com relação à materialidade. Significa a descoberta do valor transpessoal do ego. Aquilo que purifica é a consciência. A terra negra do desejo do ego torna-se a terra branca que encarna o Si-mesmo.

As humildes circunstâncias do nascimento de Cristo correspondem aos aspectos comuns e corriqueiros do fato de se ter existência concreta. Os eventos da Paixão também se referem a isso. A condenação e execução de Jesus com malfeitores o apresentam como um portador voluntário do mal. O fato de carregar a cruz representa a percepção da carga do ser. A imagem mais importante é a própria crucifixão – ser pregado à matéria (ver figura 4-11). Em termos alquímicos, a cruz representa os quatro elementos de que é feito

FIGURA 4-9
A Anunciação. (Desenho de Rembrandt. Besançon. Musée Communal. Reproduzida em *Rembrandt's Life of Christ*.)

FIGURA 4-10
"Semeia teu ouro na terra branca." (Maier, *Atalanta Fugiens*, 1618.)

todo ser manifesto. *Fixatio* é um dos sinônimos de *coagulatio*, havendo entre os alquimistas imagens da serpente mercurial fixada à cruz ou transfixada numa árvore (ver figuras 4-12 e 4-13). Os maniqueus universalizaram essa imagem, no grau mais amplo possível, em sua doutrina do *Jesus patibilis*, o Jesus sofredor "que 'pende de toda árvore', 'é servido, aprisionado, em toda iguaria', 'nasce, sofre e morre todo dia' e está disperso por toda a criação".[42] O espírito não coagulado é livre, podendo ter qualquer imagem sem sofrer as conseqüências. Mas sem um ego concretamente realizado significa ser pregado na cruz do mundo criado.

No tocante ao mito cristão da encarnação, é de particular interesse o propósito declarado do drama como um todo: a redenção ou resgate da raça humana pecadora. Há um conto gnóstico paralelo da encarnação que declara um propósito semelhante. Nos *Atos de Tomé*,[43] texto apócrifo, está o chamado "Hino da pérola" ou "Hino da alma". Ele descreve a exigência de que o filho do rei deixe o palácio celestial dos pais, dispa seu manto de glória, e desça à terra do Egito, a fim de recuperar "a pérola que está no meio do mar, tendo à sua volta a serpente resfolegante". Após receber conselhos úteis do céu, o filho do rei realiza sua missão de resgate, retorna à sua casa celestial e enverga suas vestes celestiais. Tanto no mito cristão como no gnóstico, a encarnação ou descida na carne destina-se a fazer um resgate. Num caso, o

---

42. Jonas, *The Gnostic Religion*, p. 229.
43. James, *The Apocryphal New Testament*, p. 411; também em Jonas, *Gnostic Religion*, p. 113.

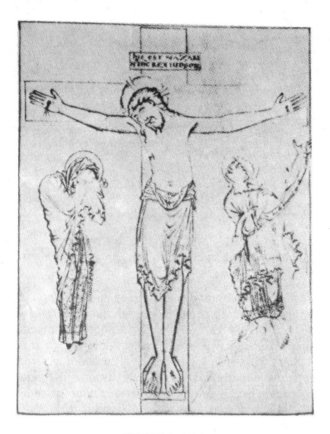

FIGURA 4-11
A crucifixão. (Desenho do Ramsey Psalter, *c.* 980. Londres, British Museum. Reproduzida em Clark, *Civilization*.)

valor que está em perigo é a humanidade perdida no pecado; no outro, uma pérola retida por uma serpente. Esses mitos apresentam indícios relativos à idéia de que a formação do ego serve para uma função redentora de um valor perdido. Na alquimia, fica mais explícito o fato de que o valor a ser redimido é um aspecto da divindade.

Uma curiosa variante dessa imagem do poder de resgate da carne tornou-se parte da tradição associada com o diamante. Supõe-se que existe, na Índia ou no Ceilão, um profundo vale de diamantes infestado de serpentes mortais. Para se ter acesso aos diamantes, atiram-se *pedaços de carne* no vale. Os diamantes aderem à carne e abutres a carregam outra vez para o topo do

FIGURA 4-12
A serpente mercurial crucificada. (Alchimie de Flamel, MS. Français 14765. Paris, Bibliothèque Nationale. Reproduzida em Jung, *Psychology and Alchemy*.)

FIGURA 4-13
Transfixação da serpente mercurial e do rei, ("Speculum veritatis", Cod. Vaticanus Latinus 7286, século XVII, Biblioteca Vaticana. Reproduzida em Jung, *Psychology and Alchemy*.)

desfiladeiro, onde os diamantes são recuperados.[44] Essa lenda é uma singular variante do tema "encarnação para fins de redenção". A característica essencial da história é o fato de os diamantes aderirem à carne. Temos aqui, segundo penso, um sedutor vislumbre do significado da condição de ego. O diamante, em sua dureza, é o supremo representante do princípio da "carne" em sua condição corruptível e é um dos símbolos do Si-mesmo. Uma imagem paralela apareceu num sonho de uma mulher com oito semanas de gravidez:

> *Estou no nível inferior do sistema de trens subterrâneos. Uma jovem negra me entrega um diamante. Ponho-o bem no fundo do bolso, cuidando para que as pessoas não saibam, por temer que o roubem. Quando alcanço o nível superior, sinto-me mais segura.*

O diamante foi associado à sua gravidez.

Da mesma maneira como os termos "corpo" e "carne" se referem à *coagulatio*, assim também aquilo que nutre o corpo – o conjunto de imagens vinculado com a comida e com a carne como alimento – pertence a esse mesmo simbolismo. A ingestão do fruto proibido atirou Adão e Eva no doloroso mundo da realidade espaço-temporal. O Antigo Testamento fala do "pão de lágrimas" (Salmos, 80:5), do "pão da impiedade" (Prov., 4:17), do "pão da mentira" (Prov., 20:17), do "pão da preguiça" (Prov., 31:2) e do "pão da adversidade" (Isa., 30:20). Essas expressões referem-se à *realização* das condições mencionadas. Tornam-se experiências vividas, e não idéias abstratas.

Comer algo significa incorporá-lo – literalmente, torná-lo corpo. Por conseguinte, os sonhos em que alguma coisa é oferecida ao sonhador para que coma indicam que um conteúdo inconsciente está pronto para a *coagulatio* – assimilação pelo ego. Uma mulher de ego frágil teve uma invasão do inconsciente que exigiu sessões diárias de psicoterapia. Decorrido um mês de encontro intenso com o inconsciente, ela teve o seguinte sonho (resumido):

> *Uma mulher cozinha uma misteriosa substância num recipiente retangular. Ela o abre um pouco e diz: "Está pronto." Era um material estranho. A parte superior havia formado uma gelatina de uma substância verde, feita, aparentemente, de frutas. Sob essa camada, havia um líquido escuro não gelatinizado. Comi um pequeno pedaço da matéria verde. Não tinha gosto nenhum. Um homem de terno negro entrou na sala. Dirigiu-se diretamente ao recipiente, encheu oito potes com o material gelatinoso e os levou consigo. Era uma espécie de estranho mensageiro. Havia algo de misterioso nele.*

Esse sonho representa um processo crítico de desenvolvimento do ego. Apresenta semelhanças com a ingestão do fruto proibido no jardim do Éden, especialmente a referência a frutas e ao homem de terno negro, associado ao Demônio (ver figura 4-14). O enchimento de *oito* potes (dupla quaternidade)

---

44. Kunz, *The Curious Lore of Precious Stones*, p. 75.

FIGURA 4-14
Adão e Eva. (Dürer. Reproduzida em *The Complete Woodcuts of Albrecht Dürer*.)

indica ser esse um sonho de individuação concernente ao núcleo e à totalidade da psique.

Um jovem que chegara ao fim de sua análise e se achava no processo de assumir responsabilidades mais substanciais de vida sonhou:

> *Vou jantar num lugar muito especial. Na verdade, não se trata de um restaurante, mas do porão de um mosteiro. A comida é servida por frades. Como sobremesa, servem "biscoitos de esterco de vaca" – supostamente uma iguaria como filé mignon. Todavia, alertam-me para tomar cuidado, porque alguns podem não ter-se cristalizado a partir de sua forma original. A idéia de comê-los me causa grande desgosto.*

Sempre que, num sonho, se oferece comida, a regra geral é a de que, por mais desagradável que pareça, a comida deve ser ingerida. Às vezes, como no sonho acima, a comida tem qualidades estranhas ou miraculosas, indicando que vem do nível arquetípico da psique. Os exemplos bíblicos são o maná do céu, enviado aos israelitas no deserto (Ex., 16:12) e a alimentação dos quatro mil (Mat., 15:32). Em alguns casos, o alimento a ser ingerido simboliza claramente a necessidade de assimilar uma relação com o Si-mesmo. Isaías fala da palavra de Deus como pão a ser comido. Segundo ele, diz Iahweh: "Porque, assim como descem a chuva e a neve do céu, e para lá não tornam, mas regam a terra, fazendo-a produzir e brotar, e dar semente ao semeador e pão ao que come, assim será a palavra que sair da minha boca" (55: 10-11, RSV). Cristo diz: "A minha comida é fazer eu a vontade daquele que me enviou, e cumprir a sua obra." (João, 4:34, AV.)

Todos os sonhos que envolvem alimento têm ao menos uma referência distante ao simbolismo da Eucaristia, embora por vezes pareça mais com uma Missa Negra (ver figura 4-15). Quando o alimento oferecido se relaciona claramente com o Si-mesmo, torna-se o *alimento da imortalidade* de que fala Cristo: "Eu sou o pão da vida. Vossos pais comeram o maná no deserto, e morreram. Este é o pão que desce do céu, para que o homem que dele comer não morra. Eu sou o pão vivo que desceu do céu; se alguém comer desse pão, viverá para sempre; e o pão que eu darei pela vida do mundo é a minha carne." (João, 6: 48-51, RSV.)

O sacramento cristão da Santa Comunhão é um rito de *coagulatio*. É interessante notar que vários outros sacramentos se acham igualmente vinculados com o simbolismo das operações alquímicas. O sacramento do batismo pertence à *solutio;* o sacramento da extrema-unção à *mortificatio;* e o sacramento do matrimônio à *coniunctio*. Entretanto, a Eucaristia é o rito central do cristianismo e, como Jung observou, pode ser considerada como o "rito do processo de individuação".[45] Do ponto de vista do simbolismo da *coagulatio*, compartilhar do alimento eucarístico significa a incorporação, por parte do ego, de uma relação com o Si-mesmo.

O poema de Henry Vaughn, *"The Incarnation and the Passion"*, usa

---

45. Jung, *Psychology and Religion: West and East, CW* 11, par. 414.

FIGURA 4-15
A última ceia. Observe-se o minúsculo demônio negro entrando na boca de Judas. (*The Hours of Catherine of Cleves*. Coleção Guennol e Pierpont Morgan Library.)

várias imagens de *coagulatio* e ilustra outra vez o tema do desejo (amor) como o motivo da encarnação:

> *Lord! when thou didst thy selfe undresse*
> *Laying by thy robes of glory,*
> *To make us more, thou wouldst be lesse,*
> *And becam'st wofull story.*
>
> *To put on Clouds instead of light,*
> *And cloath the morning-starre with dust,*
> *Was a translation of such height*
> *As, but in thee, was ne'r exprest;*
>
> *Brave wormes, and Earth! that thus could have*
> *A God Enclosed within your Cell,*
> *Your maker pent up in a grave,*
> *Life lockt in death, heaven in a shell;*
>
> *Ah, my deare Lord! what couldst thou spye*
> *In this impure, rebellious clay,*
> *That made thee thus resolve to dye*
> *For those that kill thee every day?*
>
> *O what strange wonders could thee move*
> *To slight thy precious bloud, and breath!*
> *Sure it was* Love, *my Lord; for* Love
> *Is only stronger far than death.*[46]

[Senhor! quando te despiste / Deixando tuas vestes de glória, / Para nos fazer maiores, tu te tornaste menor, / E foi triste a tua história. // Envergar Sombras em vez de luz, / E vestir a estrela da manhã com a névoa, / Foi uma transformação de tal alcance / Que só tu poderias realizar; // Valentes vermes, e Terra! Que assim puderam Ter um Deus encerrado em sua célula. / Seu criador numa tumba enterrado, / A vida presa na morte, o céu numa concha; // Ah, amado Senhor! O que viste / No barro impuro e rebelde, / Para te decidires a morrer / Por quem te mata todos os dias? // Que estranhos prodígios te puderam impelir / A desprezar teu precioso sangue, e alento! / Senão, Senhor meu, o *Amor*; porque só o *Amor* / É muito mais forte do que a morte.]

Como ilustração final do simbolismo da *coagulatio*, vou apresentar o mais notável sonho com esse tema que já encontrei. O sonhador, homem de pouco mais de trinta anos, caracterizava-se por uma marcante discrepância entre seu alto potencial de desenvolvimento psicológico e as limitações impostas por uma dura privação psíquica do seu ambiente de infância. O resultado foi que uma parcela considerável do desenvolvimento do ego, que em geral ocorre na infância, viu-se adiada e aconteceu na idade adulta, ao longo de um demorado processo psicoterapêutico. O sonho a seguir, que ocorreu passados os dois primeiros anos de um período de tratamento de

---

46. *The Complete Poetry of Henry Vaughn*, p. 163.

131

quase dez, apresenta a essência desse processo. Podemos vê-lo como uma espécie de micromito do desenvolvimento do ego:

> *Estou sentado diante de um antigo entalhe que representa a crucifixão. É de metal, mas parcialmente recoberto por uma substância semelhante a cera que me leva a descobrir a presença de castiçais acima dele, um de cada lado; percebo que devo acendê-los e fazer a cera cair sobre o entalhe, bem como que isso tem alguma relação com o alimento ritual que estou prestes a comer. Acendo os castiçais e a cera desce, penetrando na forma vazia da crucifixão. Quando esta se acha cheia, tiro-a da parede acima de mim e começo minha refeição. Tirei a cabeça da imagem, formada pelo preenchimento do entalhe, e a estou comendo. É uma substância semelhante ao chumbo – bastante pesada – e começo a imaginar se posso digeri-la. Imagino se os seres humanos podem digerir chumbo. Percebo que comemos um pouco todo dia e que também comemos prata. Penso, portanto, que é uma coisa que se pode comer sem problemas, mas tenho medo de comer demais. O sonho termina quando faço a refeição.*

Esse sonho contém vários temas de *coagulatio*: solidificação de um líquido, chumbo, refeição e crucifixão. O antigo entalhe que representa a crucifixão simboliza o arquétipo inato do Si-mesmo, uma forma vazia que espera ser realizada por intermédio de um influxo de matéria viva. O sonho ilustra à perfeição a afirmação de Jung de que "no tocante ao seu conteúdo, os arquétipos não são determinados, ocorrendo isso, tão-somente, no que se refere à sua forma e assim mesmo num grau muito limitado. Uma imagem primordial só é determinada quanto ao seu conteúdo quando se torna consciente e é, portanto, preenchida com o material da experiência consciente... Em si mesmo, o arquétipo é vazio e puramente formal, não passando de *facultas praeformandi,* uma possibilidade de representação dada a priori".[47]

Os dois castiçais acesos fornecem a cera derretida que preenche a forma vazia. Representam o próprio processo da vida psíquica. Isso é sugerido por frases como "queimando a tocha de ambos os lados" e "apaga-te, apaga-te, tocha fugaz".[48] Os castiçais ardentes geram não apenas luz mas também matéria derretida, como se o processo vivo da psique gerasse *substância* – uma *coagulatio* do espírito. Mas por que há *dois* castiçais? Adler relata o seguinte sonho de um paciente:

> *Carrego dois castiçais acesos; apago um deles e mantenho o outro aceso, dizendo: "Isto é vida e morte."*[49]

---

47. Jung, *The Archetypes and the Collective Unconscious,* CW 9i, par. 155.
48. *Macbeth,* ato 5, cena 5, verso 23.
49. Adler, *The Living Symbol,* p. 157.

Adler associa esses dois castiçais aos dois carregadores de tochas que flanqueiam Mitra em suas representações convencionais. Um deles tem a tocha levantada; o outro mantém a sua virada para baixo. Talvez os dois castiçais indiquem a interação entre os opostos, e o fluir das duas correntes de cera derretida para uma única forma signifique uma *coniunctio* de opostos.

O fato de a figura de cera ser comida corresponde às bem conhecidas refeições rituais em que o participante come uma representação da divindade – por exemplo, a Eucaristia cristã. Na igreja primitiva, usava-se cera para simbolizar a carne do *Agnus Dei*: "Em Roma e em todo o Ocidente, costumava-se fazer pequenos cordeiros com cera consagrada do círio pascal, conservando-se esses cordeiros para a oitava de Páscoa, quando eram distribuídos aos comungantes depois da ceia do Senhor."[50] Amalário de Trieste dá a seguinte explicação desse rito: "A cera simboliza, como diz Gregório (o Grande) em seus sermões, a humanidade do Cristo; porque o favo de mel consiste de mel na cera; o mel na cera, contudo, é a divindade da humanidade. Os cordeiros que os romanos fazem (de cera) simbolizam o Cordeiro imaculado, que foi feito em nosso benefício."[51]

A preocupação quanto à digeribilidade da substância é característica. Qual a quantidade de realidade que o ego pode suportar? Trata-se de uma questão premente para todos nós. O sonho parece aconselhar pequenas doses regulares desse remédio amargo.

Em resumo, esse sonho retrata o desenvolvimento do ego como um processo em que a totalidade latente, preexistente, o Si-mesmo, primeiro se encarna e depois é assimilado por meio dos ingentes esforços do indivíduo. Demonstra a afirmação junguiana de que "o Si-mesmo, tal como o inconsciente, é uma existência *a priori*, a partir da qual o ego se desenvolve. É, por assim dizer, uma prefiguração inconsciente do ego".[52]

Concluindo, a operação alquímica de *coagulatio*, ao lado do conjunto de imagens que se agrega em torno dessa idéia, constitui um elaborado sistema de símbolos que expressa o processo arquetípico de formação do ego. Quando a relação entre o ego e o Si-mesmo está em realização – isto é, quando o ego se aproxima da *coagulatio* da psique em sua totalidade –, o simbolismo do desenvolvimento do ego torna-se idêntico ao da individuação. Jung o diz melhor:

> Deus deseja nascer na chama da consciência do homem, elevando-se cada vez mais alto. E o que acontecerá se isso não tiver raízes na terra? Se não houver uma casa de pedra na qual o fogo de Deus possa habitar, mas sim uma destroçada cabana de madeira que se incendeia e desaparece? Poderia Deus nascer nessa circunstância? Devemos ser capazes de sofrer Deus. Essa é a suprema tarefa do portador de idéias. Ele deve ser o advogado da terra. Deus cuidará de si mesmo. Meu princípio interior é: Deus *et* homo. Deus necessita do homem a fim de tornar-se consciente, da mesma maneira como precisa da limitação no tempo e no espaço. Sejamos, pois, sua limitação no tempo e no espaço, um tabernáculo terrestre.[53]

---

50. Eisler, *Orpheus the Fisher*, p. 248.
51. *Ibid.*
52. Jung, *Psychology and Religion: West and East*, CW 11, par. 391.
53. Jung, *Letters*, 1:65ss.

5 Sublimatio

Da mesma maneira como a *calcinatio* pertence ao fogo, a *solutio* à água e a *coagulatio* à terra, a *sublimatio* é a operação que pertence ao ar. Ela transforma o material em ar por meio de sua elevação e volatilização. A imagem deriva do processo químico da sublimação, no qual um sólido, ao ser aquecido, passa diretamente para o estado gasoso e sobe até a borda do vaso, onde volta a assumir o estado sólido na região superior, mais fria. A destilação, processo em que um líquido se torna vapor ao ser aquecido e volta a condensar-se numa área mais fria, é semelhante.

O termo "sublimação" vem do latim *sublimis,* que significa "elevado". Isso indica que o aspecto essencial da *sublimatio* é um processo de elevação por intermédio do qual uma substância inferior se traduz numa forma superior mediante um movimento ascendente. A terra se transforma em ar; um corpo fixo se volatiza; aquilo que é inferior torna-se algo superior (*inferus* = embaixo; *superus* = em cima). Todas as imagens referentes ao movimento para cima – escadas, degraus, elevadores, alpinismo, montanhas, voar, e assim por diante – pertencem ao simbolismo da *sublimatio*, aplicando-se o mesmo a todos os valores e conotações psicológicos associados com o estar em cima em vez de embaixo. Diz um texto alquímico: "O espírito, por conseguinte, com a ajuda da água e da alma, é retirado dos próprios corpos, e o corpo, desse modo, torna-se espiritual; para que, no mesmo instante de tempo, o espírito, que contém a alma dos corpos, suba bastante para a parte superior, que é a perfeição da pedra, e se chama sublimação."[1]

Segundo esse texto, o corpo "torna-se perfeito" mediante sua espiritualização. Em termos psicológicos, isso corresponde a uma forma de lidar com um problema concreto. Ficamos "acima" dele quando o vemos objetivamente. Abstraímos um sentido geral dele e o vemos como um exemplo particular de uma questão mais ampla. O simples fato de encontrar palavras ou conceitos adequados para um estado psíquico pode ser suficiente para que a pessoa se afaste dele o bastante para olhá-lo de cima. Por exemplo, rotular uma disposição para o ressentimento como uma "possessão pela anima" pode afrouxar o aperto dessa disposição. Identificar a reação de um homem diante

---
1. *The Lives of the Alchemystical Philosophers*, p. 138.

da esposa como um exemplo de seu problema com a sua mãe ou a reação de um chefe como parte de um complexo paterno conceitualiza a experiência do homem e o ajuda a elevar-se acima dela. Um marcante exemplo desse poder da palavra é o de um padre que sofria de ansiedade durante a celebração da Eucaristia. Ele experimentou um alívio definido dos sintomas ao saber que sofria de uma condição bem conhecida denominada ansiedade de desempenho.

A *sublimatio* é uma ascensão que nos eleva acima do emaranhado confinador da existência terrestre, imediata, e de suas particularidades concretas, pessoais. Quanto mais alto nos elevamos, tanto maior e mais ampla nossa perspectiva, mas, ao mesmo tempo, tanto mais distantes ficamos da vida real e tanto menor nossa capacidade de agir sobre aquilo que percebemos. Tornam-nos espectadores magníficos, mas impotentes (ver figura 5-1). O céu é a morada das formas eternas platônicas, os universais, as imagens arquetípicas. Por isso, sempre que recebem uma interpretação do ponto de vista arquetípico, um sonho ou uma situação de vida promovem uma *sublimatio*. O sucesso dessas interpretações pode ser expresso nos sonhos por meio de uma fuga ou libertação de pássaros engaiolados ou de algum outro movimento ascendente auspicioso.

Deve-se afirmar, desde o início, que o simbolismo da *sublimatio* alquímica nada tem a ver com a teoria freudiana da sublimação. De acordo com o *Psychiatric Dictionary,* de Hinsie e Campbell, o termo "sublimação", tal como usado na psicanálise, é definido como "... o processo de modificar um impulso instintivo em conformidade com as exigências da sociedade. A sublimação é uma atividade substitutiva que oferece alguma gratificação ao impulso infantil que foi repudiado em sua forma original... Ao contrário do que ocorre com as defesas costumeiras, na sublimação o ego não age em oposição ao id; na verdade, ele ajuda o id a obter expressão externa. Em outras palavras, a sublimação não envolve repressão".[2]

No seguinte trecho de suas cartas, Jung distingue entre a sublimação freudiana e a *sublimatio* alquímica: "A *sublimatio* é parte da arte real em que é feito o verdadeiro ouro. Freud nada sabe disso e, o que é pior, põe barricadas em todos os caminhos que poderiam levar à verdadeira *sublimatio*. Esta é mais ou menos o contrário daquilo que Freud entende por sublimação. Não se trata de uma canalização *voluntária e forçada* do instinto para um campo espúrio de aplicação, mas de uma *transformação alquímica* que requer o *fogo* e a *prima materia* negra. A *sublimatio* é um grande mistério. Freud apropriou-se desse conceito e o usurpou para a esfera da vontade e do *ethos* racionalista e burguês."[3]

Para o alquimista, o processo da sublimação era experimentado em imagens simbólicas. Ele podia ver, por exemplo, um pássaro elevando-se da matéria situada na parte inferior do pote para as regiões superiores. Equiparava-se o pote alquímico com o macrocosmo, sendo sua parte inferior a terra e a superior, o céu. O sublimado sai da terra e é transportado para o céu. Diz um texto. "No final da sublimação, por meio da mediação do espírito,

---

2. Hinsie e Campbell, *Psychiatric Dictionary,* pp. 699s.
3. Jung, *Letters,* 1:171.

FIGURA 5-1
Fotografia de satélite de Cape Cod e adjacências. (*Photo Atlas of the United States*.)

germina uma branca alma brilhante [*anima candida*] que voa para o céu com o espírito. Trata-se, clara e manifestamente, da pedra."[4] (ver figura 5-2.)

FIGURA 5-2
A *sublimatio*. (*Sapientia veterum philosophorum sive doctrina eorundum de summa et universali medicina*, século XVIII. Paris, Bibliothèque de l'Arsenal, MS. 974. Reproduzida em Derola, *The Secret Art of Alchemy*.)

Essa "alma branca" costuma ser representada por um pássaro branco que se liberta do material que está sendo aquecido. Há um quadro no qual aparece um homem sendo cozido num banho de água, com um pássaro emergindo de sua cabeça (ver figura 5-3). Um paralelo desse quadro ocorreu no caso de uma jovem que suportava uma intensa e dolorosa ativação do inconsciente. Ela sonhou:

> Encontro-me num hospital, grávida, mas não estou pronta para o nascimento. Vou dormir e, quando acordo, está muito escuro. Sinto algo fazendo pressão em minhas costelas, com muita força, e parece-me que essa pressão exterior que não vejo está me forçando a dar à luz. Uma voz diz: "Que filho gostarias de ter?" Quando acordo, as imagens permanecem. Vejo uma garota semelhante àquela da litografia de Munch, "O grito". Sua boca é uma abertura circular. Ela se acha num

---

4. Citado em Jung, *Psychology and Alchemy*, CW 12, par. 462.

círculo branco, cercado por mais círculos de linhas negras. De sua boca vem um bando de pombas ou pombos brancos (ver figura 5-4).

FIGURA 5-3
Extração da pomba branca.(Trismosin, *Splendor Solis,* 1582.)

Esse sonho informa a paciente de que a ansiedade que ela suporta é parte de um processo mais amplo de transformação, no qual o ego é aquecido pelo horror a fim de produzir um novo nascimento, o "sublimado", representado pelo grupo de pombas. Os sonhos com pássaros referem-se em geral à *sublimatio,* e as fobias de pássaros podem indicar o medo de uma *sublimatio* necessária. Também costumam vincular-se ao temor da morte, sendo esta a *sublimatio* definitiva, por meio da qual a alma se separa do corpo.

Há um aspecto da *sublimatio* que se sobrepõe ao simbolismo da *separatio* – a saber, seu uso como procedimento de extração. Por exemplo, o mercúrio pode ser extraído de certos compostos por meio do aquecimento. Ele se torna vapor, sublima-se e reaparece na parte mais fria do pote. Um texto anterior alude a esse processo: "Vai até as águas do Nilo e ali encontrarás uma pedra que tem um espírito (*pneuma*). Toma essa pedra, divide-a, segura-a na mão e retira seu coração; porque sua alma (*psyche*) está em seu coração. [Um

FIGURA 5-4
O grito. (Munch, 1895. Oslo, National Museum. Reproduzida in *Graphic Works of Edvard Munch*.)

interpolador acrescenta:] Ele diz que ali encontrarás essa pedra que tem um espírito, o que se refere à expulsão do mercúrio (*exhydrargyrosis*)."[5]

Essa "expulsão do mercúrio" é feita por meio da *sublimatio*, que liberta o espírito oculto na matéria. No sentido mais amplo, isso se refere, em termos psicológicos, à redenção do Si-mesmo do seu estado inconsciente original. Essa expulsão do mercúrio também pode ser experimentada, em processos inferiores, como a extração do *sentido* de disposições carregadas, de eventos concretos ou dos fatos da natureza (ver figura 5-5).

Berthelot destaca que a palavra grega que os alquimistas latinos traduziram por *"sublimatio"* foi *rhinisma*, que significava originalmente "recheios". Isso expressava a idéia da atenuação extrema da matéria. Vinculou-se essa mesma idéia mais tarde ao termo "alcoolização", que significa a redução ao estado de pó impalpável.[6] Um texto diz: "Se não

---

5. *Ibid.*, par. 405.
6. Berthelot, *Collection des Anciens Alchemistes Grecs*, 1:210.

FIGURA 5-5
Extração do mercúrio e coroação da Virgem. Nível inferior: Mercúrio (representado como uma monstruosidade) sendo extraído da *prima materia*. Nível superior: assunção e coroação da Virgem, transformando a Trindade numa Quaternidade. (*Speculum trinitatis*. Retirada de Reusner, *Pandora*, 1588. Reproduzida em Jung, *Psychology and Alchemy*.)

tornares os corpos sutis, para que se tornem impalpáveis ao toque, não atingirás teu fim. Se não tiverem sido moídos, repete a operação e torna-os moídos e sutilizados."[7]

Logo, *sublimatio* pode significar "moagem" ou "martelagem" destinadas a produzir uma atenuação do material. Em termos de consistência, o pó muito fino aproxima-se do gás. Observe-se também que o simbolismo da moagem contém as categorias morais do bem e do mal. O pó formado por pequenas partículas é chamado "delicado"; o pó formado por partículas grandes, "áspero". Ser bom é ser bem pulverizado. O encontro com o *numinosum* pode ter um efeito de pulverização, como indica o ditado: "Embora os moinhos de Deus moam devagar, o pó que produzem é insuperavelmente fino." A "foliação" tem as mesmas implicações. Uma receita mencionada anteriormente diz: "Semeia teu ouro na terra branca foliada" – isto é, em terra sublimada. Faz-se a foliação por meio da martelagem. Os versos de Rilke podem ser considerados como o anúncio de uma *sublimatio* iminente:

> *What locks itself in endurance grows rigid; sheltered*
> *in unassuming greyness, does it feel safe?*
> *Wait, from the distance hardness is menaced*
> *by something still harder.*
> *Alas –: a remote hammer is poised to strike.*[8]

[Aquilo que se fecha no sofrimento enrijece; protegido / num cinzento despretensioso, ele se sente seguro? / Espera: da distância a dureza é ameaçada por algo ainda mais duro. / Ai de mim!: um martelo ligeiro está pronto para o golpe.]

Em *Antônio e Cleópatra,* de Shakespeare, no momento em que comete suicídio, tomado pelos remorsos por sua deserção do exército de Antônio, Enobarbo tem essa imagem da *sublimatio* por pulverização extraída de si. Ele se dirige à lua:

> *O sovereign mistress of true melancholy,*
> *The poisonous damp of night disponge upon me*
> *That life, a very rebel to my will,*
> *May hang no longer on me; throw my heart*
> *Against the flint and hardness of my fault,*
> *Which, being dried with grief, will break to powder,*
> *And finish all foul thoughts.*
> *(Ato 4, cena 9, versos 12-18)*

[Ó soberana senhora da verdadeira melancolia, / A umidade venenosa da noite cai sobre mim, / Para que a vida, tão contrária à minha vontade, / A mim já não se apegue; arremessa meu coração / Contra a pedra e a dureza do meu erro, / Coração que, ressecado pela dor, se tornará em pó, / E acabará com todos os pensamentos tolos.]

---

7. Kelly, *The Alchemical Writings of Edward Kelly*, p. 34.

8. Rilke, *Sonnets to Orpheus*, parte 2, soneto 12. (Não consegui localizar a fonte dessa tradução, mas veja-se *Sonnets to Orpheus*, trad. de C. F. MacIntyre, citada na bibliografia.)

Um texto de Paracelso diz: "Porque, assim como a água sobe na destilação, e é separada do seu corpo a partir de todo objeto fleumático e aquoso, assim também, no processo da sublimação, em substâncias secas como minerais, o espiritual se eleva do corpóreo, sutilizado, e o puro se separa do impuro."[9]

Aqui, a *sublimatio* é escrita como uma purificação. Quando são misturados num estado de contaminação inconsciente, a matéria e o espírito devem ser purificados pela separação. Nesse estado impuro, o espírito deve primeiro buscar sua própria pureza e verá tudo que pertence à carne e à matéria – o concreto, o pessoal, o que é movido pelo desejo – como o inimigo a ser superado. Toda a história da evolução cultural pode ser considerada como um grande processo de *sublimatio*, no qual os seres humanos aprendem a ver com objetividade a si mesmos e ao seu mundo. A filosofia estóica foi um vasto esforço para ensinar os seres humanos a atingirem o alvo estóico da *apathia* por meio da superação das paixões que os aprisionam à terra. O idealismo de Platão, bem como todos os sistemas idealistas posteriores, se esforçam por apresentar a vida em termos de formas eternas e idéias universais, com o objetivo de suplantarem a irritante sujeição humana às contingências da matéria. A razão, que dá às pessoas uma perspectiva situada fora de seus gostos e aversões, torna-se um agente indispensável de *sublimatio*, ao ensinar-lhes como serem espectadores reflexivos de si mesmos. Schopenhauer o exprime com elegância:

> [É] verdadeiramente maravilhoso ver que o homem, além de sua vida concreta, sempre vive, no plano abstrato, uma segunda vida. Naquela, ele é abandonado a todas as agruras da realidade e à influência do presente; deve lutar, sofrer e morrer como um animal. Mas sua vida no plano abstrato, tal como se apresenta à sua consciência racional, é o calmo reflexo da sua vida no plano concreto, assim como do mundo em que vive... Aqui, na esfera da calma deliberação, aquilo que antes o possuía completamente e lhe causava intensa impressão afigura-se-lhe frio, sem cor e, nesse momento, alheio e estranho; ele é um mero espectador e observador. No que diz respeito a esse mergulho na reflexão, ele é como um ator que representou seu papel numa cena e que ora toma seu lugar junto ao público até ter de aparecer outra vez. Na platéia, observa calmamente tudo o que acontece, mesmo que seja a preparação de sua própria morte [na peça]; mas, em seguida, vai para o palco, e age e sofre como deve.[10]

A capacidade de estar acima das coisas e de ver a si mesmo com objetividade é a habilidade de dissociar. O uso dessa palavra indica de imediato o perigo da *sublimatio*. Quando levada a extremos, cada operação alquímica tem sua própria sintomatologia patológica; mas o indivíduo moderno provavelmente abusa da *sublimatio* mais do que qualquer outro. A capacidade de dissociação da psique é tanto a fonte da consciência do ego quanto a causa da doença mental. Como exemplo, lembro-me de um jovem que examinei

---

9. Paracelso, *The Hermetic and Alchemical Writings of Paracelsus*, 1:152.
10. Schopenhauer, *The World as Will and Representation*, p. 152.

quando trabalhava no Hospital Estadual de Rockland. Tratava-se de um brilhante aluno de matemática. Entretanto, não tinha amigos nem mantinha relações sociais e sequer havia percebido que há diferenças anatômicas entre garotos e garotas até entrar para a universidade. Desempregado, vivia com a mãe até ser hospitalizado em conseqüência de uma explosão de violência com a mãe porque a televisão não tinha sido reparada. Quando lhe pedi para me falar de seus sonhos, ele me contou o seguinte:

> *Sonhei uma vez que conseguira subir uma escada colocada numa alta plataforma e que, depois, alguém removera a escada, deixando-me preso nas alturas sem nenhum meio para descer.*

> *De outra vez, eu estava subindo uma escada que alcançava muitos quilômetros acima da superfície da terra, com alguma coisa que me impelia para cima. Eu não me atrevia a olhar para baixo, com medo de ficar tonto e cair do degrau.*

> *Em outra ocasião, eu estava amarrado, com os membros esticados, sobre o teto de vidro de um elevador sem paredes. Não havia eixo. Um pistão hidráulico empurrava o teto cada vez mais para cima. Eu espreitava, cheio de medo, da borda do teto, vendo a terra desaparecer à distância.*

Esse jovem viu-se tragicamente aprisionado no dinamismo arquetípico da *sublimatio* como um processo autônomo de dissociação. Esse dinamismo o afastou mais e mais da realidade terrena, pessoal, até que a enantiodromia inevitável o atirou violentamente ao chão.

Um sonho com um conjunto semelhante de imagens, mas com um desfecho diferente, é relatado por Emerson. Em 1840, aos 37 anos, enquanto preparava seus *Essays: First Series* para publicação, ele sonhou:

> *Flutuei ao bel-prazer no grande Éter e vi este mundo flutuando, não muito longe de mim, mas reduzido às dimensões de uma maçã. Então um anjo o tomou em suas mãos, trouxe-o até mim e disse: "Deves comê-lo." E eu comi o mundo.*[11]

Um sonho no qual se flutua no "grande Éter" parece simbolicamente apropriado para o autor do transcendentalismo emersoniano. Esse sonho é mais majestoso do que pomposo. Em contraste com os precedentes, traz em si seu próprio fator corretivo. A *sublimatio* extrema é compensada pela imagem da *coagulatio* – comer a maçã do mundo.

Uma bela evocação poética da disposição de *sublimatio* está nos seguintes versos do poema *Il Penseroso,* de Milton:

> *Or let my lamp at midnight hour,*
> *Be seen in some hight onely Tower,*

---

11. *The Journals and Miscellaneous Notebooks of Ralph Waldo Emerson, 7:525.*

Where I may oft out-watch the Bear,
With thrice great Hermes, or unsphere
The spirit of Plato to unfold
What worlds, or what vast Regions hold
Th' immortal mind that hath forsook
Her mansion in this fleshly nook.

[Ora, deixa que à meia-noite minha lâmpada, / Possa ser vista em alguma Torre alta e solitária, / Onde eu sempre possa contemplar a Ursa, / Com Hermes Trismegisto, ou remover / O espírito de Platão para dizer / Que mundos, ou que vastas Regiões domina / A mente imortal que preferiu construir / Sua morada neste carnal recanto.]

A imagem da torre é um típico símbolo de *sublimatio*. O hexagrama 20 do *I Ching*, intitulado "Contemplação (A vista)", representa uma torre e descreve o mesmo tipo de contemplação do reino arquetípico de Milton. O *I Ching* fala daqueles que contemplam "o sentido subjacente à ocorrência dos fenômenos do universo", "apreendem as misteriosas e divinas leis da vida e, através da mais profunda concentração interior, dão expressão em suas próprias pessoas".[12]

A imagem da torre surgiu num dos meus sonhos depois de eu ter participado de uma impressionante palestra sobre mitologia. Sonhei:

Vejo uma torre estupendamente elevada. É uma torre de transmissão para uma cadeia de rádio. Chega-se ao seu topo por meio de uma escada construída em sua parte externa. Há ali um homem cuja tarefa é operar a torre. Todos os dias, ele vai ao topo, pela manhã, e desce outra vez à noite. Eu lhe pergunto se isso não é difícil. Ele diz: "de forma alguma". Percebo que eu relutaria em me alçar a tão grande altura.

O sonho mostra minha reação à leitura. Fiquei estupefato diante de seu brilhantismo e de sua ampla perspectiva. A ascensão para um lugar elevado nos dá uma visão panorâmica não disponível no solo. Assim, nas imagens religiosas e mitológicas, a ascensão costuma acompanhar a revelação do reino divino. Deus encontra a humanidade na montanha – por exemplo, Moisés no Sinai. A pessoa a quem é concedida uma revelação de Deus com freqüência é "levantada" e transportada para o céu. Por exemplo, uma visão de Ezequiel começa com as palavras: "Então olhei, e eis que vi uma forma que tinha a aparência de um homem; abaixo do que pareciam ser os seus quadris havia. fogo, e acima deles como aspecto de um esplendor, como cor de âmbar. Ele estendeu a forma de uma mão, e me tomou pelos cabelos da minha cabeça; e o Espírito me levantou entre a terra e o céu, e me trouxe em visões de Deus para Jerusalém" (Ezequiel, 8: 2, 3, RSV).

Enoque é outra figura que recebe uma revelação por meio da ascensão. No texto pseudo-epigráfico *Segredos de Enoque*, ele é levantado por anjos e faz uma viagem guiada pelos dez céus, terminando por ver Deus em pessoa. Segundo a lenda popular, Maomé foi transportado corporalmente pelos sete

---

12. Wilhelm, trad., *I Ching or Book of Changes*, p. 33. [Edição brasileira da Editora Pensamento.]

céus, sendo levado à presença de Deus para fins de revelação. O simbolismo do xamanismo também tem o motivo da ascensão para propósitos de revelação. O xamã escala o pilar do mundo, ou a escada cósmica, ou faz um vôo mágico em busca de uma revelação sobrenatural.[13]

Um bom exemplo de simbolismo da *sublimatio* encontra-se no antigo ritual mitraísta de iniciação. Esse mesmo ritual contém a imagem do falo do sol, a primeira imagem que contribuiu para a descoberta dos arquétipos por Jung.[14] O ritual inicia-se com uma prece: "Ó Providência, ó Fortuna, derramai sobre mim Vossa graça - incluindo-se nela os mistérios que só um Pai pode revelar; e, mesmo assim, somente a um filho – sua imortalidade – [um Filho] iniciado, merecedor dessa nossa habilidade, com a qual Sol Mitra, o Grande Deus, ordenou que seu arcanjo me concedesse; assim é que eu Águia (estou aqui por minha própria vontade), e somente eu, posso voar depressa para o Céu e contemplar todas as coisas."

Depois de mais algumas orações, o ritual prossegue com as seguintes instruções:

> Toma dos raios [de sol] alento, inalando três vezes o [mais fundo] que puderes; e verás a ti mesmo elevando-se e dirigindo-se para as Alturas, de modo que te sentirás como se estivesses no meio do ar. Nada ouvirás, nem homem nem besta, nem verás o que quer que seja dos sinais sobre a terra naquele momento, mas todas as coisas que verás serão imortais. Porque verás, naquele mesmo dia e naquela mesma hora, a Disposição dos Deuses – os Deuses regentes ascendendo na direção do céu, os outros deuses descendo. E por meio do seu disco – o disco de Deus, do meu Pai –, será visto o Caminho de ida dos Deuses acessíveis à visão.

Seguem-se a essas experiências encontros com várias personagens divinas, o que tem como ponto culminante a apoteose do iniciado, marcada pelas seguintes palavras: "Ó Senhor, tendo nascido de novo, morro ao ser tornado Grande, e, tendo sido tornado Grande, morro. Tendo nascido da condição de nascimento e morte que dá vida às vidas (mortais), eis que eu, agora, liberto, passo para o estado que transcende o nascimento, tal como Tu o estabeleceste, de acordo com aquilo que Tu ordenaste e com aquilo com que fizeste o Mistério."[15]

Pretendia-se que o ritual provocasse uma revelação do reino divino e conferisse imortalidade ao iniciado, por intermédio de uma subida aos céus. Em termos psicológicos, trata-se de uma revelação da psique arquetípica que nos liberta de uma atitude do ego pessoal e nos permite experimentarmos a nós mesmos como um imortal – isto é, alguém que vive com realidades arquetípicas e faz uma contribuição à psique arquetípica. Experiências semelhantes de revelação ocorrem nos sonhos e visões modernos. Por exemplo, a dra. Liliane Frey tem refletido profundamente acerca da morte e do seu próprio

---

13. Elíade, *Shamanism: Archaic Techniques of Ecstasy*, pp. 259ss.
14. Jung, *The Symbolic Life*, CW 18, pars. 85ss.
15. Dieterich, *A Mithraic Ritual*.

mito referente à morte como transformação. Escreve ela: "A morte consiste no milagre da transformação numa nova forma de existência. A morte é, para mim, o portão que leva a um novo nascimento, assim como a irrupção do reino transcendental em nossa existência empírica. Estou convencida de que experimentamos uma completa transformação do nosso ser nos últimos momentos da nossa vida. Simultaneamente à morte do corpo e da personalidade do ego, algo de novo, que não é matéria nem espírito, mas sim os dois juntos, nasce de uma maneira indeterminada."[16] Enquanto desenvolvia esses pensamentos, ela teve um impressionante sonho, no qual

estava voando cada vez mais alto num aeroplano especialmente construído para ela e tinha uma magnífica visão dos Alpes, imersos por inteiro num profundo azul.[17]

J. B. Priestley relatou um impressionante sonho de *sublimatio*-revelação:

Sonhei que estava de pé no topo de uma torre muito alta, sozinho, olhando de cima para miríades de pássaros, todos eles voando numa só direção; havia ali todo tipo de pássaro, todos os pássaros do mundo. Era uma nobre visão, aquele vasto rio aéreo de pássaros. Mas, de repente, de alguma maneira misteriosa, a engrenagem sofreu uma mudança e o tempo se acelerou, de modo que vi gerações de pássaros, observei-os quebrarem a casca dos ovos em que estavam, saírem para a vida, acasalarem, enfraquecerem, fraquejarem e morrerem. As asas nasciam, tão-somente, para caírem; os corpos eram esbeltos e, de repente, num átimo, sangravam e ficavam mirrados; e a morte agia em toda parte a cada segundo. Qual o sentido dessa cega batalha pela vida, desse ansioso agitar de asas, desse apressado acasalamento, desse vôo e dessa irrupção, todo esse gigantesco esforço biológico incompreensível? Enquanto olhava para baixo, parecendo ver a ignóbil historiazinha de toda criatura quase num relance, senti uma dor no coração. Seria melhor que nenhum deles, que nenhum de nós, tivesse nascido, que a batalha cessasse para sempre. Fiquei em minha torre, ainda sozinho, desesperadamente infeliz. Mas a engrenagem voltou a se modificar e o tempo ficou ainda mais rápido e passou a correr com tanta velocidade que os pássaros não podiam apresentar nenhum movimento, ficando semelhantes a uma enorme planície semeada com penas. Mas, ao longo dessa planície, atravessando, em seu clarão, os próprios corpos, eis que passou uma espécie de chama branca, tremeluzente, dançando, e depois se apressando; assim que a vi, compreendi que essa chama branca era a própria vida, a própria quintessência do ser; e veio a mim, numa velocíssima explosão de êxtase, a idéia de que nada importava, de que nada poderia importar algum dia, porque nada mais era real além desse trepidante e apressado bruxuleio do ser. Os pássaros, os homens ou as criaturas ainda não formadas e que ainda não têm cor de nada valiam

---

16. *A Well of Living Waters*, pp. 13s.
17. *Ibid.*, p. 14.

> *exceto na medida em que essa chama da vida passava por dentro deles. Ela nada deixava para trás que se pudesse lamentar; aquilo que eu pensara ser uma tragédia não passava de mero vazio ou mera sombra; porque, naquele momento, todo sentimento real era capturado, purificado e levado a dançar, de modo extático, com a chama branca da vida.*[18]

Uma poetisa teve uma visão semelhante do processo da história humana, como se fosse visto a partir de uma grande altura:

> *Vi a terra coberta por uma única árvore grande, cujas múltiplas raízes se alimentavam do sol interior de ouro, o* lumen naturae. *Tratava-se de uma árvore cujos ramos eram feitos de luz, estando os galhos amorosamente entrelaçados, de modo que a árvore fazia de si uma rede de harmonioso amor. E parecia que ela se estava elevando a partir das sementes quebradas de muitos, incontáveis egos que naquele momento permitiam ao Si-mesmo uno surgir. E quando se contemplou isso, o sol, a lua e os planetas se mostram como algo muito, mas muito diferente daquilo que se pensava. Pelo que pude entender, o próprio Senhor era o Alquimista; e Ele, a partir da agitação, do sofrimento, da ignorância e da poluição coletivos, "testava" o ouro.*[19]

Outro exemplo de *sublimação* revelada vem da experiência com LSD de uma profissional, mãe de três crianças. Ela descreve sua experiência com as seguintes palavras:

> Eu sabia estar seguindo o meu caminho; de repente, uma libertadora e deliciosa sensação de flutuar na atmosfera tomou conta de todo o meu ser, engolfando-o. A impressão de ser contida num corpo se dissolveu. Sorri, deliciada, e disse, em voz alta: "Agora me lembro como é não ter corpo." Eu estava em contato com algum nível de ser no qual havia plena consciência mas não encarnação. Tomou forma em minha mente uma percepção de que eu resistira a nascer no mundo na minha atual encarnação. Eu compreendi por quê. O ar é meu verdadeiro elemento, a matriz do meu ser. O êxtase de me encontrar livre do corpo, do processo de envelhecimento, das dores nas costas, das dores de cabeça, das juntas reumáticas, durou uma eternidade. Eu já não estava confinada pelas dimensões espaço-temporais da terra. Como era agradável ser "eu", com total percepção e consciência e, todavia, sem nenhum veículo físico!

Seguiram-se novas experiências, incluindo o reviver de seu próprio nascimento, ocorrendo depois essa visão final:

> Teve início então um complexo ciclo de risos e lágrimas; o riso vinculado normalmente ao abrir dos braços e das pernas; o choro, a uma contração e ao fechamento do corpo. Movi-me retrospectivamente no

---

18. Citado em Adler, *Studies in Analytical Psychology*, p. 143.
19. Estou em dívida com Alice Howell pela permissão para citar.

tempo, passando por incontáveis épocas da existência da humanidade, experimentando em meu corpo um número imenso de ciclos de nascimento, morte e renascimento. Encontrei-me em diferentes partes do mundo (principalmente na Europa), mais com simples camponeses, agricultores e artesãos do que com reis e nobres. Fui enterrada ou enterrei pessoas que me eram caras, tendo minhas pálpebras fechadas e braços cruzados ou realizando esse ritual para outras pessoas. A uniforme caixa de madeira é baixada no túmulo, a terra é jogada sobre ela, os participantes se lamentam. E então sou uma mulher que dá à luz ou presta assistência nesse processo. Há o choro do infante recém-nascido, o movimento circular dos braços da mãe para pegar a criança em seu colo. Gritos de nascimento e estertores de morte se entrelaçam num piscar de olhos. Percebo que o lugar que ocupo no padrão rítmico de morte e nascimento não passa de um fugaz instante – e que isso é mais do que suficiente. O sentido de unidade com o universo, sendo o processo de nascimento-morte experimentado por meio da totalidade do meu Corpo-Si-mesmo me deixa plena de graça. É como se me tivessem dado um dom tão precioso que eu jamais preciso perguntar outra vez: "Qual o sentido da minha vida?"[20]

A notável semelhança entre essa visão induzida pelo LSD e o sonho de Priestley indica que essas experiências têm validade objetiva: isto é, elas dão testemunho da realidade da psique.

Outro aspecto do simbolismo da ascensão é o tema da translação para a eternidade. Por exemplo, Héracles subiu ao Olimpo a partir de sua pira funerária, uma *sublimatio* bastante literal. Ele desapareceu da terra e reapareceu num nível superior, como resultado do fato de ter sido aquecido. O mesmo aconteceu com Elias (2 Reis, 2:11, RSV): "Eis que um carro de fogo, com cavalos de fogo, os separou um do outro [Eliseu e Elias]. E Elias subiu ao céu num remoinho." (Ver a figura 5-6.)

O fogo também sublima Elias. Segundo 1 Mac., 2:58, a ascensão de Elias deveu-se à sua fervorosa intensidade religiosa: "Elias, por ter ardido de zelo pela lei, foi arrebatado até o próprio céu." (JB.) Cristo subiu ao céu quarenta dias depois de sua ressurreição (Atos, 1:9). Segundo a lenda, a Virgem Maria subiu ao céu quando de sua morte e a Festa da Assunção da Virgem faz parte do calendário da Igreja (15 de agosto) desde o século XVII, embora a assunção só tenha sido proclamada como dogma em 1950 (ver figura 5-7).

A origem do simbolismo da translação para a eternidade é, provavelmente, o Egito. Na religião egípcia antiga, acreditava-se que os mortos se tornassem estrelas ou companheiros do sol. James Breasted escreve: "No esplendor dos poderosos céus, o habitante das margens do Nilo... via o conjunto daqueles que o tinham precedido; eles haviam voado para lá, como pássaros, elevando-se acima de todos os inimigos do ar; tendo sido recebidos por Rá como companheiros de sua barca celestial, eles agora percorriam o céu como estrelas eternas."[21]

Um texto das pirâmides descreve a translação do rei morto para o reino celestial com as seguintes palavras: "O rei sobe ao céu entre os deuses que

---

20. Desejo agradecer à autora do relato por sua generosidade em compartilhar essa importante experiência.
21. Breasted, *A History of Egypt*, p. 64.

FIGURA 5-6
Ascensão de Elias. (Doré, *Bible Illustrations*.)

habitam o céu... Ele [Rá] te dá o braço na escada para o céu. 'Aquele que conhece seu lugar vem', dizem os deuses. Ó Puro, assume teu trono na barca de Rá e navega pelo céu... Navega com as estrelas imperecíveis, navega com as Estrelas Incansáveis."[22]

E E. A. Wallis Budge escreve o seguinte:

> Os egípcios primitivos acreditavam que o solo do céu, que também formava o firmamento deste mundo, era feito de uma imensa placa de ferro, de forma retangular, cujos quatro cantos repousavam sobre quatro pilares que serviam para marcar os pontos cardeais. Sobre essa placa de ferro viviam os deuses e os mortos abençoados, sendo o objetivo de todo bom egípcio ir para lá depois da morte. Em certos pontos sagrados, a extremidade da placa era tão próxima do cume das montanhas que os mortos poderiam facilmente içar-se para ela, obtendo assim ingresso no céu; mas, em outros, a distância entre a placa e a terra era tão grande que o morto precisava de ajuda para alcançá-la. Havia a crença de que o

22. Breasted, *Development of Religion and Thought in Ancient Egypt*, p. 136.

próprio Osíris experimentara certa dificuldade em chegar à parte superior da placa de ferro e de que somente por meio da escada que seu pai, Rá, fornecera, ele pudera, depois de muito tempo, subir ao céu. De um lado da escada, estava Rá; de outro, Hórus, o filho de Ísis. E cada deus ajudara Osíris a subir por ela. Originalmente, os dois guardiães da escada eram Hórus, o Velho, e Seth; há várias referências, em textos precedentes, à ajuda que davam aos mortos que se identificavam, efetivamente, com o deus Osíris. Mas, quer com o objetivo de lembrar a esses deuses sua suposta obrigação, quer para compeli-los a fazerem isso, costumava-se colocar uma escada sobre o, ou perto do, corpo morto, no túmulo, sendo preparada uma composição especial que tinha o efeito de fazer à escada tornar-se o meio de subida dos mortos ao céu. Assim, no texto escrito por Pepi, faz-se o morto dirigir-se à escada com as palavras: "Honra a ti, ó divina Escada! Honra a ti, ó Escada de Seth! Mantém-te ereta, ó divina Escada! Mantém-te ereta, ó Escada de Seth! Mantém-te ereta, Ó Escada de Hórus, pela qual Osíris alcançou o céu."[23]

FIGURA 5-7
Assunção da Virgem. (*The Hours of Catherine of Cleves*. Coleção Guennol e Pierpont Morgan Library.)

23. Citado em Cook, *Zeus: A Study in Ancient Religion*, 2:125s; ver também Budge, *Osiris: The Egiptyan Religion of the Resurrection*, 2:167. [Ver, em português, desse mesmo autor, *A religião egípcia*, Editora Pensamento.]

A injunção para manter-se ereta é uma reminiscência da coluna *Djed* ou *Tet*. Essa imagem clássica de Osíris ressurreto em alguns quadros assemelha-se consideravelmente com uma escada (ver figura 5-8). Na antigüidade, o processo de translação para a eternidade era representado vividamente pela imagem da subida da escada às esferas planetárias. Quando nasce num corpo terreno, a alma desce do céu através das esferas planetárias e adquire as qualidades pertencentes a cada uma delas. Escreve Macróbio:

> Pelo impulso do primeiro peso, a alma, tendo iniciado seu curso descendente a partir da intersecção entre o zodíaco e a Via Láctea, na direção das esferas sucessivas que se encontram abaixo, enquanto passa pelas esferas... adquire cada atributo que mais tarde irá exercer. Na esfera de Saturno, adquire a razão e o entendimento, chamados *logistikon* e *theoreticon*; na esfera de Júpiter, o poder de agir, chamado *praktikon*; na de Marte, um espírito forte ou *thymikon*; na esfera do sol, sentidos-percepção e imaginação, *aisthetikon* e *phantastikon*; na de Vênus, o impulso da paixão, *epithymetikon*; na de Mercúrio, a capacidade de falar e de interpretar, *hermeneutikon*; e, na esfera lunar, a função de moldar e aumentar corpos, *phytikon*. Sendo a mais distante dos deuses, esta última função é a primeira em nós e em toda a criação terrena.[24]

Tendo-se purificado, a alma pode subir os degraus das esferas planetárias, "porque, após se livrar completamente de toda mácula do mal e merecer a sublimação, ela deixa outra vez o corpo e, recuperando de modo pleno seu estado precedente, retorna ao esplendor da vida eterna".[25] A subida das esferas é descrita num poema de Henry Vaughn:

> The power of my soul is such, I can
> Expire, and so analyse all that's man.
> First my dull clay I give unto the Earth,
> Our common Mother, which gives all their birth.
> My growing faculties I send as soon
> Whence first I took them, to the humid Moon.
> All subtilties and every cunning art
> To witty Mercury I do impart.
> Those fond affections which made me a slave
> To handsome faces, Venus thou shall have.
> And saucy pride (if there was aught in me,)
> Sol, I return it to thy royalty.
> My daring rashness and presumptions be
> To Mars himself an equal legacy.
> My ill-plac'd avarice (sure 'tis but small;)
> Jove, to thy flames I do bequeath it all.
> And my false magic, which I did believe,
> And mystic lyes to Saturn I do give.
> My dark imaginations rest you there,
> This is your grave and superstitious sphere.
>   Get up my disintangled soul, thy fire
> Is now refined and nothing left to tire,
> Or clog thy wings. Now my auspicious flight

---

24. Macróbio, *Commentary on the Dream of Scipio*, pp. 136s.
25. *Ibid.*, p. 137.

Hath brought me to the Empyrean light.
I am a sep'rate essence and can see
The emanations of the Deity.[26]

[Tal é o poder da minha alma, / Que consigo expirar e, assim, analisar tudo o que o homem é. / Primeiro, minha triste argila eu dou à Terra, / Nossa mãe comum, que a todos gerou. / Minhas faculdades em desenvolvimento enviei; / assim que as recebi, à úmida Lua. / Todas as sutilezas, toda arte habilidosa, / Compartilho com o chistoso Mercúrio. / Os amores extremados que me fizeram escravo / De belas faces, entrego a Vênus. / E o orgulho insolente (se em mim houver algum), / Sol, eu o devolvo à tua realeza. Minha ousada aspereza e presunções / Seriam um legado apropriado para Marte. / Minha avareza doentia (que por certo existe, embora pouca), / Júpiter, eu as lanço todas em tuas chamas./ A falsa magia, em que acreditei, / E as místicas mentiras, entrego a Saturno. / Meus sombrios pensares aí descansem. / Eis aí o seu túmulo, o planeta da superstição. / Desperta, alma livre; teu fogo / Agora é puro, e nada pode cansar, / Ou reprimir suas asas. Meu vôo auspicioso levou-me até a lua do Empíreo. / Sou uma essência distinta e posso ver / As emanações da Divindade.]

Henry Vaughn é também autor desses versos tão conhecidos, que descrevem uma experiência de *sublimatio:*

I saw Eternity the other night
Like a great Ring of pure and endless light,
All calm as it was bright,
And round beneath it, Time in hours, days, years
Driv'n by the spheres
Like a vast shadow mov'd, In which the world
And all her train were hurl'd.[27]

[Noites atrás, eu vi a Eternidade, / Como um grande Anel de luz pura e infinita, / Tão calma, tão radiante, / E, rodando sob ela, o Tempo, em horas, dias, anos, / Navegando pelas esferas / Como vasta nuvem em movimento, na qual o mundo / E todo o seu séquito eram arremessados.]

Há um paralelo cabalístico do tema da devolução das qualidades pertinentes aos arcontes planetários como o indica a seguinte passagem de Gershom Scholem:

> A tarefa da Cabala é ajudar a guiar a alma a retornar à sua terra natal na Cabeça de Deus. Para cada *Sefirah*, há um atributo ético correspondente no comportamento humano, e aquele que atinge isso na terra é integrado na vida mística e no mundo harmônico das *Sefirot*... Os cabalistas concordavam de modo unânime acerca do grau máximo alcançável pela alma ao final do seu curso místico, a saber, o grau de *devekut,* a ligação mística com Deus... (Isso é obtido pela subida) da escada de *devekut.*[28]

---

26. "The Importunate Fortune", in *The Complete Poetry of Henry Vaughn,* pp. 384s.
27. "The World", *op. cit.,* p. 231.
28. Scholem, *Kabbalah,* pp. 174s.

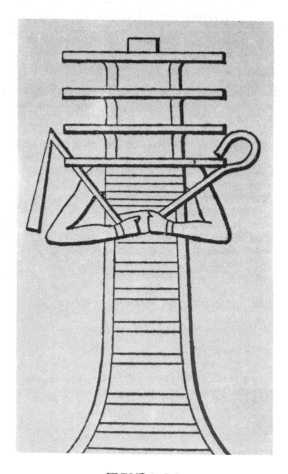

FIGURA 5-8
Osíris como escada. (Do papiro de Ani, British Museum. Reproduzida em Budge, *Osiris: The Egyptian Religion of Resurrection*.)

O estado de *devekut,* ou ligação com Deus, deve ser obtido, segundo pensavam os cabalistas, por meio da oração:

> Enquanto medita, o adepto usa as palavras fixas da oração, como um corrimão ao qual ele se apega em seu caminho de ascensão, a fim de não ser distraído ou confundido. Essa meditação resulta na junção entre o pensamento humano e o pensamento divino ou vontade divina... O pensamento se expande e sobe até sua origem, de maneira que, ao alcançá-la, a jornada termina e não é possível subir mais... portanto, os homens pios de antigamente elevavam seu pensamento à sua origem enquanto pronunciavam os preceitos e palavras de oração. Como resultado desse procedimento e do estado de adesão (*devekut*) que sua condição alcançara, suas palavras se tornaram abençoadas, se multiplicaram, plenas do influxo (divino).[29]

---

29. *Ibid.*, p. 370.

Certos ditos hassídicos usam a imagem da escada, tal como o faz o seguinte texto: "As almas desceram do reino do céu para a terra por uma longa escada. Depois disso, essa escada foi retirada. Ora, lá em cima estão chamando as almas para casa. Alguns não fazem o mínimo movimento, porque como se pode chegar ao céu sem uma escada? Outros pulam, caem e voltam a pular, e então desistem. Mas há aqueles que sabem muito bem que não podem alcançá-lo, mas que tentam e voltam a tentar até que Deus os pega e os leva para cima."[30]

Outro dito afirma: "O homem é uma escada colocada na terra, cujo topo toca o céu. E todos os seus movimentos, ações e palavras deixam traços no mundo superior."[31]

A imagem da escada espiritual foi amplamente usada pelos místicos ascéticos cristãos (ver figura 5-9). É provável que sua origem seja a passagem das *Confissões* de Agostinho referente à subida da alma para a Jerusalém celeste: "Subimos tua escada, que está em nosso coração, e cantamos um cântico graduado; brilhamos em nosso interior com teu fogo – com teu bom fogo – e seguimos porque subimos para a paz de Jerusalém." (13, 9.)

Vários mártires cristãos estão associados à imagem de uma escada. O mais notável dentre eles é Santa Perpétua, que em 203 d.C. enquanto estava na prisão, pouco antes de ser martirizada na arena de Cartago teve o seguinte sonho:

Vi uma escada de bronze, de tamanho miraculoso, que alcançava o céu e era tão estreita que só uma pessoa de cada vez podia subir por ela. Em ambos os lados da escada, havia todo tipo de implementos de ferro – espadas, lanças, ganchos, adagas e arpões –, de maneira que os descuidados ou aqueles que não se mantivessem eretos enquanto subiam eram feitos em pedaços e ali ficavam, dependurados. Abaixo da escada, um gigantesco dragão, à espera daqueles que subiam, os assustava, pondo-os em fuga. Mas Sáturo subiu antes de mim (da mesma maneira como depois preferiu morrer antes, por amor a nós, porque ele fora nosso mestre mas depois não estava conosco quando fomos atirados na prisão). Ao atingir o topo da escada ele voltou-se para mim e disse: "Perpétua, estou te segurando, mas não deixe que o dragão te morda." E eu respondi: "Ele não me fará mal, em nome de Jesus Cristo." E o dragão retirou lentamente sua cabeça da parte inferior da escada, como se tivesse medo de mim e eu pisei nele, como se estivesse pisando o primeiro degrau da escada, e atingi o topo. Vi um vasto jardim e, sentado em seu centro, um alto homem grisalho, em roupas de pastor, ordenhava ovelhas, tendo ao seu redor muitos milhares de pessoas, vestidas de branco. E ele levantou a cabeça, olhou para mim e disse: "Que bom que tenhas vindo, filha." Ele me chamou para perto de si e me estendeu uma porção do queijo que obtinha. Eu o peguei com as mãos em concha e comi. E todos aqueles que se encontravam ao seu

---

30. Buber, *Ten Rungs: Hasidic Sayings*, p. 40.
31. *Ibid.*

redor disseram "Amém". Ao som dessa invocação acordei e tive consciência de ainda estar comendo algo doce que não sei o que era. E contei imediatamente essa visão ao meu irmão e compreendemos que ela significava a paixão vindoura. A partir daquele momento, passamos a não mais depositar esperanças neste mundo.[32]

Esse assombroso sonho ilustra o *Zeitgeist* da era cristã, que mal começava naquela época. O novo espírito cristão era o espírito da *sublimatio* (ver figura 5-10). É o que ilustra a seguinte passagem do poeta sírio Jacob de Batnae, que usa a idéia da escada de Jacó como uma prefiguração da cruz de Cristo: "A cruz é instalada como uma escada prodigiosa pela qual a humanidade é, de fato, levada ao céu... Cristo surgiu sobre a terra como uma escada de muitos degraus, e se elevou bem alto, de maneira que todos os seres da terra pudessem ser exaltados por Seu intermédio... Na escada, Jacó percebeu verdadeiramente o crucificado... Na montanha, Ele (o Senhor) fez rapidamente a misteriosa cruz, como uma escada, colocando-se a Si Mesmo em seu topo, do qual abençoou todas as nações... Naquela época, a cruz foi estabelecida como um ideal orientador, como se fosse uma escada, e serviu a todos os povos como um caminho que leva até Deus."[33]

No *Paradiso* de Dante, há um belo exemplo da escada da *sublimatio*. No canto 21, acompanhado por Beatriz, Dante mostra a si o sétimo céu de Saturno, a morada das almas contemplativas (ver figura 5-11):

> *Within the crystal that bears round the world*
> *the name of its great king in that golden age*
> *When evil's flag had not yet been unfurled,*
>
> *like polished gold ablaze in full sunlight,*
> *I saw a ladder rise so far above me*
> *it soared beyong the reaches of my sight.*
>
> *And I saw so many splendors make their way*
> *down its bright rungs, I thought that every lamp*
> *in all of heaven was pouring forth its ray.*[34]

[Dentro do cristal que leva ao redor do mundo / o nome do grande rei da idade de ouro / Quando a bandeira do mal ainda não havia sido desfraldada, // como ouro luzente exposto à luz do sol, / vi uma escada elevar-se tão alto acima de mim / que pairava nas alturas além do alcance de meus olhos. // E eis que vi tantos esplendores descerem / por seus brilhantes degraus, que pensei que todas as luzes / do céu derramavam ali seu clarão.]

Ofereci acima certo número de exemplos do tema simbólico da transição para a eternidade. Vem agora a pergunta: qual o sentido psicológico desse tema? Falamos aqui da *sublimatio* superior, em contraste com a inferior. A *sublimatio* inferior sempre deve ser seguida por uma descida, ao passo que a superior é um processo de culminância, a translação final para a eternidade

---

32. Citado em von Franz, *The Passion of Perpetua*, pp. 10s
33. *Ibid.*, p. 95.
34. Dante, *The Paradiso*, trad. de John Ciardi, pp. 235ss.

FIGURA 5-9
A escada dos místicos para o céu. (Ícone do mosteiro de Santa Catarina, Monte Sinai, séculos XI-XII. Reproduzida em Weitzmann, *The Icon*.)

daquilo que foi criado no tempo. O que significa, em termos psicológicos, o processo de translação para a eternidade daquilo que foi criado no tempo? A consciência individual ou a percepção individual da totalidade é o produto psicológico do processo temporal de individuação. Por essa razão, o tornar-se eterno é uma idéia misteriosa, que parece implicar a transformação da consciência alcançada pelo indivíduo num acréscimo permanente à psique arquetípica. Há, na verdade, evidências em favor dessa idéia.[35] Por exemplo, Jung teve visões de *sublimatio* quando esteve perto da morte em 1944. Ele se achou elevado bem acima da terra e foi se tornando uma "forma objetiva":

> Tive a sensação de que tudo se afastava de mim; tudo o que eu buscava, desejava ou pensava, toda a fantasmagoria da existência terrena se desligava de mim ou me era arrancada – um processo extremamente doloroso. E, todavia, algo restava; era como se naquele momento eu tivesse ao meu lado tudo aquilo que vivera ou fizera, tudo que havia acontecido à minha volta. Poderia, do mesmo modo, dizer: aquilo estava comigo e eu era aquilo. Eu consistia, por assim dizer, em tudo aquilo. Eu consistia em minha própria história, e eu sentia, com grande certeza: eis o que sou. "Sou esse feixe daquilo que ocorreu e daquilo que foi realizado."

FIGURA 5-10
Simeão Estilita em sua coluna, cercado por uma serpente. (Relicário, século VI. Paris. Louvre. Reproduzida em *The Early Christian and Byzantine World*.)

---

35. Veja-se Edinger, *The Creation of Consciousness*, p. 23ss. [Edição brasileira da Editora Cultrix, 1987.]

Essa experiência me deu a impressão de uma extrema pobreza, acompanhada, ao mesmo tempo, de uma grande satisfação. Já não tinha o que querer ou desejar. Eu existia numa forma objetiva: eu era aquilo que fora e vivera. No início, predominou a sensação de aniquilamento, de ser roubado ou despojado; mas, de repente, isso deixou de ter importância. Tudo parecia ter passado; o que restava era um *fait accompli,* sem nenhuma referência ao que tinha sido antes. Não tinha nenhuma mágoa de que algo tivesse sido tirado ou se tivesse perdido. Pelo contrário, eu tinha tudo o que era, e isso era tudo.[36]

Compreendo essa passagem como uma descrição da *sublimatio* superior em sua forma total e final. A meu ver, manifestam-se aspectos parciais do processo sempre que um item da psicologia pessoal de cada um é objetivado de modo decisivo. Nesse ponto, o aspecto em questão torna-se um fato eterno, inalcançável pelo júbilo, pelo sofrimento ou pela mudança.

A maioria das imagens de *sublimatio* com que deparamos em nosso trabalho terapêutico pertence à *sublimatio* inferior. Com efeito, para os pacientes contemporâneos, as imagens de subida, de altura e de vôo quase sempre indicam a necessidade de uma descida. Os indivíduos modernos têm

FIGURA 5-11
A escada de Saturno segundo Dante. (Doré, *Illustrations for Dante's Divine Comedy.*)

---
36. Jung, *Memories, Dreams, Reflections,* pp. 290s.

159

tido um excesso de *sublimatio,* ao menos do tipo inferior. Eles precisam da descida e da *coagulatio* (ver figura 5-12). A relativa liberdade do estado sublimado é uma importante realização no curso do desenvolvimento psíquico, mas é apenas uma parte. Estar preso no céu pode ser desastroso. A subida e a descida são igualmente necessárias. Como afirma um dito alquímico: "Sublima o corpo e coagula o espírito."

Da mesma maneira como aves em ascensão representam a *sublimatio* e a translação do plano temporal para o plano eterno, assim também aves em movimento descendente representam conteúdos do mundo arquetípico que estão se encarnando por meio da irrupção no reino do ego pessoal. A pomba do Espírito Santo desceu sobre Cristo na época do seu batismo, indicando o processo de encarnação. Uma águia desceu sobre Tarquínio Prisco em sua jornada para Roma, representando a coroação que lhe estava destinada. A consideração dos pássaros como mensageiros de Deus já dura séculos. Nos tempos antigos, os auspícios (de *avis*, "ave" e *specio*, "olhara para") eram determinados por meio da observação do comportamento das aves. Pacientes psicóticos contam-me que recebem mensagens de Deus entregues por pássaros. O movimento ascendente eterniza; o movimento descendente personaliza. Quando esses movimentos se combinam, temos outro processo alquímico, a saber, a *circulatio*. Um dos parágrafos da *Tábua da Esmeralda de Hermes* fala a respeito da *circulatio*: "Ela ascende da terra para o céu e desce outra vez para a terra, e recebe o poder do que está em cima e do que está embaixo. E, assim, terás a glória de todo o mundo. Desse modo, toda a treva fugirá de ti."

FIGURA 5-12
A torre de Babel. (Bruegel, 1563, Viena, Kunsthistorisches Museum. Reproduzida em *The World of Bruegel.*)

No conjunto astrológico de imagens, a *circulatio* se refere à subida e à descida repetidas das esferas planetárias, graças às quais cada princípio arquetípico, simbolizado pelos arcontes planetários, é encontrado sucessivamente. Em termos químicos, a *circulatio* vincula-se com o processo no qual se aquece uma substância num frasco de refluxo. Os vapores sobem e se condensam; em seguida, o fluido condensado é realimentado no bojo do frasco, no qual o ciclo se repete. Dessa maneira, a *sublimatio* e a *coagulatio* repetem-se alternativamente várias vezes.

No plano psicológico, a *circulatio* é o circuito repetido de todos os aspectos do ser, que aos poucos gera a consciência de um centro transpessoal que unifica os fatores em conflito. Há um trânsito pelos opostos, experimentados alternativamente, repetidas vezes, até verificar-se sua reconciliação. Jung descreve a *circulatio* com as seguintes palavras:

> Subida e descida, em cima e embaixo, para cima e para baixo representam uma realização emocional dos opostos, a qual leva, ou deve levar, de maneira gradual, ao equilíbrio entre eles. Esse motivo ocorre com freqüência em sonhos, sob a forma de subir e descer um morro, subir uma escada, subir e descer num elevador, num balão, num avião, etc. Corresponde à luta entre o dragão alado e o dragão sem asas, isto é, o ouroborus... Esse hesitar entre os opostos e o ser jogado de um lado para outro significa estar contido *nos* opostos. Estes se tornam um vaso no qual o elemento que antes era, ora um, ora o outro, flutua, a vibrar, de modo que a dolorosa suspensão entre opostos transforma-se aos poucos na atividade bilateral do ponto situado no centro.[37]

A *circulatio* é uma importante idéia no campo da psicoterapia. O movimento circular em torno de um centro, bem como para cima e para baixo, é comum nos sonhos. Devemos percorrer repetidamente o circuito dos nossos próprios complexos no decorrer de sua transformação. As "forças de cima e de baixo" combinam-se na medida em que se cria a personalidade unificada que une a psique pessoal (embaixo) com a psique arquetípica (em cima).

A passagem da *Tábua da Esmeralda* acima citada oferece uma clara expressão da diferença entre a atitude alquímica e a atitude religiosa cristã. Jung enfatiza esse ponto, porque deixa patente a natureza da perspectiva psicológico-empírica de que os alquimistas foram precursores. Escreve ele: "[Na *Tábua da Esmeralda*] não é uma questão de subida de mão-única para o céu, mas, em contraste com a rota seguida pelo Redentor cristão, que vem de cima para baixo e daí retorna para o alto, o *filius macrocosmi* começa de baixo, alcança as alturas e, com as forças do Superior e do Inferior unidas em seu ser, volta à terra. Ele realiza o movimento inverso e, desse modo, manifesta uma natureza contrária à de Cristo e dos Redentores gnósticos."[38]

A diferença de imagens corresponde à diferença entre fé religiosa e empirismo psicológico. Em outro texto, Jung o diz da seguinte forma: "[Do ponto de vista religioso]... o homem atribui a si mesmo a necessidade de redenção e deixa a obra da redenção, o *athlon* ou a *opus* reais, para a personagem divina autônoma;... [Do ponto de vista alquímico,] o homem toma

---

37. Jung, *Mysterium Coniunctionis*, CW 14, par. 296.
38. Jung, *Alchemical Studies*, CW 13, par. 280.

para si a tarefa de realizar a *opus* redentora, e atribui o estado de sofrimento e a conseqüente necessidade de redenção à *anima mundi* aprisionada na matéria."[39] E, mais uma vez: "A atenção [do alquimista] não se dirige para a sua própria salvação pela graça de Deus, mas para a libertação de Deus da treva da matéria."[40]

O *filius philosophorum* alquímico começa e termina na terra. Isso sugere a importância primordial conferida à realidade concreta – no espaço e no tempo – do ego. A realização da limitada condição humana é colocada acima da perfeição ideal. Ainda assim, não se deve levar essa distinção longe demais. É muito interessante o fato de a principal referência das Escrituras à ascensão de Cristo, ser seguida imediatamente por uma passagem referente ao seu retorno à terra (Atos, 1:9-11): "... vendo-o eles, foi elevado às alturas e uma nuvem o encobriu. E tendo eles os olhos fixos no céu enquanto ele subia, eis que junto deles havia dois homens vestidos de branco que disseram: "Homens da Galiléia, por que estais olhando para o céu? Esse Jesus, que dentre vós foi tomado pelo céu há de vir, do mesmo modo como o vistes ir para o céu." (RSV.)

Apesar do perigo da *sublimatio* para a mente moderna, seu simbolismo permanece no cerne de todos os esforços humanos voltados para o desenvolvimento. Tudo aquilo que evoca nossa natureza melhor, "mais elevada" e, com efeito, toda a moralidade, partilham do conjunto de imagens vinculado com a *sublimatio*. Isso é expresso muito bem por Longfellow, de cujo poema "The Ladder of St. Augustine" citarei algumas estrofes para concluir este capítulo:

> *St. Augustine! well hast thou said,*
> *That of our vices we can frame*
> *A ladder, if we will but tread*
> *Beneath our feet each deed of shame!*
>
> *All common things, each day's events,*
> *That with the hour begin and end,*
> *Our pleasures and our discontents,*
> *Are rounds by which we may ascend.*
>
> . . . .
>
> *The longing for ignoble things;*
> *The strife for triumph more than truth;*
> *The hardening of the heart that brings*
> *Irreverence for the dreams of youth;*
>
> . . . .
>
> *All these must first be trampled down*
> *Beneath our feet, if we would gain*
> *In the bright fields of fair renown*
> *The right of eminent domain.*

---

39. Jung, *Psychology and Alchemy*, *CW* 12, par. 414.
40. *Ibid.*, par. 420.

....

Standing on what too long we bore
With shoulders ben and downcast eyes,
We may discern – unseen before –
A path to higher destinies.

Nor deem the irrevocable Past,
As wholly wasted, wholly vain
If, rising on its wrecks, at last
To something nobler we attain.

[Santo Agostinho!, bem dizias / Que de nossos vícios podemos formar / Uma escada, sendo para isso suficiente / juntar todo pecado debaixo de nossos pés! // O corriqueiro, os eventos de cada dia, / Aquilo que já perece ao nascer. / Nossos prazeres e descontentamentos, / São degraus por onde podemos subir. // ... // O desejo de coisas ignóbeis; / A busca do triunfo em vez da verdade; / A dureza do coração que gera / Irreverência nos sonhos da juventude; // ... // Tudo isso deve antes ser deixado / sob nossos pés, se quisermos alcançar, / No belo plano da justa fama, / O direito do eminente domínio. // ... // Pisando sobre aquilo que tanto suportamos / De ombros caídos e olhos velados, / Podemos ver - algo jamais visto - / uma trilha para destinos mais elevados. // E o Passado irrevogável não será, assim, / Totalmente perdido, vão por inteiro, / Se, subindo sobre seus destroços, / Atingirmos, enfim, algo mais nobre.]

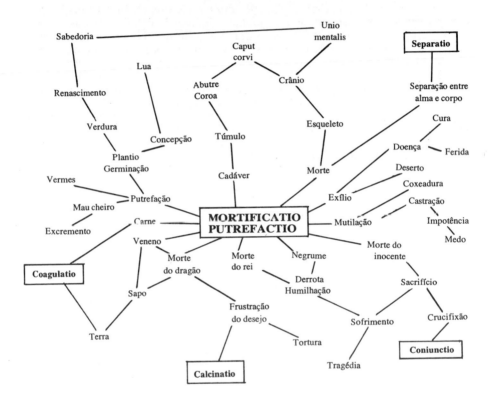

6 Mortificatio

Jung oferece um excelente resumo da *opus* alquímica numa entrevista de 1952:

> A alquimia representa a projeção de um drama ao mesmo tempo cósmico e espiritual em termos de laboratório. A *opus magnum* tinha duas finalidades: o resgate da alma humana e a salvação do cosmos... Esse trabalho é difícil e repleto de obstáculos; a *opus* alquímica é perigosa. Logo no começo, encontramos o "dragão", o espírito ctônico, o "diabo" ou, como os alquimistas o chamavam, o "negrume", a *nigredo,* e esse encontro produz sofrimento... Na linguagem dos alquimistas, a matéria sofre até a *nigredo* desaparecer, quando a *aurora* será anunciada pela cauda do pavão (*cauda pavonis*) e um novo dia nascerá, a *leukosis* ou *albedo*. Mas nesse estado de "brancura", não se *vive*, na verdadeira acepção da palavra; é uma espécie de estado ideal, abstrato. Para insuflar-lhe vida, deve ter "sangue", deve possuir aquilo a que os alquimistas denominam a *rubedo*, a "vermelhidão" da vida. Só a experiência total da vida pode transformar esse estado ideal de *albedo* num modo de existência plenamente humano. Só o sangue pode reanimar o glorioso estado de consciência em que o derradeiro vestígio de negrume é dissolvido, em que o diabo deixa de ter existência autônoma e se junta à profunda unidade da psique. Então, a *opus magnum* está concluída: a alma humana está completamente integrada.[1]

Segundo essa passagem, a *opus* alquímica tem três estágios: *nigredo, albedo* e *rubedo*: o escurecimento, o branqueamento e o avermelhamento. Este capítulo trata do primeiro deles, a *nigredo* ou escurecimento, que pertence à operação denominada *mortificatio* (ver figura 6-1).

Os dois termos, *"mortificatio"* e *"putrefactio"*, são intercambiáveis, referindo-se a aspectos diferentes da mesma operação. A *mortificatio* não tem nenhuma referência química. Significa, literalmente, "matar", sendo pertinente, portanto, à experiência da morte. Tal como usada no ascetismo religioso, tem o sentido de "sujeição das paixões e apetites por meio de penitência, abstinência ou de dolorosos rigores infligidos ao corpo"

---

1. Jung, *C. G. Jung Speaking*, pp. 228s. [Edição brasileira, da Editora Cultrix: *C. G. Jung: Entrevistas e encontros.*]

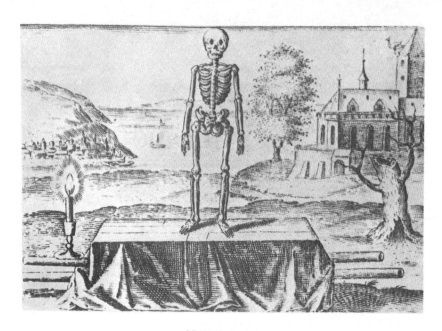

FIGURA 6-1
Esqueleto como imagem de *Mortificatio* (*The Hermetic Museum*, trad. de A. E. Waite.)

(Webster). Descrever um processo químico como *mortificatio* é uma projeção integral de uma imagem psicológica. Isso de fato aconteceu. O material contido no frasco era personificado, sendo as operações realizadas consideradas como tortura.

Putrefactio é "putrefação", a decomposição que destrói corpos orgânicos mortos. Da mesma maneira como a *mortificatio*, a *putrefactio* não é algo que ocorra nas operações da química inorgânica com a qual os alquimistas estavam amplamente envolvidos. Contudo, testemunhar a putrefação de um corpo morto, em particular de um cadáver humano – algo pouco comum na Idade Média –, era uma experiência capaz de produzir um poderoso impacto psicológico. Os efeitos dessa experiência poderiam ser posteriormente projetados no processo alquímico (ver figura 6-2).

A *mortificatio* é a mais negativa operação da alquimia. Está vinculada ao negrume, à derrota, à tortura, à mutilação, à morte e ao apodrecimento. Todavia, essas imagens sombrias com freqüência levam a imagens altamente positivas – crescimento, ressurreição, renascimento; mas a marca registrada da *mortificatio* é a cor negra. Eis alguns textos exemplificativos:

> Aquilo que não torna negro não torna branco, porque a negrura é o começo da brancura, bem como um indício de putrefação e de alteração, e de que o corpo agora se acha penetrado e mortificado.[2]
> Ó feliz portal da negrura, exclama o sábio, que é a passagem para essa mudança tão gloriosa Estude, pois, todo aquele que se aplicar a essa

2. *The Lives of the Alchemystical Philosophers*, p. 145.

FIGURA 6-2
O triunfo da Morte. (Afresco de Francesco Traini, cerca de 1350. Pisa, Camposanto. Reproduzido em *The Picture History of Painting*.)

Arte, com o objetivo exclusivo de conhecer seu segredo, porque conhecê-lo é conhecer tudo, mas ignorá-lo é a tudo ignorar. Porque a putrefação precede a geração de toda forma nova de existência.[3]

A putrefação tem tamanha eficácia que anula a velha natureza, transmuta todas as coisas numa nova natureza, e gera outro fruto novo. Todas as coisas vivas nela morrem, todas as coisas mortas decaem, e depois todas essas coisas mortas, recuperam a vida. A putrefação retira a acridez de todos os espíritos corrosivos do sal, tornando-os suaves e doces.[4]

Em termos psicológicos, o negrume refere-se à sombra. Por conseguinte, esses textos que falam de modo positivo a respeito estariam aludindo, no nível pessoal, às conseqüências positivas advindas do fato de se ter consciência da própria sombra. No nível arquetípico, também é desejável ter consciência do mal, "porque a negrura é o começo da brancura". De acordo com a lei dos opostos, uma intensa consciência de um dos lados constela seu contrário. A partir do negrume, nasce a luz. Em contraste com isso, os sonhos que enfatizam o negrume costumam ocorrer quando o ego consciente se mostra identificado de maneira unilateral com a luz. Por exemplo, um homem branco que era muito ativo no movimento em favor dos direitos civis dos negros teve o seguinte sonho:

---

3. Comentário a "The Golden Treatise of Hermes", citado em Atwood, *Hermetic Philosophy and Alchemy*, pp. 126s.
4. Paracelso, *Hermetic and Alchemical Writings*, 1:153.

Estou no Hades e tento escapar, sem sucesso, repetidas vezes. Há alguma espécie de selvagem orgia sexual. Todos se acham cobertos de breu.

Esse paciente havia exteriorizado sua necessidade pessoal de aceitar a negrura através do engajamento na ação social destinada a forçar a sociedade a aceitar os negros. Isso foi feito de modo bem farisaico mediante a projeção da sombra em todos os que não concordavam com ele. Embora em sua vida consciente estivesse envolvido em demonstrações voltadas para a superação de ações discriminatórias contra os negros em restaurantes de brancos, ele tinha sonhos que ia a restaurantes de negros que discriminavam brancos.

O negrume, quando não é a condição original, tem como origem a morte de alguma coisa. Mais comumente, o dragão é o escolhido para morrer (ver figura 6-3). O dragão é "uma personificação da psique instintiva"[5], sendo um dos sinônimos da *prima materia*. Essa imagem vincula a *opus* alquímica ao mito do herói que mata o dragão. Da mesma maneira como o herói resgata a donzela cativa do dragão, assim também o alquimista redime a *anima mundi* de sua prisão na matéria por meio da *mortificatio* da *prima materia*. Ou, como diz Jung, "a morte do dragão [é] a *mortificatio* do estágio inicial, perigoso e venenoso, da anima (= Mercúrio), liberta de sua prisão na *prima materia*".[6] A *mortificatio* do estágio inicial, perigoso e venenoso, da anima (as mulheres devem ler "do animus") é parte importante do processo psicoterapêutico.

FIGURA 6-3
Sol e Luna matam o dragão. (Maier, *Atalanta Fugiens*, 1618.)

---

5. Jung, *Mysterium Coniunctionis*, CW 14, par. 548.
6. *Ibid.*, p. 168.

Explosões de afeto, ressentimento, prazer e exigências de poder devem submeter-se à *mortificatio* para que a libido emaranhada em formas infantis e primitivas se transforme.

FIGURA 6-4
A morte serve uma bebida para o rei. (Holbein, *The Dance of Death*, 1538.)

Outro objeto freqüente de *mortificatio* é o "rei" (ver figura 6-4). Por exemplo, um quadro alquímico mostra um grupo de homens armados matando um rei[7] (ver figura 6-5). Por vezes, o rei é substituído por Sol, o sol, como vítima. Por exemplo, num certo texto, Sol diz: "A não ser que vós me mateis, vossa compreensão não será perfeita, e em minha irmã, a lua, o grau de vossa sabedoria aumenta".[8] O leão também pode ser submetido à *mortificatio* - como rei dos animais e aspecto teriomórfico do sol. Há uma versão em que o leão tem as patas amputadas.[9] Da mesma maneira, uma águia pode ter suas asas cortadas.

---

7. Fig. 173, *in* Jung, *Psychology and Alchemy*, CW 12.
8. *Mysterium Coniunctionis*, CW 14, par. 164.
9. Ver fig. 4, *in* Jung, *Psychology and Alchemy*, CW 12.

O rei, o sol e o leão referem-se ao princípio diretor do ego consciente e ao instinto de poder. Num certo ponto, esses aspectos devem ser mortificados para que surja um novo centro. Como diz Jung: "O egocentrismo é um atributo necessário da consciência, bem como seu pecado específico."[10] No nível arquetípico, a *mortificatio* do rei ou do sol refere-se à morte e transformação de um princípio diretor coletivo ou dominante. O texto a seguir faz alusão a isso e, o que é interessante, equipara o velho rei com o dragão:

> Sou um velho enfermo e frágil, de apelido dragão; por essa razão, estou aprisionado numa caverna para ser trocado pela coroa real... Uma espada inclemente me inflige grandes tormentos; a morte enfraquece minha carne e meus ossos... Minha alma e meu espírito se apartam; um terrível veneno, sou parecido com o corvo negro, porque esse é o pagamento do pecado; no pó e na terra estou jogado, para que, do Três, possa surgir o Um. Ó alma e espírito meus, não me deixem, para que eu possa voltar a ver a luz do dia e para que o herói da paz que todo o mundo contemplará possa de mim surgir.[11]

FIGURA 6-5
A morte do rei. (Stolcius, *Viridarium Chymicum,* 1624. Reproduzido em Read, *Prelude to Chemistry.*)

O velho enfermo e frágil representa um princípio espiritual ou dominante de cunho consciente que perdeu sua eficácia. Ele regrediu ao nível da psique primordial (dragão) e deve, por isso, submeter-se à transformação. A caverna

---

10. *Mysterium Coniunctionis, CW* 14, par. 364.
11. *Ibid.,* par. 733.

na qual está aprisionado é o vaso alquímico. A tortura é a provação implacável que promove a transformação a fim de que, "do Três, possa surgir o Um"; isto é, para que corpo, alma e espírito sejam unificados no interior de um personalidade integrada.

O "herói da paz que todo o mundo contemplará" é a Pedra Filosofal, a reconciliadora de opostos, mas essa forma de aludir a ela implica em que o objeto da *mortificatio* e da renovação não é senão a imagem coletiva de Deus.

Temos uma interessante visão da *mortificatio*, assim como da *putrefactio*, na chamada *Visão de George Ripley*.

> *When busy at my book I was upon a certain night,*
> *This vision here expressed appeared unto my dimmed sight,*
> *A Toad full red I saw did drink the juice of grapes so fast,*
> *Till over charged with the broth, his bowels all to braast;*
> *And after that from poisoned bulk he cast his venom fell,*
> *For grief and pain whereof his members all began to swell,*
> *With drops of poisoned sweat approaching thus his secret den,*
> *His cave with blasts of fumous air he all be-whyted then;*
> *And from the which in space a golden humor did ensue,*
> *Whose falling drops from high did stain the soil with ruddy hue:*
> *And when this corpse the force of vital breath began to lack,*
> *This dying Toad became forthwith like coal for color black:*
> *Thus drowned in his proper veins of poisoned flood,*
> *For term of eighty days and four he rotting stood:*
> *By trial then this venom to expel I did desire,*
> *For which I did commit his carcass to a gentle fire:*
> *Which done, a wonder to the sight, but more to be rehearsed,*
> *The Toad with colors rare throught every side was pierced,*
> *And white appeared when all the sundry hues were past,*
> *Which after being tincted Red, for evermore did last.*
> *Then of the venom handled thus a medicine I did make;*
> *Which venom kills and saves such as venom chance to take.*
> *Glory be to him the granter of such secret ways,*
> *Dominion, and honor, both with worship and with praise. Amen.*[12]

[Certa noite, estando ocupado com meu livro, / A visão aqui narrada surgiu ante meus olhos baços, / Vi um Sapo todo vermelho beber o suco das uvas com muita rapidez, / Até que, cheio de sumo, seu ventre inchou; / E depois de ingerir todo esse veneno, ele exalou sua peçonha. / De sofrimento e dor, todos os seus membros começaram a inchar. / Suando veneno, ele foi para o seu covil secreto. / Então, sob jatos de ar esfumaçado, ele ficou muito branco; / E eis que com isso, um humor dourado encheu o ar; / Suas gotas cadentes, avermelhadas, mancharam o solo. / E, enquanto o sopro vital saía do seu corpo, / O Sapo ficou negro como carvão no estertor final. / Submerso no mar maléfico de suas próprias veias, / Ficou apodrecendo durante oitenta e quatro dias. / Querendo extrair dele essa peçonha / Queimei sua carcaça em fogo lento: / Depois disso – maravilha para os olhos e melhor quando tentado, / O Sapo se cobriu inteiramente de cores raras. / Depois que todos os matizes secos se foram, surgiu o branco, / Esse branco, com a tintura do vermelho, sempre sobreviveu. / Da peçonha assim tratada, pude extrair um remédio, / Que mata e salva quem por acaso dele vier a tomar. / Glória àquele que torna possíveis esses caminhos secretos, / Poder e honra nas orações e nos cultos. Amém.]

---

12. Ashmole, *Theatrum Chemicum Britannicum*, p. 374.

Essa visão é um sumário de toda a *opus*. O sapo, como *prima materia*, é destruído pela sua própria cobiça ou concupiscência irrefreada. É o tema do afogamento da pessoa em seus próprios excessos. Ao morrer, o sapo assume uma cor negra, entra em putrefação e fica cheio de veneno. Então o alquimista entra em cena, submetendo a carcaça cheia de veneno ao fogo do processo alquímico. Isso provoca uma progressiva mudança de coloração, que vai do negro a grande número de cores, ao branco, ao vermelho. Ao mesmo tempo, o veneno se transforma num remédio paradoxal, capaz de matar ou salvar, o elixir. O sapo é uma variante simbólica do "dragão venenoso".[13] Ele também representa a "terra filosófica", que não pode ser sublimada.[14] Terra significa *coagulatio*, o que é uma alusão ao fato de a *mortificatio* ter de ocorrer depois da *coagulatio*. Aquilo que se torna terra ou carne está sujeito à morte e à corrupção. Como diz o apóstolo Paulo: "Porque se viverdes segundo a carne, morrereis; mas se, pelo Espírito, mortificardes as obras da carne, vivereis." (Rom., 8: 13, AV.)

Da mesma maneira como a *mortificatio* sucede à *coagulatio*, assim também a consumação da *coniunctio* inferior leva à *mortificatio*. São exemplos disso Tristão e Isolda, Romeu e Julieta e a seqüência descrita nas gravuras do *Rosarium*.[15] Esse fato ajuda a explicar a relutância das pessoas sensíveis em se comprometerem com o processo de individuação. Elas percebem de antemão o sofrimento a que se estão entregando.

Pensava-se que o sapo venenoso, assim como o dragão, trazia uma jóia na cabeça. Diz Ruland: "A draconita é uma pedra preciosa... que encontramos no cérebro das serpentes, mas se não for removida enquanto estas estão vivas, jamais se tornará pedra preciosa, graças à maldade inata do animal que, consciente de que a morte se aproxima, destrói a virtude da pedra. Por conseguinte, deve-se remover a cabeça dos dragões enquanto estes dormem, garantindo-se assim a gema... A cor da draconita é branca; ela afasta todos os animais peçonhentos e cura suas mordidas."[16]

A pedra preciosa é a Pedra Filosofal, extraída da feia *prima materia*, que é veneno em sua forma original, mas panacéia depois de passar pela *mortificatio*. Shakespeare expressa a mesma idéia:

Sweet are the uses of adversity,
Which like the toad, ugly and venomous,
Wears yet a precious jewel in his head;
And this our life exempt from public haunt,
Finds tongues in trees, books in the running brooks,
Sermons in stones, and good in everything.[17]

[Doces são os usos da adversidade, / Que como o sapo, venenoso e feio, / Traz, contudo, uma jóia preciosa na testa; / E assim nossa vida, oculta aos olhos da cidade, / Vê línguas em árvores, livros no regato rumoroso, / Sermões em pedras e o bem em tudo.]

---

13. *Mysterium Coniunctionis*, CW 14, par. 30.
14. *Ibid.*, par. 2.
15. Ver Fig. 1-10, *in* Jung, *The Practice of Psychotherapy*, CW 16.
16. Ruland, *Lexicon*, p. 128.
17. *As You Like It*, ato 2, cena 1, versos 12-17.

Os usos da adversidade também se apresentam no grande manual da *mortificatio, The Imitation of Christ,* de Thomas à Kempis. Nele lemos o seguinte:

> É bom que por vezes sejamos atingidos por sofrimentos e adversidades, porque eles levam o homem a contemplar a si próprio e a ver que está aqui mas como se estivesse no exílio, bem como a aprender com isso que não deve depositar sua confiança em nenhuma coisa da terra. É também bom que por vezes soframos contrariedades, que as pessoas nos considerem maus, ímpios e pecadores, embora façamos o bem e tenhamos boas intenções; essas coisas nos ajudam a ter humildade e nos defendem vigorosamente da vanglória e do orgulho. Recorremos melhor a Deus, como nosso juiz e testemunha, quando somos desprezados exteriormente no mundo e quando o mundo não nos julga bem. Por conseguinte, deve o homem firmar-se em Deus de forma tão plena que, seja qual for a adversidade que sobre ele se abata, ele não precise buscar nenhum conforto exterior.[18]
>
> Um coração puro, cristalino e constante não se parte nem é facilmente vencido pelos labores espirituais, porque faz todas as coisas em homenagem a Deus, porque ele é claramente mortificado para si mesmo. Portanto, ele deseja livrar-se do seguimento de sua própria vontade. Que mais vos estorva senão vossas próprias afeições mortificadas de modo incompleto à vontade do espírito? Em verdade, nada mais.[19]

Até agora, enumeramos vários objetos possíveis da *mortificatio* — o dragão, o sapo, o rei, o sol e o leão. Outro objeto desses é a figura da pureza e da inocência. Diz um texto:

Take it fresh, pure, living white and clear,
Then bind firmly both hands and feet
With the very strongest cords,
That it suffocate and die,
In the closed house of Putrefaction.[20]

[Toma-a fresca, pura, em vívida brancura e limpeza, / Então, ata-lhe firmemente as mãos e os pés / Com as cordas mais fortes, / Para que sufoque e morra, / Na casa fechada da Putrefação.]

Isso corresponde à vítima clássica do sacrifício, que deve ser pura e imaculada como o cordeiro pascal (Êxodo, 12: 5). Um desenho alquímico representa o massacre dos inocentes, promovido por Herodes, como a "dissolução das sementes metálicas", que em seguida são derramadas no vaso alquímico[21] (ver figura 6-6). A idéia psicológica contida nessas imagens é a necessidade de sacrificar o estado de pureza e de inocência. Uma mulher incapaz de enfrentar essa questão certa feita sonhou que *um cordeiro devia ser sacrificado e ela não conseguia olhar.*[22] Outro paciente, um jovem que se

---

18. Kempis, *The Imitation of Christ,* 1:12.
19. *Ibid.,* 1:3.
20. Figulus, *A Golden and Blessed Casket of Nature's Marvel's,* p. 319.
21. Bessy, *A Pictorial History of Magic and the Supernatural,* p. 112.
22. Edinger, *Ego and Archetype,* p. 234. [Edição brasileira, da Editora Cultrix. *Ego e arquétipo.*]

173

aproximava da maturidade, sonhou que *um imaculado peru branco estava sendo morto. No processo, o sonhador é manchado de sangue*. Nesses casos, a *nigredo* não é o estágio inicial. É preciso que uma *albedo* preliminar seja destruída antes. Quando algo branco é morto, apodrece e fica negro. Penetra no "portal do negrume". Ruland diz: "A putrefação ou corrupção ocorre quando um corpo fica negro. Então o corpo exala mau cheiro como esterco e sobrevém uma verdadeira solução. Os elementos são separados e destruídos. Muitas cores se desenvolvem mais tarde, até que a vitória é alcançada e tudo é reunificado."[23]

FIGURA 6-6
O massacre dos inocentes. (Desenho alquímico. Reproduzido em Bessy, *A Pictorial History of Magic and the Supernatural*.)

Fezes, excrementos e maus odores referem-se à *putrefactio*. Os sonhos comuns de vasos sanitários sujos – ou que deixam escapar excrementos – que

---

23. *Lexicon*, p. 266.

acossam as pessoas de mentalidade puritana, pertencem a esse simbolismo. O *odor sepulcrorum* (o odor dos sepulcros) é outro sinônimo de *putrefactio*. Como as pessoas hoje em dia raramente sentem o cheiro de um cadáver em decomposição, essa imagem não costuma aparecer nos sonhos. Um equivalente moderno que encontrei foi um sonho com uma severa poluição do ar. Os vermes acompanham a putrefação, e os sonhos com vermes veiculam essa imagem com poderoso impacto (ver figura 6-7). No *I Ching*, o hexagrama 18 intitula-se "Trabalho sobre o que se deteriorou" e o texto nos diz que: "O ideograma chinês *Ku* representa uma tigela em cujo conteúdo proliferam vermes. Isso significa o que se deteriorou."[24] Elemento típico do conjunto paradoxal de imagens do inconsciente, o desprezível verme pode transformar-se no valor supremo. Assim sendo, equipara-se o Messias a um verme no Salmo messiânico 22, versículo 6: "Mas eu sou um verme e não homem; o opróbio dos homens e rebotalho da plebe" (AV).

FIGURA 6-7
A morte tocando a trompa do verme. (J. Meydenbach, *Doten Dantz*, cerca de 1492. Mainz. Reproduzido em Hind, *An Introduction to a History of Woodcut*.)

Afirma um texto alquímico: "Sabeis, ó Filhos da Doutrina, que a vós cabe deixar que o composto apodreça por quarenta dias."[25] Essa passagem

---

24. Wilhelm, trad., *The I Ching or Book of Changes*, p. 75. [Publicado em português pela Editora Pensamento: *I Ching - o livro das mutações*.]
25. Waite, trad., *Turba Philosophorum*, p. 87, *dictum* 26.

175

vincula a *putrefactio* com o tema do deserto por intermédio do simbolismo do número 40. Os israelitas vagaram pelo deserto por quarenta dias; Elias jejuou no deserto durante quarenta dias; e Jesus foi tentado no deserto ao longo de quarenta dias. Da mesma maneira, diz-se que o processo egípcio de embalsamamento durava quarenta dias (Gên., 50:3); e, de modo análogo, passaram-se quarenta dias entre a ressurreição e a ascensão de Cristo. Tratando da *opus* alquímica, Jung diz: "O enegrecimento costumava durar quarenta dias... Nesse estado, o sol fica cercado pela *anima media natura* e é, por conseguinte, negro. Trata-se de um estado de incubação ou de gravidez."[26] A *anima media natura* corresponde a Sophia presa pelo abraço de Physis sendo equiparada com a Divina Sabedoria, a contraparte feminina de Deus (ver figura 6-8). Mesmo quando causado pela sabedoria de Deus, o escurecimento ou eclipse do sol permanece como experiência amedrontadora. De fato, o medo é proverbialmente vinculado com a sabedoria no ditado. "O temor ao Senhor é o começo da sabedoria." (Prov., 1:7.) A seguinte passagem do ensaio de Emerson, "Compensation", descreve o medo como agente de *mortificatio:*

> Todas as infrações do amor e da eqüidade em nossas relações sociais são rapidamente punidas. São punidas pelo medo. Enquanto me mantenho em relações simples com meus semelhantes, não tenho desprazer em conhecê-lo... Mas tão logo haja um afastamento da simplicidade e uma tentativa de impor a divisão, ou algo bom para mim que não o seja para ele, meu próximo percebe o erro; ele se aparta de mim tanto quanto eu me afastei dele; seus olhos não mais buscam os meus; há guerra entre nós; há ódio nele e temor em mim.
> Todos os velhos abusos da sociedade, universal e particular, todas as acumulações injustas de propriedade e de poder, são castigadas da mesma maneira. O medo é um instrutor de grande sagacidade e o arauto de todas as revoluções. Uma coisa ele ensina: há podridão onde quer que apareça. Ele é um pútrido abutre; e, embora não se veja a coisa sobre a qual paira, há morte em alguma parte.[27]

Uma clássica descrição da *nigredo* do deserto é a de Jeremias. São João da Cruz usa essa passagem em sua descrição da noite escura do espírito.[28] Jeremias lamenta tanto o próprio sofrimento como o de Sião (Lam., 3:1-20, NAB):

> Sou um homem que conheceu a aflição sob a vara do seu furor,
> Um homem a quem ele guiou e fez andar
> na treva, e não na luz;
> Só contra mim ele volve e revolve sua mão
> vezes sem conta, todo o dia.
> Ele consumiu minha carne e minha pele,
> despedaçou os meus ossos;
> Ele me envolveu inteiramente
> com a miséria e o tormento;

---

26. Jung, *Mysterium Coniunctionis*, CW 14, par. 729.
27. Emerson, "Compensation", in *Selected Writings of Ralph Waldo Emerson*, p. 180.

Ele me fez habitar na treva
como os que há muito estão mortos.
Cercou-me com um muro sem saída
e me atou a pesadas correntes;
Mesmo quando imploro por ajuda,
ele abafa minha oração;
Murou meu caminho com pedras lavradas,
obstruiu minhas veredas.
Tem sido para mim como um urso à espreita,
como um leão de emboscada!
Desviou-me do meu caminho, fez-me em pedaços,
me deixou desolado.
Retesou seu arco e me colocou
como um alvo para a flecha.
Perfura meus lados
com flechas de sua aljava.
Tornei-me objeto do escárnio de todas as nações,
e a sua canção todo o dia;
Fartou-me de amargura,
inebriou-me de absinto.
Quebrou os meus dentes com cascalho;
cobriu-me a face de cinza;
Minha alma está privada de paz,
esqueci a felicidade;
Digo a mim mesmo: meu futuro se foi,
tudo que esperei do Senhor.

É provável que a referência bíblica mais freqüentemente vinculada à *putrefactio* por parte dos alquimistas seja a seguinte passagem do Evangelho de João: "Na verdade, na verdade vos digo que se o grão de trigo não cair na terra e morrer, ficará só; mas, se morrer, dará muitos frutos. Aquele que ama sua vida a perde; e aquele que odeia sua vida neste mundo guardá-la-á para a vida eterna." (12:24-25, rSV.)

Por exemplo, um texto diz que: "O grão de trigo semeado na terra apodrece antes de voltar a crescer ou tornar-se planta; assim é que nosso Magnésio..., sendo semeado na Terra Filosofal, morre e se corrompe, para que possa conceber a si mesmo outra vez."[29]

Outro texto se refere ao plantio do ouro:

> Todo o Fundamento da Pedra Filosofal consiste em provocar um novo nascimento da matéria primeira dos metais – isto é, a Água Mercurial, o perfeito *Corpus Solis* – que deve nascer de novo pela água e pelo Espírito, da mesma maneira como Cristo diz: "A não ser que nasça de novo pela água e pelo Espírito, o homem não pode ver o Reino de Deus." Assim também, nesta arte, eu te digo, meu filho: a não ser que o *Corpus Solis* seja semeado, tudo o mais é vão, e não haverá fruto. Do mesmo modo como Cristo diz: "A não ser que caia na terra e morra, a semente não dará fruto."[30]

---

28. São João da Cruz, *The Dark Night of the Soul*, pp. 109ss.
29. Citado em Atwood, *Hermetic Philosophy and Alchemy*, p. 115n.
30. Figulus, *A Golden and Blessed Casket of Nature Marvels*, p. 299.

FIGURA 6-8
Coniunctio no Vaso Negro. A *Nigredo*. (Paris, Bibliothèque de l'Arsenal, MS. 975, fol. 14. Reproduzida em Derola, *The Secret Art of Alchemy*.)

A semeadura do ouro (*corpus solis*) é uma imagem interessante. O ouro representa a luz, o valor, a consciência. Semeá-lo significa sacrificá-lo, oferecê-lo à *mortificatio*, na esperança de que se multiplique. Da mesma maneira como as sementes dos grãos não são comidas, mas deixadas à parte, as sementes da consciência não são usadas para a sobrevivência. Em vez disso, são oferecidas ao inconsciente por meio de uma espécie de morte voluntária do conforto, da justeza e da racionalidade da pessoa. Permitimo-nos ser menos, a fim de sermos mais – quase perfeitos porém mais quase inteiros.

A imagem da morte e do funeral sempre esteve associada ao plantio e à germinação de sementes. Gravuras do antigo Egito mostram caules de grãos brotando do corpo morto de Osíris (ver figura 6-9). O apóstolo Paulo, em sua famosa passagem referente à ressurreição dos mortos, usa essa imagem:

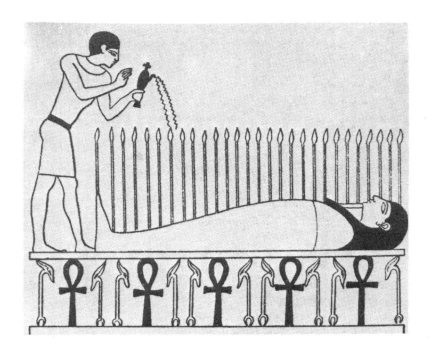

FIGURA 6-9
Grãos nascendo do cadáver de Osíris. (Retirado de um baixo-relevo de File. Reproduzido em Budge, *Osiris: The Egyptian Religion of Resurrection*.)

"Semeia-se [o corpo] em corrupção; ressuscitarão em incorrupção. Semeia-se em desonra; ressuscitará em glória. Semeia-se em fraqueza; ressuscitará em vigor. Semeia-se o corpo natural; ressuscitará o corpo espiritual." (1 Cor., 15: 42-44, AV).

Contaram-me, certa vez, um sonho impressionante a esse respeito, o qual, por acaso, foi sonhado no Dia das Bruxas:

> *O sonhador estava numa festa para um amigo morto e, talvez, outros espíritos que haviam partido. O amigo morto conta um sonho que teve antes de morrer. A principal imagem do sonho era um grande círculo de grãos com cerca de 2 m de altura. Esse círculo vinha de um poço cavado na terra, no qual havia corpos mortos que eram, ao mesmo tempo, um tesouro enterrado. O sonhador estava tentando explicar ao amigo a importância do sonho* (ver figura 6-10).

Deve-se observar que os corpos mortos equivalem a um tesouro enterrado.

Num texto gnóstico, o homem perfeito, ou *Anthropos*, é considerado um cadáver porque está "sepultado no corpo como a múmia no túmulo".[31] Jung

---

31. Jung, *Aion*, CW 9 II, par. 334.

FIGURA 6-10
Grãos nascendo do túmulo, simbolizando a ressurreição. (*The Hermetic Museum*, trad. de A. E. Waite.)

indica que há uma idéia paralela em Paracelso, que diz: "Na verdade, a vida não é outra coisa além de uma espécie de múmia embalsamada, que preserva o corpo mortal dos vermes mortais."[32] Verifica-se que essa *"mumia"* é simbolicamente idêntica ao homem original ou *Anthropos*. Esse cadáver gnóstico ou múmia de Paracelso é, por conseguinte, o Si-mesmo enquanto produto da *mortificatio* – o corpo incorruptível que surge da morte da semente corruptível. Corresponde à idéia alquímica de que a morte é a concepção da Pedra Filosofal.[33]

Germinação e decadência, a luz virando treva, a morte e o renascimento – todas essas imagens pertencem ao simbolismo da lua, que morre e nasce a cada mês. Um texto diz o seguinte:

> O leão, o sol inferior, se corrompe pela carne. Assim se corrompe o leão em sua natureza pela sua carne, que segue os ritmos da lua e é eclipsado. Porque a lua é *a sombra do sol* e se consome junto com os corpos corruptíveis, e por meio de sua corrupção o leão é eclipsado com a ajuda da umidade de Mercurius... a umidade da lua mata o sol quando esta recebe a luz solar e ela também morre no momento em que nasce o filho dos Filósofos; e, ao morrerem, os dois pais transmitem sua alma ao filho, e morrem e desaparecem. *E os pais são a comida do filho.*[34]

---

32. *Ibid.*
33. *The Practice of Psychotherapy*, CW 16, par. 473.
34. Jung, *Mysterium Coniunctionis*, CW 14, par. 21.

FIGURA 6-11
A morte e o *Landsknecht*. (Dürer. Reproduzida em *The Complete Woodcuts of Albrecht Dürer*.)

A afirmação de que o leão ou sol inferior corrompe pela carne pode ser compreendida como uma declaração de que o ego, ao se encarnar, quando se atreve a existir como um centro autônomo do ser, incorpora a realidade substancial mas se torna, ao mesmo tempo, suscetível de corromper-se e morrer (ver figura 6-11). O ego termina por ser eclipsado – cai na treva da *mortificatio* – mas, de sua morte, nasce o "filho dos filósofos" – a Pedra Filosofal. O sol e a lua morrem e transmitem seu poder ao seu rebento – o filho dos filósofos.

Jung diz que essa passagem pode ter inspirado o quadro da morte do casal real no *Rosarium*.[35]. Nele,[36] o rei e a rainha, depois do intercurso sexual,

---

35. *Ibid*.
36. *The Practice of Psychotherapy, CW* 16, fig. 6.

181

tornam-se um só corpo com duas cabeças e jazem mortos num túmulo. O quadro tem como título "concepção ou putrefação". A afirmação de que "os pais são a comida do filho" apresenta um interesse particular. Em termos psicológicos, isso sugere que o suportar consciente da treva e o conflito entre os opostos nutrem o Si-mesmo (ver figura 3-16, do Capítulo 3).

Um termo comum para a *nigredo* é "corvus", corvo ou abutre,[37] talvez por ser ele negro e por comer carniça (ver figura 6-12). O corvo aparece na mitologia grega quando do nascimento de Asclépio. Sua mãe foi Corônis, a donzela do corvo, a qual, enquanto se encontrava grávida de Asclépio, filho de Apolo, manteve relações com Ísquis. Essa infidelidade chegou aos ouvidos de Apolo através do corvo, o qual teve sua cor branca substituída pela negra devido ao fato de contar más notícias. Corônis foi morta pelo seu crime, mas o pequeno Asclépio foi-lhe retirado do ventre quando ela se encontrava na pira funerária. Como Kerényi demonstrou, o nascimento do poder de curar a partir da *nigredo* pertence ao arquétipo do médico ferido. Nas palavras de Kerényi, o mito se refere, sob o ponto de vista psicológico, à capacidade de "se estar familiarizado com a treva do sofrimento e ali encontrar os germes da luz e da recuperação, os quais, como que por encanto, darão origem a Asclépio, o médico semelhante ao sol".[38]

A expressão *"caput corvi"*, cabeça do corvo, encontra-se vinculada ao *"corvus"*. A expressão é sinônima de *"caput mortuum"*, cabeça morta. Não fica imediatamente clara a razão pela qual a *nigredo* deva estar associada ao simbolismo da cabeça. Uma das razões parece ser o vínculo existente entre a palavra "cabeça" e o topo ou início. Considerava-se o negrume como o ponto de partida da obra.[39] Diz um texto: "Quando vires tua matéria enegrecer, rejubila-te: porque esse é o início da obra."[40] Outro texto fala da obra como composta por três corvos: "O negro, que é a cabeça da arte; o branco, que é o meio; e o vermelho, que leva todas as coisas ao fim."[41]

A cabeça é o princípio. Um pecado capital é o mais grave, envolvendo a perda da cabeça. Assim sendo, o vínculo entre a *nigredo* e o conjunto de imagens referentes à cabeça indica a grande importância que a alquimia atribuía a esta experiência. De acordo com uma derivação, a palavra "alquimia" vem de *khem* ou *chemia*, que significa negro e que se refere ao Egito, a terra do solo negro.[42] A decapitação, ou separação entre a cabeça e o corpo, também pertence à *mortificatio*. Jung escreve: "Cortar a cabeça é simbolicamente significativo como a separação entre a 'compreensão' e o "grande sofrimento e dor' que a natureza inflige à alma. Trata-se de uma emancipação da *'cogitatio'*, que se situa na cabeça, uma libertação da alma

---

37. Jung, *Mysterium Coniunctionis*, CW 14, par. 727.
38. Kerényi, *Asklepios: Archetypal Image of the Physician's Existence*, p. 100.
39. Jung, *Mysterium Coniunctionis*, CW 14, par. 729.
40. *Ibid.*, nota 182.
41. *Ibid*.
42. Veja-se Read, *Prelude to Chemistry*, p. 41, nota; veja-se também Jung, *Mysterium Coniunctionis*, CW 14, par. 14.

FIGURA 6-12
A *nigredo*. (Mylius, *Philosophia reformata*, 1622. Reproduzida em Derola, *The Secret Art of Alchemy.*)

das 'trancas da natureza'. Seu propósito é produzir, como acontece em Dorn, uma *unio mentalis* na superação do corpo."[43] (Ver figura 6-13.)

De outro ponto de vista, a decapitação extrai o homem *rotundum*, redondo, completo, do homem empírico. A cabeça ou crânio transforma-se no vaso redondo da transformação. Há um texto em que a cabeça de Osíris negro ou Etíope é aquilo que, quando fervido, torna-se ouro.[44]

A expressão *caput mortuum* era usada como referência ao resíduo deixado pela destilação ou sublimação de uma substância. Outro texto descreve essa *caput mortuum*: "Aquilo que permanece na retorta é o nosso sal, isto é, a nossa terra, e tem cor negra, um dragão que devora a própria cauda. Porque o dragão é a matéria deixada pela destilação da água que está nele, e essa água é chamada a cauda do dragão, sendo o dragão seu negrume; e o dragão é saturado com essa água e coagulado, e assim come sua própria cauda."[45]

O resíduo morto e sem valor é a matéria da fase da *nigredo*. O fato de ser chamado de *caput* ou cabeça indica uma reversão paradoxal de opostos. O sem valor torna-se o mais precioso e o último torna-se o primeiro. Essa é uma lição que todos devemos aprender constantemente. Encontramos, no lugar sem valor e desprezado, a *psique*. Os padrões convencionais do nosso ambiente

---

43. Jung, *Mysterium Coniunctionis*, CW 14, par. 14.
44. *Ibid.*
45. *Ibid.*, par. 244.

183

consideram a psique como um nada, um nada absoluto. Um exemplo pessoal: sinto-me vazio e irritadiço; sento-me durante horas em minha cadeira buscando minha libido perdida. Que dolorosa humilhação ser submetido a essa impotência catatônica! Até a imaginação ativa se recusa a funcionar. Por fim, obtenho uma parca imagem – um pequeno e negro pote de louça. Conterá ele alguma coisa ou está vazio como eu? Eu o viro. Surge uma gota de fluido dourado, que se solidifica em contato com o ar. Eis tudo aquilo de que eu precisava! Essa única gota de ouro sólido liberou uma cadeia de associações e, com elas, a libido. Essa gota veio do pote negro, da cabeça negra de Osíris, que personificava meu estado de treva e de esvaziamento, um estado que desprezei enquanto me encontrava nele.

FIGURA 6-13
Salomé com a cabeça de João Batista. (*Les belles heures du duc de Berry*. Nova York, The Metropolitan Museum of Art.)

A cabeça da morte também leva à idéia de um diálogo com uma cabeça ou crânio. Jung fala da cabeça oracular,[46] que simbolizaria a consulta à própria totalidade de cada um a fim de obter informações que ultrapassem a visão do ego. O tema dramático do solilóquio com um crânio é uma variante

---

46. Jung, *Psychology and Religion: West and East*, CW 11, par. 363ss; ver também *Mysterium Coniunctionis*, CW 13, par. 626.

dessa mesma imagem arquetípica. O exemplo clássico está em *Hamlet*. Ele contempla o crânio de Yorick e conclui com os seguintes pensamentos:

> A que vis usos podemos voltar, Horácio! Por que não pode a imaginação acompanhar as nobres cinzas de Alexandre até dar com elas tapando um barril?... Deste modo, Alexandre morreu, Alexandre foi sepultado, Alexandre retornou ao pó; o pó é terra; da terra, fazemos o barro, e por que com esse barro, em que ele foi convertido, não seria possível tapar um barril de cerveja?

Imperious Caesar, dead and turn'd to clay,
Might stop a hole to keep the wind away;
O! that that earth, which kept the world in awe,
Should patch a wall to expel the winter's flaw.

(Ato 5, cena 1, falas 222-38.)

[César, o imperador, morto e transformado em pó, / Pode tapar um buraco para manter afastado o vento; / Ó pó que outrora fazia tremer o mundo, / hoje serviria para remendar um muro e banir para longe a borrasca do inverno.]

O *Fausto* de Goethe também tem um breve solilóquio com um crânio no início do drama:

Yon hollow skull, what has your grin to say,
But that a mortal brain, with trouble tossed,
Sought once, like mine, the sweetness of the day.
And strove for truth, and in the gloam was lost.[47]

[Ó crânio oco, que mais o teu esgar poderia dizer, / Senão que um cérebro mortal, perturbado pelo infortúnio, / Buscou certa vez, tal como o meu, a doçura do dia, / E lutou pela verdade, e se perdeu no crepúsculo?]

O crânio como *memento mori* é um emblema da operação da *mortificatio*. Ele produz reflexões a respeito da mortalidade pessoal de cada um e serve como pedra de toque para os valores falsos e verdadeiros. Refletir sobre a morte pode nos levar a encarar a vida sob a perspectiva da eternidade e, desse modo, a negra cabeça da morte pode transformar-se em ouro (ver figura 6-14). Com efeito, a origem e o crescimento da consciência parecem estar vinculados de maneira peculiar à experiência da morte. Talvez o primeiro par de opostos a penetrar na consciência em vias de despertar dos seres humanos primitivos tenha sido o contraste entre o vivo e o morto. É provável que somente a criatura mortal seja capaz de ter consciência. Nossa mortalidade é nossa fraqueza mais importante e derradeira. E essa fraqueza, segundo Jung, foi o elemento que colocou Jó em vantagem diante de Iahweh:

> Mas o que o homem possui que Deus não tenha? Por causa de sua pequenez, debilidade e impotência diante do Todo-Poderoso, ele possui, como já sugerimos, uma consciência um pouco mais aguda, baseada na auto-reflexão: para sobreviver, ele precisa manter-se sempre consciente de sua impotência. Deus não precisa dessa mesma precaução, porque não se depara em parte alguma com um obstáculo insuperável que o obrigue a hesitar e, portanto, a refletir sobre si mesmo.[48]

---

47. Goethe, *Fausto*, p. 3.
48. Jung, *Psychology and Religion: West and East, CW* 11, par. 579.

185

FIGURA 6-14
A cabeça da morte aponta para a esfera cósmica. (Holbein, *The Dance of Death*, 1538.)

As formas mais remotas de expressão religiosa – que indicam a primeira separação entre o ego e a psique arquetípica – parecem estar associadas aos ritos funerários. O exemplo supremo da morte como gênese da religião e da consciência é o elaborado simbolismo mortuário do antigo Egito. Esta é claramente a origem da alquimia. O embalsamamento do rei morto o transformava em Osíris, um corpo incorruptível, eterno. Este é o protótipo da *opus* alquímica, que tenta criar a incorruptível Pedra Filosofal. Tem-se equiparado o vaso alquímico com "o túmulo selado de Osíris, que contém todos os membros do deus".[49] O simbolismo mortuário egípcio é o primeiro grande testemunho da realidade da psique. É como se a psique não pudesse vir a existir como entidade concreta até a morte do literal, do concreto e do físico. O inconsciente coletivo equivale à terra dos mortos ou além-túmulo, dando-se o nome de *nekyia* a uma descida no inconsciente coletivo, devido ao fato de um encontro com a psique autônoma ser sentido como uma morte deste mundo.

---

49. Jung, *Alchemical Studies*, par. 97.

Platão vincula de maneira explícita a sabedoria com a morte. Para ele, a filosofia, o amor da sabedoria, é, de modo deveras literal, uma *mortificatio*. No *Phaedo*, ele escreve:

> – A purificação, como vimos há algum tempo em nossa discussão, consiste em separar o máximo possível a alma do corpo, em acostumá-la a furtar-se de todo contato com o corpo e em concentrar-se por si mesma, assim como em ter como morada, na medida do possível, agora e no futuro, sozinha, liberta de todas as correntes do corpo. Não é verdade?
> – Sim, é – disse Simias.
> – Não é aquilo que chamamos de morte uma libertação, bem como uma separação da alma do corpo?
> – Por certo – disse ele.
> – E o desejo de libertar a alma se encontra principalmente, ou melhor, apenas no verdadeiro filósofo. De fato, a ocupação do filósofo consiste precisamente em libertar e separar a alma do corpo. Não é assim?
> – Ao que parece.
> – Pois bem, como disse antes, se um homem treinar a si mesmo, por toda a vida, para viver num estado mais próximo possível da morte, não seria ridículo que ele ficasse angustiado quando a morte viesse a ele?
> – Certamente que sim.
> – Portanto, Simias, é um fato que os verdadeiros filósofos fazem da morte sua profissão e que, dentre todos os homens, os que menos se alarmam diante da morte são eles. Considere a questão desse modo: se estiverem completamente insatisfeitos com o corpo e ansiarem por tornarem suas almas independentes dele, não seria de todo irracional ficarem assustados e desgostosos quando isso ocorre? Não deveriam eles, como é natural, ficar felizes por se dirigirem para um lugar no qual há perspectivas de alcançarem o objeto do desejo que alimentaram por toda a vida? Por certo há muitos que preferiram, de livre e espontânea vontade, seguir amantes, viúvas e filhos no outro mundo, na esperança de verem e encontrarem as pessoas a quem amavam. Se assim é, ficará um verdadeiro amante da sabedoria, que mantenha de modo firme essa convicção – de que jamais alcançará uma sabedoria digna desse nome senão no outro mundo –, angustiado diante da morte? Não ficará ele jubiloso por fazer essa jornada? Assim o devemos supor, meu caro jovem; quer dizer, se ele for um verdadeiro filósofo, porque então ele terá a crença de que jamais alcançará a sabedoria em toda a sua pureza em nenhum outro lugar.[50]

O elemento que se destaca dessa passagem é a impressionante afirmação de que "os verdadeiros filósofos fazem da morte sua profissão". O mesmo pode ser dito de um importante aspecto da análise. Quando perseguimos a retirada das projeções, fazemos da morte nossa profissão.

Essas idéias de Platão levam diretamente à discussão de Jung, em *Mysterium Coniunctionis*, a respeito da *unio mentalis*. Ele descreve a *coniunctio* como algo que se processa em três etapas. Na primeira etapa da operação, a alma e o espírito unem-se um ao outro. O produto dessa união é então separado do corpo. Esta separação é experimentada como uma morte. Escreve Jung:

> A *unio mentalis*, a unidade interior que hoje denominamos individuação, ele (Dorn) a concebeu como um processo de equilíbrio psíquico

---

50. Platão, *Phaedo*, 67c-68b, in *The Collected Dialogues*.

de opostos "na superação do corpo", um estado de equanimidade que transcende a afetividade e o aspecto instintivo do corpo. Ao espírito que deve ser unido com a alma, chamou-o de "espiráculo da vida eterna", uma espécie de "janela para a eternidade" (Leibnitz)...

Mas para que ocorra sua reunião subseqüente, deve-se separar a mente (*mens*) do corpo — o que equivale à morte voluntária —, porque apenas coisas separadas podem unir-se. Obviamente, Dorn queria mencionar uma discriminação e dissolução do "composto", ao falar dessa separação (*distractio*); o estado composto era aquele no qual a afetividade do corpo exibia uma influência perturbadora sobre a racionalidade da mente. O objeto da separação era livrar a mente da influência dos "apetites corporais e das afeições do coração", bem como estabelecer uma posição espiritual que se sobrepusesse à turbulenta esfera do corpo. Isso leva, de início, a uma dissociação da personalidade e a uma violação do homem meramente natural. Esse passo preliminar, por si só uma clara mescla de filosofia estóica e psicologia cristã, é indispensável para a diferenciação da consciência. A psicologia moderna usa o mesmo procedimento ao tornar objetivos os afetos e instintos e ao confrontar a consciência com eles.[51]

Por conseguinte, a *unio mentalis* corresponde de modo preciso aos filósofos que fazem da morte sua profissão.

Nesse passo preliminar, deve-se mortificar o "homem natural", lembrando-o de que, nas palavras de Thomas Gray,

The boast of heraldry, the pomp of power,
And all that beauty, all that wealth e'er gave
Await alike the inevitable hour:
The paths of glory lead but to the grave.[52]

[A pompa do poder, o portento dos títulos, / Tudo que a beleza e a riqueza produzem, / Aguardam o inevitável momento: / Os caminhos da glória só conduzem ao túmulo.]

Ou, nas palavras do apóstolo Paulo: "Mortificai, pois, tudo o que pertence somente à vida terrena: a fornicação, a impureza, a paixão culposa, os maus desejos e, em especial, a cobiça, que é o mesmo que adorar um falso deus." (Colos., 3:5, JB.) De fato, essa assertiva deve ser tomada em sentido simbólico, e não de forma literal. Os desejos devem ser mortos em suas formas projetadas, de cunho obsessivo.

O encontro com o inconsciente é, quase por definição, uma dolorosa derrota. Em *Mysterium Coniunctionis*, encontramos uma das mais importantes frases escritas por Jung: "*A experiência do Si-mesmo sempre é uma derrota para o ego.*"[53] Noutra obra, ele diz: "A integração de conteúdos que sempre foram inconscientes e projetados envolve uma séria lesão do ego. A alquimia expressa isso por meio dos símbolos da morte, da mutilação ou do envenenamento, ou por meio da curiosa idéia da hidropsia."[54]

---

51. Jung, *Mysterium Coniunctionis*, CW 14, par. 670ss.
52. "Elegy Written in a Country Churchyard."
53. Jung, *Mysterium Coniunctionis*, CW 14, par. 788.
54. *The Practice of Psychotherapy*, CW 16, par. 472.

Essa "lesão do ego" é simbolizada pelo herói-sol aleijado ou que tem um membro amputado. É o sentido de Jasão como um *monosandolos* que perdeu a sandália quando transportava uma mulher desconhecida (Hera) sobre um rio. É também o sentido de Édipo, cujo nome significa "pés inchados". Certa feita, sonhei que *enquanto Jung fazia uma brilhante palestra, percebi que seu pé direito era defeituoso*.

A *mortificatio* é experimentada como derrota e fracasso. Desnecessário dizer que raramente alguém opta por ter essa experiência. Ela costuma ser imposta pela vida, quer a partir do interior quer do exterior. De certa maneira, podemos experimentá-la de modo indireto por meio do grande instrumento cultural da *mortificatio*, o drama trágico. Em alguns casos, o drama pode oferecer mais do que uma experiência indireta. Se o momento for propício, pode ter um efeito indutivo e dar início a um autêntico processo de transformação do indivíduo. Algo que escrevi em outra obra é relevante aqui:

> Gilbert Murray nos ofereceu uma valiosa descrição da origem e das características essenciais da tragédia clássica [citado em Harrison, *Themis*, 341ss]. Pensa ele que a tragédia grega começou como a representação ritual da morte e do renascimento do espírito do ano (equiparado com Dioniso) e que essa representação ritual exibia quatro aspectos principais. Em primeiro lugar, há o *ágone* ou combate, em que o protagonista, representante do espírito do ano, enfrenta a treva ou o mal. Em segundo, há um *pathos* ou paixão, na qual o herói padece do sofrimento e da derrota. Em terceiro lugar, um *threnos*, ou lamentação, pelo herói derrotado. Em quarto, há a *theophany*, um renascer da vida em outro plano, acompanhado por uma reversão da emoção, que vai do pranto ao júbilo. Essa seqüência é, em sua essência, a mesma do drama ritual de Osíris e de Cristo, cada um dos quais apresenta os aspectos característicos da morte e do renascimento do espírito do ano. Na tragédia grega posterior, a fase final, a teofania, quase desaparece, permanecendo, talvez, como simples sugestão. Em termos psicológicos, podemos dizer que a seqüência de passos que compõem o processo trágico envolve a superação do ego, a derrota da vontade consciente, para que o Si-mesmo, a epifania final, se manifeste.[55]

Os estágios de *pathos* e *threnos*, de sofrimento e derrota, correspondem à *mortificatio* alquímica; a *theophany*, por sua vez, ao corpo incorruptível renascido que surge do cadáver de Osíris. *Rei Lear*, de Shakespeare, é um exemplo particularmente bom de tragédia como *mortificatio*. Num texto citado antes, o ancião diz ser "apelidado o dragão". Da mesma maneira, no início da peça o irado rei Lear identifica-se com o dragão, ao dirigir a Kent as seguintes palavras: "Não te ponhas entre o dragão e sua ira" (ato 1, cena 1, linha 124). Em seguida, a peça se desenrola como uma retirada progressiva da autoridade, do poder e do controle das mãos do rei. A vontade do ego real é submetida a uma total *mortificatio*, que vai ao extremo da loucura. A partir do estado de *nigredo*, nasce a teofania da transformação de Lear. Por intermédio de sua loucura, ele vislumbra a psique transpessoal que agora está disposto a servir. Depois da derrota final diante das forças de Edmund, quando Lear e Cordelia são levados à prisão, vem, na surpreendente passagem abaixo, a teofania. Nesse ponto, a negra cabeça da morte se transforma em ouro:

---

55. Edinger, "The Tragic Hero: An Image of Individuation".

> *Come, let's away to prison:*
> *We two alone will sing like birds i' the cage:*
> *When thou dost ask me blessing, I'll kneel down*
> *And ask of thee forgiveness: so we'll live,*
> *And pray, and sing, and tell old tales, and laugh*
> *At gilded butterflies, and hear poor rogues*
> *Talk of court news; and we'll talk with them too,*
> *Who loses and who wins, who's in, who's out;*
> *And take upon's the mystery of things,*
> *As if we were God's spies: and we'll wear out,*
> *In a wall'd prison, packs and sects of great ones*
> *That ebb and flow by the moon.*
>
> (Ato 5, cena 3, versos 8-18.)

[Vem, marchemos para a prisão: / Nós dois cantaremos sozinhos, como aves na gaiola: / Quando me pedires a bênção, ajoelhar-me-ei, / E te pedirei que me perdoes: assim viveremos, / Oraremos, cantaremos, narraremos velhos casos, e sorriremos / De douradas borboletas e escutaremos pobres rogos com eles, / E falaremos da corte; e também conversaremos / Quem perde, quem ganha, quem chega, quem parte; / Descobriremos o mistério das coisas, / Como se fôssemos espiões de Deus: e faremos que se esgotem, / Numa prisão murada, os bandos e seitas dos grandes / Que, como a lua, vão e vêm.]

Com essa declaração, Lear ultrapassou os opostos. O Si-mesmo substitui o ego; o negrume se transforma em ouro. O poeta moderno Theodore Roethke descreve uma experiência paralela de nascimento do Si-mesmo a partir da *nigredo* em seu poema *"In a Dark Time"*:

> *In a dark time, the eye begins to see,*
> *I meet my shadow in the deepening shade;*
> *I hear my echo in the echoing wood —*
> *A lord of nature weeping to a tree.*
> *I live between the heron and the wren,*
> *Beasts of the hill and serpents of the den.*
>
> *What's madness but nobility of soul*
> *At odds with circumstance? The day's on fire!*
> *I know the purity of pure despair.*
> *My shadow pinned against a sweating wall.*
> *That place among the rocks — is it a cave,*
> *Or winding path? The edge is what I have.*
>
> *A steady stream of correspondences!*
> *A night flowing with birds, a ragged moon,*
> *And in broad day the midnight come again!*
> *A man goes far to find out what he is —*
> *Death of the self in a long, tearless night,*
> *All natural shapes blazing unnatural light.*
>
> *Dark, dark my light, and darker my desire.*
> *My soul, like some heat-maddened summer fly,*
> *Keeps buzzing at the sill. Which I is I?*
> *A fallen man, I climb out of my fear.*
> *The mind enters itself, and God the mind,*
> *And one is One, free in the tearing wind.*[56]

---
56. *The Collected Poems of Theodore Roethke*, p. 231.

[Numa época de trevas, os olhos começam a ver, / E encontro minha sombra na treva que se aprofunda; / Ouço minha voz ecoando na floresta – / Um senhor da natureza lamentando-se com uma árvore. / Vivo entre a *carriça* e a garça, / Entre as feras da montanha e as serpentes da caverna. // Que é a loucura, senão a nobreza da alma / Em disparidade com as circunstâncias? O dia está em chamas! / Conheço a limpidez do puro desespero. / Minha sombra presa num muro suarento. / Aquele lugar no meio das rochas – é uma gruta / ou um caminho sinuoso? O gume de uma espada é o que me resta. // Um fluxo estável de correspondências! Uma noite em que pássaros voam, uma lua maltrapilha, / E, em pleno dia, a meia-noite volta! / O homem caminha muito para descobrir o que ele é – / O eu morre, numa noite longa, impassível. / Todas as formas naturais refletem um brilho artificial. // Está escura, muito escura a minha luz, e mais escuro ainda o meu desejo. / Minha alma, qual mosca enlouquecida pelo estio, / Fica zumbindo na soleira da porta. Quem serei eu? / Homem decaído, recuo diante do meu medo. // A mente entra em si mesma, e Deus nela, / E um é Um, livre do vento cortante.]

Esse notável poema traça o percurso da completa autenticidade psicológica. Trata-se de uma expressão moderna da mesma experiência profunda de *Rei Lear,* quer dizer, deriva do mesmo arquétipo. A primeira estrofe fala das trevas, que trazem consigo um novo tipo de visão. O domínio do homem sobre a natureza se acaba. Recorrer a um vegetal [verso 4] é ação análoga à da cena de *Rei Lear* que se passa na urze. O inconsciente como natureza e como animal irrompeu na consciência. A segunda estrofe trata da loucura, o mesmo que Lear fez durante a tormenta. O que é a loucura? É uma alma em conflito com sua circunstância [versos 7 e 8]. É uma confusão entre a realidade interior e a realidade exterior. As ilusões estão se dissolvendo. Nosso lado sombrio está aprisionado [verso 10] e deve ser reconhecido. Os opostos surgem diante dos olhos e o ego deve ultrapassar o estreito limiar que há entre eles. A terceira estrofe fala de uma "forte torrente de correspondências" [verso 13]. Quando as profundezas do inconsciente se abrem, a "circunstância" se escancara, ocorrem sincronicidades e os sentidos transpessoais se manifestam – "as formas naturais revelam do falso brilho o açoite" [verso 18]. Na quarta estrofe, o autor perde sua identificação com seu próprio desejo e com sua "alma", isto é, com o inconsciente. Da mesma maneira como Lear, ele esteve preso a uma roda de fogo, num estado de identidade com as energias transpessoais do Si-mesmo. Nesse momento, ele se liberta e pode perceber que o Si-mesmo é distinto do ego. Como diz Roethke em outro poema (*"The Shape of Fire"*), "o redentor vem por um caminho sombrio".

Outra expressão poética da experiência da *mortificatio* está nos seguintes versos de *"East Coker"*, de T. S. Eliot:

> *I said to my soul, be still, and wait without hope*
> *For hope would be hope for the wrong thing; wait without love*
> *For love would be love for the wrong thing; there is yet faith*
> *But the faith and the love and the hope are all in the waiting.*
> *Wait without thought, for you are not ready for thought:*
> *So the darkness shall be the light, and the stillness the dancing.*
> . . . .
> *In order to arrive at what you do not know*
> *You must go by a way which is the way of ignorance.*

In order to possess what you do not possess
You must go by the way of dispossession.
In order to arrive at what you are not
You must go through the way in which you are not.
And what you do not know is the only thing you know
And what you own is what you do not own
And where you are is where you are not.

[Eu disse à minha alma: fica imóvel, e espera sem esperança / Pois seria esperar por uma coisa errada; espera sem amar / Pois seria amor por uma coisa errada; mas ainda há fé, / Embora a fé, o amor e a esperança estejam todos à espera. / Espera sem pensar; pois ainda não estás preparado para o pensamento: / Assim as trevas serão luz e a imobilidade, uma dança. / ... / A fim de chegares àquilo que não sabes, / Deves trilhar o caminho do não-saber. / A fim de tomares posse daquilo que não tens, / Deves trilhar o caminho do não-ter. / A fim de chegares àquilo que não és, / Deves percorrer o caminho em que não existes. / E aquilo que não sabes é tudo o que conheces / E aquilo que possuis é aquilo que não tens / E o lugar onde estás é onde não estás.]

A partir da experiência da treva e do vazio, pode acontecer o encontro com um companheiro interior.

Jung fala de uma experiência desse tipo:

> O estado de transformação imperfeita, em que apenas depositamos esperança e pelo qual apenas esperamos, não parece ser somente de tormento, mas de felicidade, se bem que oculta. É o estado de alguém que, em seus percursos por entre os labirintos de sua transformação psíquica, alcança uma felicidade secreta que o reconcilia com sua aparente solidão. Ao comungar consigo mesma, a pessoa encontra, não uma melancolia e um tédio mortais, mas um parceiro interior; e, mais do que isso, uma relação que se assemelha à felicidade de um amor secreto, ou de uma primavera oculta, quando a semente verde brota da terra infecunda, trazendo consigo a promessa de futuras colheitas. Trata-se da *benedicta viriditas*, a bendita verdura, que significa, de um lado, a "lepra dos metais" (*verdigris*), mas, de outro, a secreta imanência do divino espírito da vida em todas as coisas.[57]

A *mortificatio* nos leva de imediato ao conjunto de imagens vinculadas à Paixão de Cristo – seu escárnio, flagelação, tortura e morte (ver figura 6-15). Os alquimistas por vezes relacionavam de modo explícito o tratamento do material no vaso com o tratamento que Cristo recebeu. Por exemplo, diz um texto que: "Não é impróprio comparar com Cristo a situação do corpo putrefato do Sol ao jazer morto, inativo, como cinzas no fundo do frasco... Porque isso também aconteceu com o próprio Cristo, quando, no Monte das Oliveiras, bem como na cruz, foi ele queimado pelo fogo da divina ira (Mat., 26-27), tendo se queixado de que fora totalmente abandonado pelo seu Pai celestial..."[58]

Em outro texto encontramos:

> Mais uma vez, nosso composto químico... é submetido à ação do fogo, sendo decomposto, dissolvido e bem digerido; e da mesma maneira

---

57. Jung, *Mysterium Coniunctionis*, CW 14, par. 623.
58. *Ibid.*, par. 485.

como esse processo, antes de se consumar, apresenta várias mudanças cromáticas, assim também esse Divino Homem, e Deus Humano, Jesus Cristo, teve de suportar, pela vontade de seu Pai Celestial, o forno da aflição, isto é, muitos problemas, insultos e sofrimentos, no decorrer dos quais Seu aspecto exterior sofreu dolorosas modificações...

De igual modo, os Sábios deram ao nosso composto, enquanto passa pelo processo de decomposição, o nome de Cabeça do Corvo, em função de sua cor negra. Cristo também não tinha forma nem beleza (Isaías, 53) – era desprezado e rejeitado pelos homens –, um homem da tristeza, familiarizado com o sofrimento – tão desprezado que os homens, ao vê-lo, escondiam suas faces dele...[59]

Esta passagem vincula a *prima materia* torturada não só com Cristo, mas também com o servo sofredor de Isaías, que personifica o Sião e o Messias que viria.

FIGURA 6-15
A flagelação de Cristo. (Mair de Landshut, século XV. Londres, British Museum. Reproduzido em Hind, *An Introduction to a History of Woodcut*.)

59. Waite, trad., *The Hermetic Museum*, 1:101ss.

193

As seguintes palavras muito conhecidas de Jesus também fazem parte do simbolismo da *mortificatio:* "Se alguém quiser vir após mim, negue-se a si mesmo, tome sua cruz e siga-me. Porque aquele que quiser salvar a sua vida vai perdê-la; mas aquele que perder a sua vida por minha causa, vai encontrá-la.(Mat., 16: 24/25 – JB.)

Essa mesma idéia é expressa de maneira mais severa no seguinte escrito não-canônico de um texto gnóstico recém-descoberto: "Em verdade, vos digo, ninguém se salvará se não acreditar na minha cruz. Mas quem acreditar na minha cruz ganhará o reino de Deus. Portanto, sêde aqueles que buscam a morte, como os mortos que buscam a vida... Quando examinais a morte, ela voz ensina a escolher. Em verdade, vos digo, ninguém que tema a morte será salvo; porque o reino da morte pertence àqueles que se entregam à morte."[60]

Em termos psicológicos, podemos entender essa passagem como uma referência à lei dos contrários – o fato de a experiência inconsciente de um lado constelar seu contrário no inconsciente. Nas palavras de Goethe, *stirb und werde,* morre e se transforma. Na medida em que abraça continuadamente a morte, o ego constela a vida em profundidade. Esse fato está vinculado à psicologia do sacrifício. O exemplo alquímico excepcional do tema do sacrifício está nas visões de Zósimo, onde temos: "Sou Íon, o sacerdote dos santuários interiores, e me submeto a um tormento insuportável. Porque, pela manhã, veio alguém apressado que tomou conta de mim, que me fez em pedaços com a espada, e que me desmembrou de acordo com a regra da harmonia. E ele me tirou a pele da cabeça com a espada, que vibrou com força, e misturou os ossos com os pedaços de carne, fazendo-os arder no fogo da arte, até que percebi, pela transformação do corpo, que me tornara espírito".[61]

Íon, o sacerdote dos santuários interiores, é uma personificação da *prima materia* e da Pedra Filosofal. É, a um só tempo, aquele que sacrifica e a vítima do sacrifício. Nesse sentido, corresponde à figura de Cristo tal como a descreve a Epístola aos Hebreus: "Cristo, porém, veio, como sumo sacerdote de todas as bênçãos vindouras. Passou por uma tenda maior e mais perfeita, que é melhor do que aquela feita pelas mãos dos homens, porque não pertence a esta criação; e ele entrou uma vez por todas no santuário, levando consigo não o sangue de bodes e de novilhos, mas seu próprio sangue, tendo obtido para todos nós uma redenção eterna." (Heb., 9: 11-12 – JB.)

Íon, o sacerdote que se submete a um tormento insuportável, é algo que remete a uma notável passagem de uma carta inédita de Jung:

> O problema da crucifixão é o início da individuação; aí reside o significado secreto do simbolismo cristão, um caminho de sangue e de sofrimento – semelhante a qualquer outro passo na estrada da evolução da consciência humana. Pode o homem suportar um aumento adicional de consciência?... Confesso que me submeti ao divino poder desse problema aparentemente insuportável e, de maneira consciente e intencional, tornei minha vida miserável, porque eu queria que Deus ficasse vivo e livre do

---

60. *The Nag Hammadi Library,* pp. 31s.
61. Jung, *Alchemical Studies, CW* 13, par. 86.

sofrimento que o homem colocara sobre ele ao amar mais sua própria razão do que as intenções secretas de Deus.[62]

A idéia de tornar a própria vida miserável é uma doutrina difícil. Devemos lembrar, contudo, que Jung fala, nessa carta, a uma pessoa particular. Há muitas evidências de que ele ajustava seu modo de falar à realidade da pessoa a quem se dirigia. Por exemplo, ao falar com um índio americano seu amigo, Lago da Montanha, Jung lhe disse acreditar que pertencia a uma tribo que criava gado das montanhas. Dessa maneira, suspeito que essa carta foi feita sob medida para a psicologia da pessoa a quem foi dirigida. Não obstante, seu modo de expressão nos oferece um ângulo de visão novo. Prestar atenção ao inconsciente significa tornar a vida miserável, de maneira deliberada, a fim de criar condições para que a psique autônoma funcione com maior liberdade. Nada tem a ver com o masoquismo, afigurando-se antes como uma participação consciente no processo de atualização da Divindade. Nas palavras de Meister Eckhart: "O sofrimento é por si só uma preparação suficiente para que Deus habite o coração do homem... Deus sempre está com o homem que sofre; como ele mesmo declarou pela boca do profeta: 'Aquele que estiver coberto de tristeza, me terá consigo'." (Provavelmente Jer., 31: 25.)[63]

Lembro-me de uma mulher que, ao longo de sua vida, teve mais do que uma parcela razoável de sofrimento e frustração. Ela lutou por muitos anos na análise para aceitar seu destino e vencer sua amargura. Seus esforços terminaram coroados de êxito com um sonho que continha a seguinte imagem:

Vejo uma árvore que foi derrubada por um raio. Contudo, parecia que a árvore não tinha sido totalmente destruída, mas que alguma parte da energia elétrica havia penetrado nela e ao seu redor, provocando o surgimento de uma fertilidade incomum.

Esse sonho a fez recordar-se de um sonho precedente, no qual um bode havia sido sacrificado. Num desenho que fez com base no sonho, o sangue do bode sacrificado fertiliza a vegetação circundante (ver figura 6-16). De fato, essa mulher exerce um efeito favorável sobre seu próprio ambiente circundante. Trata-se de uma talentosa professora, tendo sua longa *mortificatio* aumentado e amadurecido seus talentos. O sonho da árvore atingida por um raio exibe semelhança com um sonho que Jung teve em 1914:

Um frio monstruoso descera outra vez dos espaços cósmicos. Esse sonho, contudo, teve um final inesperado. Havia uma árvore com folhas, mas sem fruto (minha árvore da vida, imaginei), cujas folhas haviam sido transformadas, devido ao frio, em bagos açucarados de uva, cheios de um suco capaz de curar. Eu colhia as uvas, oferecendo-as a uma grande multidão que aguardava.[64]

---

62. Adler, "Aspects of Jung's Personality and Work", p. 12.
63. *Meister Eckhart*, 1:263.
64. Jung, *Memories, Dreams, Reflections*, p. 176.

Como foi mencionado, a *mortificatio* alquímica apresenta paralelos bem próximos do conjunto de imagens referentes à Paixão de Cristo. Na realidade, esses dois elementos são expressões do mesmo arquétipo. Todavia, as atitudes da alquimia e da fé religiosa com relação à imagem de Cristo revelam-se deveras diferentes entre si. Jung toma um grande cuidado para estabelecer essa distinção no seguinte trecho:

> Se experimenta seu próprio eu, o "verdadeiro homem", em sua obra, então... o adepto encontra a analogia do verdadeiro homem – Cristo – numa forma nova e direta, e reconhece, na transformação em que está diretamente envolvido, uma semelhança com a Paixão. Não se trata de uma "imitação de Cristo", mas do seu exato oposto, uma assimilação da imagem de Cristo em seu próprio eu, que é o "verdadeiro homem". Já não é um esforço, uma labuta intencional para atingir a imitação, mas antes uma experiência involuntária da realidade representada pela lenda sagrada... A Paixão acontece ao adepto, não em sua forma clássica..., mas na forma expressa pelo mito alquímico. A substância arcana sofre as torturas físicas e morais... Não é o adepto quem sofre tudo isso, é antes *ela* que as sofre nele, *ela* é torturada, *ela* passa pela morte e renasce. Tudo isso ocorre, não ao próprio alquimista, mas sim ao "verdadeiro homem", que o alquimista sente estar próximo de si, bem como em si, e, ao mesmo tempo, na retorta.[65]

FIGURA 6-16
Desenho de uma paciente.

---

65. Jung, *Mysterium Coniunctionis*, CW 14, par. 492.

Para concluir, como ficou implícito, num texto citado precedentemente, o motivo da *mortificatio* do rei tem uma aplicação para a psique coletiva. Nossa imagem coletiva de Deus encontra-se submetida a uma *mortificatio*, tal como o indica a frase "Deus está morto". A psique coletiva está passando, dessa maneira, por uma *nigredo*. Jung faz alusão a isso em sua interpretação das expressões agostinianas "conhecimento matutino" e "conhecimento noturno". O conhecimento matutino é o conhecimento do criador; o conhecimento noturno é o conhecimento das coisas criadas. Aquele sabe a respeito de Deus; este, a respeito da humanidade. O primeiro é religião e este último ciência. A transição do conhecimento matutino para o noturno corresponde ao fato de que "toda a verdade espiritual pouco a pouco se torna algo material, passando a ser um mero instrumento na mão do homem".[66] À medida que mais e mais coisas passam para o controle racional do ego, o conhecimento matutino da humanidade vai se tornando crescentemente sombrio. Como diz Jung: "O homem moderno já se encontra de tal modo obscurecido que nada que ultrapasse a luz do seu próprio intelecto ilumina o mundo. '*Occasus Christi, passio Christi.*' Esta é com certeza a razão pela qual ocorrem tão estranhas coisas em nossa tão louvada civilização, que mais se assemelha a um *Gotterdammerung* do que a um crepúsculo normal."[67]

"Mas da mesma maneira como a noite faz nascer a manhã, assim também das trevas nasce uma nova luz, a *stella matutina,* que é, ao mesmo tempo, estrela da noite e estrela da manhã – Lúcifer, o portador da luz."[68] Nos termos do simbolismo dos sete dias da criação e dos sete dias da semana, pensava-se que cada dia afasta o homem um pouco mais do seu conhecimento matutino até que "as trevas crescentes alcançam sua maior intensidade no dia de Vênus (sexta-feira) e se transformam em Lúcifer no dia de Saturno. [*Saturday*]. O sábado anuncia a luz que aparece com força plena no dia do sol [*Sunday*] ... O *Sabbath* é, por conseguinte, o dia em que o homem retorna a Deus e recebe novamente a luz do *cognitio matutina* (conhecimento matinal). E esse dia não tem noite".[69]

---

66. *Alchemical Studies, CW* 13, par. 302.
67. *Ibid.*
68. *Ibid.*, par. 299.
69. *Ibid.*, par. 301.

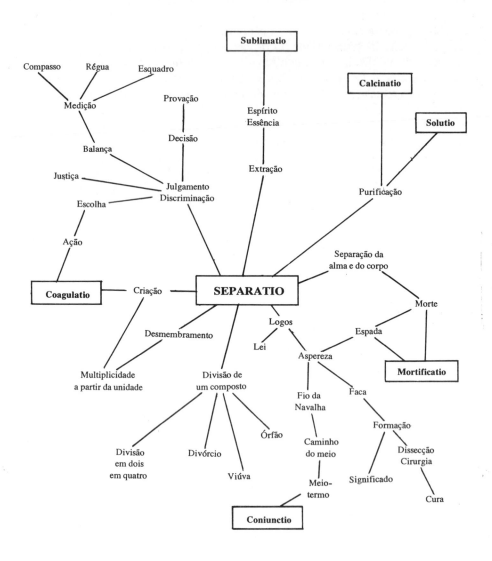

7 Separatio

Considerava-se a *prima materia* um composto, uma confusa mistura de componentes indiferenciados e opostos entre si, composto esse que requeria um processo de separação. Os vários processos químicos e físicos realizados no laboratório alquímico fornecem imagens para esse processo. Extraía-se metal do minério puro por meio do aquecimento, da pulverização ou de vários recursos químicos. Muitas substâncias, ao serem aquecidas, dividem-se numa parte volátil, que se torna vapor, e num resíduo terroso que permanece. Os amálgamas, por exemplo, quando submetidos ao aquecimento, liberam seu mercúrio como vapor e deixam o metal não-volátil no fundo do frasco. O processo de destilação separa um líquido mais volátil de um menos volátil e a evaporação separa um solvente líquido do sólido nele dissolvido. A filtração, a sedimentação e, talvez, a própria centrifugação grosseira estavam ao alcance do alquimista.

Em todos esses exemplos, uma mistura composta passa por uma discriminação de suas partes componentes. Produz-se a ordem a partir da confusão, num processo análogo ao do nascimento do cosmos a partir do caos nos mitos da criação. Não é de admirar, por conseguinte, que muitos mitos cosmogônicos descrevam a criação como *separatio* (ver figura 7-1). Por exemplo, Ovídio descreve a criação da seguinte maneira:

> Antes de o mar, as terras e o céu que está acima de todos existirem, a face da Natureza era uma só em toda a sua abóbada, estado que os homens denominaram caos: uma massa grosseira e desordenada de coisas, nada senão resíduos sem vida e sementes aguerridas de elementos mal ajustados unidos num todo. O sol ainda não brilhava sobre o mundo, nem a lua crescente renovava seus flexíveis chifres; da mesma maneira, a terra ainda não se sustentava por si mesma no ar circundante, nem o oceano estendera seus braços pelas amplidões das terras. E, embora houvesse terra, mar e ar, ninguém podia percorrer essa terra, nem nadar nesse mar, e o ar era sombrio. As formas das coisas se encontravam em constante mutação; todos os objetos estavam errados, porque, num só corpo, coisas frias se chocavam com coisas quentes, o úmido com o seco, coisas duras com coisas moles, coisas pesadas com coisas sem peso.
>
> Deus – ou a delicadíssima Natureza – ordenou essa confusão; porque separou a terra do céu, e o mar da terra, e apartou os céus etéreos da densa atmosfera. Tendo então libertado esses elementos, tirando-lhes o jugo do cego amontoado de coisas, ele os colocou a cada um em seu próprio lugar e os prendeu vigorosamente em harmonia.[1]

---

1. Ovídio, *Metamorphoses*, I, bloco 1, linhas 5-25.

FIGURA 7-1
Deus criando o mundo. (Ilustração de manuscrito, século XIII. Viena, Austrian National Library. Reproduzida em Clark, *Civilization*.)

Marie-Louise von Franz afirma que os mitos da criação costumam iniciar-se com um ovo cósmico e que

> depois de ter sido criado, o ovo é dividido, em geral em duas partes... Encontramos com freqüência o mesmo motivo da separação da unidade pré-consciente em conexão com a separação dos primeiros pais. Em muitos mitos cosmogônicos, os primeiros pais, Pai Céu e Mãe Terra, por exemplo, primeiramente existem num contínuo abraço. Formam, por assim dizer, um ser hermafrodita em permanente coabitação. Nesse estado, nada pode vir a existir, porque Pai Céu está tão próximo de Mãe Terra que não há espaço para que algo cresça entre eles... O primeiro ato da criação é, portanto, a separação desse casal divino, que os afasta o bastante para que seja criado um espaço para o resto da criação. Isso pode ser comparado com o corte do ovo.[2] (Ver figura 7-2.)

---

2. von Franz, *Patterns of Creativity Mirrored in Creation Myths*, p. 150.

FIGURA 7-2
Cortando o ovo filosófico. (Maier, *Atalanta fugiens*, 1618.)

Um exemplo de separação dos Pais do Mundo é o seguinte mito egípcio da criação:

> Shu era a personificação da atmosfera e seu nome, que significa "elevar", derivou do seu importantíssimo ato mitológico, a separação de seus filhos, Geb, a terra, e Nut, o céu, que resultou na criação do mundo tal como o homem o conheceu. Seguindo as ordens de Rá ou, de acordo com alguns, espicaçado por um incestuoso ciúme, Shu atira-se entre Geb e Nut, desfazendo assim seu forte abraço. Alternativamente, diz-se que Shu recebeu de Rá a ordem de apoiar Nut quando esta, como uma vaca, ficara atordoada depois de elevar Rá até as alturas celestiais.
>
> Costumava-se representar Shu como um homem barbudo de pé ou ajoelhado sobre Geb, com os braços levantados para amparar Nut. Trazia na cabeça uma pena de avestruz, o hieróglifo do seu nome, ou quatro grandes plumas, simbolizando as quatro colunas do céu que sustentavam Nut. Era por vezes representado como um leão ou como uma coluna de ar.
>
> Afirmava-se também que o nome de Shu significa "estar vazio", recebendo ele, em alguns textos, o tratamento de vazio deificado. Em outros textos, era-lhe atribuída maior importância: na qualidade de deus do ar, via-se Shu, nos textos posteriores, como a personificação da inteligência divina. E ele assim se tornou o agente imediato da criação de Atom, e, portanto, a encarnação do supremo poder de Atom. Shu foi, desse modo, o deus que iniciou a criação, formando o mundo por meio da separação entre o céu e a terra.[3] (Ver figura 7-3.)

---

3. Ions, *Egyptian Mythology*, p. 46.

FIGURA 7-3
A separação entre o céu e a terra: Nut elevada acima de Geb por Shu. (Desenho baseado numa ilustração contida em A. Jeremias, *Das Alte Testament im Lichte des Alten Orients*. Leipzig, 1904. Turim, Egyptian Museum. Reproduzido em Neumann, *The Origins and History of Consciousness*.)

Os textos alquímicos falam da separação entre a terra e o céu como de algo que se processa na retorta. Por exemplo, Ripley diz o seguinte:

Separation thus must thou oft times make,
Thy matter dividing into parts two;
So that the Simple from the gross thou take
Till earth remain beneath in color blue,
That earth is fix for to abide all woe:
The other part is Spiritual and fleeing,
But thou must turn them all into one thing.[4]

[Portanto, deves fazer a separação muitas vezes, / Decompondo a tua matéria em duas partes; / Para que o simples nasça do grosseiro / Até que a terra, embaixo, se torne azul. / Essa terra é fixa, para arrostar todo horror: / A outra parte é Espiritual e fugidia, / Mas deves transformar a ambas numa só coisa.]

Mais uma vez lemos, na *Tábua da Esmeralda:* "Separa a terra do fogo, o sutil do denso, com delicadeza e com grande ingenuidade."[5] Em termos psicológicos, o resultado da *separatio* pela divisão em dois é a *consciência dos contrários*. Trata-se de uma característica essencial da consciência emergente.

---

4. Ashmole, org., *Theatrum Chemicum Britannicum*, p. 140.
5. Cf. *The Lives of the Alchemystical Philosophers*, p. 383.

Na evolução da consciência ocidental, os opostos (*enantia*) foram descobertos pelos filósofos pré-socráticos. Os pitagóricos estabeleceram uma tabela de dez pares de opostos:[6]

1. limite (*peras*) : ilimitado (*ápeiron*)
2. ímpar (*peritton*) : par (*ártion*)
3. um (*hen*) : muitos (*plethos*)
4. direita (*dexion*) : esquerda (*aristeron*)
5. macho (*arren*) : fêmea (*thelu*)
6. repouso (*eremoun*) : movimento (*kinoumenon*)
7. reto (*euthu*) : curvo, torto (*kampulon*)
8. luz (*phos*) : treva (*skotos*)
9. bom (*agathon*) : ruim (*kakon*)
10. quadrado (*tetragonon*) : oblongo (*heteromekes*)

O significado psicológico da descoberta dos opostos dificilmente pode ser superestimado. Da mesma maneira como os números, os contrários recém-descobertos se revestiam, no modo de ver dos antigos, de uma aura de numinosidade. O mundo fora separado e, entre os opostos apartados, fora criado o espaço, o ambiente para a vida e para o crescimento do ego consciente.

A *separatio* elemental que dá ensejo à existência consciente é a separação entre sujeito e objeto, entre o eu e o não-eu. Esse é o primeiro par de opostos. Shu só pode separar Ged de Nut depois de alcançar uma separação precedente de si mesmo com relação a eles. Shu significa, portanto, o ego primordial, o divisor de opostos, que cria o espaço para a existência da consciência. Na medida em que os opostos permanecem inconscientes e não-separados, vivemos num estado de *participation mystique,* que significa a identificação com um dos lados de um par de opostos e a projeção do seu contrário com um inimigo. O espaço para a existência da consciência surge *entre* os opostos, o que significa que nos tornamos conscientes de ser capazes de conter e de suportar os opostos em nosso interior.

Um importante aspecto da psicoterapia é o processo da *separatio,* cujo componente mais relevante é a separação entre sujeito e objeto. O ego imaturo é notório pelo seu estado de *participation mystique* tanto com o mundo interior como com o mundo exterior. Um ego nessa condição deve passar por um prolongado processo de diferenciação entre sujeito e objeto. À medida que isso ocorre, a desidentificação com outros pares de opostos também ocorre.

O alquimista diz: "Separa a terra do fogo, o sutil do denso." Em termos psicológicos, pode-se aplicar isso à separação entre os aspectos literais e concretos de uma experiência e a libido e o significado simbólico interior que estão a ela vinculados – isto é, uma separação entre os componentes subjetivos e objetivos dessa experiência. Um problema comum na psicoterapia é o conflito e a ambivalência no tocante a uma decisão prática. Devo aceitar este emprego? Devo fazer esta mudança? Devo me casar ou divorciar? A base desses conflitos costuma ser uma falta de distinção entre os significados

---

6. Aristóteles, *Metaphysics*, 986a 22, *in The Basic Works of Aristotle*.

concreto e simbólico da ação proposta. Pode ser, por exemplo, que uma pessoa obcecada pela idéia do divórcio, mas incapaz de agir, esteja sendo instada a realizar uma separação psíquica do cônjuge, um divórcio simbólico, em vez de um divórcio literal. De qualquer maneira, o concreto e o simbólico são dois níveis diferentes de realidade que é preciso distinguir e considerar em separado. Quando isso é feito, a decisão objetiva costuma ser facilmente tomada.

A criação via *separatio* também é descrita como divisão em quatro. Diz Paracelso: "Na criação do mundo, a primeira separação começou com os quatro elementos, quando a primeira matéria do mundo era o caos. Desse caos, Deus fez o Mundo Superior, separado em quatro elementos distintos, Fogo, Ar, Água, Terra."[7] Mais uma vez, no *Golden Treatise of Hermes*, lemos: "Compreendei então, ó filhos da sabedoria, que o conhecimento dos quatro elementos dos antigos filósofos não era buscado de modo corporal nem com imprudência, pois eles devem ser descobertos pela paciência, de acordo com suas causas e com sua operação oculta... Sabei então que a divisão que era feita sobre a Água, pelos antigos filósofos, a separa em quatro substâncias."[8]

Essas passagens remontam ao relato de Platão no *Timaeus*, no qual ele fala do caos no processo de criação

> como sendo pleno de poderes que não eram semelhantes nem igualmente equilibrados, jamais estava em nenhum lugar num estado de equiparação, mas variava de modo irregular aqui e ali, foi sacudido por eles, e pelo seu movimento também os sacudiu; e os elementos, quando movimentados, foram separados e levados continuamente, alguns de uma forma, outros de outra. Da mesma maneira como os grãos são pilados e joeirados por joeiras e outros instrumentos usados no tratamento do trigo, e as partículas próximas e pesadas são separadas e se fixam numa dada direção, e as partículas afastadas e leves seguem outra direção, assim também os quatro tipos ou elementos foram então pilados pelo vaso receptor.[9]

Um relato mais complexo da criação por *separatio* está em Filo, conforme o sumário de Goodenough:

> Deus projeta o Logos, que é o princípio de unidade e que, ao mesmo tempo, recebe o peculiar nome de "Cortador". O Logos-Cortador forma primeiro o mundo inteligível (mundo de formas arquetípicas) e depois o mundo material, de acordo com a maneira e o modelo do mundo inteligível. A matéria crua, que é também um dado da criação, primeiramente foi bisseccionada pelo Logos-Cortador em leveza e peso, os quais também foram bisseccionados para produzirem quatro, que se tornaram os quatro elementos. Cada um deles foi outra vez dividido: a terra em continente e ilhas; a água em doce e salgada, etc. O processo de divisão manteve-se até produzir objetos animados e inanimados, frutos silvestres e cultivados, animais selvagens e domésticos, macho e fêmea, e todo o

---

7. Waite, trad., *Hermetic and Alchemical Writings*, p. 160.
8. *The Golden Treatise of Hermes*, in Atwood, *Hermetic Philosophy and Alchemy*, p. 106.
9. Platão, *Timaeus*, in *The Collected Dialogues*, p. 1179.

resto. Em todos os casos, a divisão não foi só uma separação, mas uma reunião, porque o Logos era tanto a Cola como o Cortador; isto é, era o princípio da coesão que faz do Universo uma unidade apesar de suas múltiplas divisões.[10]

Essa passagem é notável por sua lealdade aos opostos na descrição do princípio cosmogônico. O que aqui chama-se Logos é, na verdade, Logos-Eros, porque não era só uma extremidade cortante como também uma cola. Esse modo de pensar é absolutamente alquímico e corresponde a algumas das descrições paradoxais do Mercurius.[11]

O motivo da divisão em quatro elementos corresponde, em termos psicológicos, à aplicação das quatro funções a uma dada experiência. A sensação nos diz quais são os fatos. O pensamento determina os conceitos gerais em que os fatos podem ser situados. O sentimento nos diz se gostamos ou não dos fatos. A intuição sugere a possível origem dos fatos, aquilo para que podem levar e os vínculos que podem ter com outros fatos; ela apresenta possibilidades, e não certezas.

É importante separar as quatro funções. Por exemplo, a reação que o sentimento desperta em nós diante de um fato não deve ser empecilho à nossa capacidade de ver sua existência; ou então não se deve confundir uma possibilidade com uma certeza. Embora não se possa equiparar de modo preciso os quatro elementos com as quatro funções, há um paralelo aproximado. Há uma aproximação semelhante com os quatro naipes do tarô: espadas, paus, copas e pentagrama (ver figura 7-4). Cada um desses padrões quádruplos é uma encarnação particular do arquétipo da Quaternidade, que estrutura a matéria indiferenciada. De modo específico, os quatro elementos representam os quatro graus diferentes de agregação da matéria, variando entre a energia desencorporada (fogo) e a plena solidez (terra). É de se presumir que haja graus análogos de agregação da substância psíquica a serem elucidados.

Cada área recém-encontrada do inconsciente requer um ato cosmogônico de *separatio*. Cada novo aperfeiçoamento da *prima materia* requer uma ação aguda do "Logos-Cortador" de Filo. A criação da consciência requer que novos conteúdos sejam retirados do inconsciente. O sonho de um homem de meia-idade, dotado de múltiplos talentos e ambições, e dividido entre diferentes profissões e diferentes objetivos de vida, ilustra essa questão:

Partes de um mapa deviam ser cortadas e montadas. Era necessária uma lâmina afiada. No sonho, eu não conseguia afiar o bastante a lâmina.

O sonhador precisava de um contato com o Logos-Cortador melhor do que havia conseguido até então.

Espadas, facas e lâminas bem afiadas de todos os tipos pertencem ao simbolismo da *separatio*. É por certo significativo o fato de um dos primeiros

---

10. Goodenough, *An Introduction to Philo Judaeus*, pp. 107s.
11. Jung, *Alchemical Studies*, CW 13, par. 267.

FIGURA 7-4
Os ases dos quatro naipes do tarô: espadas, paus, copas e pentagrama. (Tarô de Marselha.)

utensílios dos seres humanos aborígenes ser uma lâmina cortante. O Logos é o grande agente de *separatio,* que traz consciência e poder sobre a natureza – interior e exteriormente – graças à sua capacidade de dividir, nomear e categorizar. Um dos seus símbolos principais é a lâmina que pode disseccionar e diferenciar, e, ao mesmo tempo, matar. Ao separar os opostos, o Logos traz clareza; mas, ao torná-los visíveis, traz também o conflito. Um exemplo desse simbolismo paradoxal é o clássico texto de *separatio* dos Evangelhos: "Eu não vim trazer a paz, mas uma espada. Porque vim colocar um homem contra seu pai, e uma filha contra sua mãe, e uma nora contra sua sogra; e os inimigos do homem serão aqueles de sua própria casa."(Mat., 10: 34-36, RSV.) (Ver figura 7-5.)

Uma versão ainda mais rigorosa dessa mesma idéia está no texto gnóstico do *Evangelho de Tomé.* "Disse Jesus: 'Talvez os homens pensem que eu vim para trazer paz à terra. Eles não sabem que eu vim para trazer discórdia à terra: fogo, espada e guerra. Haverá cinco numa casa: três contra dois e dois contra três; pai contra filho e filho contra pai. E ficarão solitários.'"[12]

Cristo, o Si-mesmo como Logos-Cortador, vem para dissecar ou desmembrar a *participation mystique* da psique familiar ("os inimigos do homem serão aqueles da sua própria casa"). A versão gnóstica afirma de modo explícito que o alvo é fazer o indivíduo ("e ficarão solitários").

A *separatio* pode ter como expressão imagens de morte ou de assassinato. Os sonhos de morte e os desejos de morte dirigidos contra uma pessoa particular com freqüência indicam a necessidade de separação de um relacionamento de identificação inconsciente que se tornou sufocante. Um processo de *separatio* pode ser anunciado pelo aumento do conflito e do antagonismo num relacionamento antes amigável. Se faltar aos envolvidos uma compreensão daquilo que estão experimentando, o processo pode tornar-se perigoso ou mesmo violento. Isso será provável, em especial, se um relacionamento de identificação inconsciente estiver no caminho de uma premência ativada de individuação. Um homem numa situação dessas sonhou:

É noite. Há uma sensação de que a madrugada se aproxima. Dois pastores vestidos de pele de cordeiro, que portam cajados e que têm aparência idêntica, estão num caminho de montanha. Há um intenso brilho em seus olhos que indica estarem eles conscientes da necessidade de seguirem caminhos distintos. Um tem o ar do desejo de vingança e o outro tem um sentimento de tristeza. Eles se abraçam e se beijam mutuamente na face com um beijo de paz, e aquele que tinha um sentimento de tristeza começa a subir a montanha. O outro pastor faz uma pausa e o olha como se dissesse: "Eu poderia ter te matado!"; e então se vira e desce a montanha; a madrugada chegara.

Este sonho retrata o aspecto puramente arquetípico do processo da *separatio,* ativado entre o sonhador e um amigo seu. Desprovido de características pessoais, é como se o sonho estivesse falando ao ego acerca da perda

---

12. *The Nag Hammadi Library,* p. 120.

FIGURA 7-5
O Cristo do Apocalipse. (Dürer. Reproduzido em *The Complete Woodcuts of Albrecht Dürer*.)

do seu amigo, do mesmo modo como John Milton escreveu seu poema *Lycidas* para lamentar o afogamento de Edward King, ou como Shelley escreveu seu *Adonais* quando da morte de John Keats. Revela-se aqui o padrão arquetípico que se acha oculto no evento pessoal, algo que situa num contexto mais amplo esse evento, traz conforto ao aflito e ilumina a tragédia por meio do sentido. Esses sonhos costumam surgir quando a situação é particularmente perigosa. Parece que, como ocorre com todos os instintos, a sabedoria arquetípica é evocada em tempos de maior necessidade.

Éris, a Deusa da Discórdia e irmã de Ares, preside a *separatio*. Sem ser convidada, ela foi a um casamento no Olimpo e atirou, no meio da reunião, uma maçã com a inscrição: "Para a mais bela." Assim, provocou o julgamento de Páris. As comparações são odiosas, e foi isso que a maçã dourada provocou. Determinar o que é "mais" e o que é "o melhor" requer julgamentos e a eles leva. Essas ações perturbam a *participation mystique* da situação vigente e geram conflito, mas podem levar a uma consciência maior. Diz Heráclito: "A guerra (entre os opostos) é o pai de todos e o rei de todos, e a alguns mostra como deuses, a outros como homens; a alguns faz escravos, a outros livres."[13] (Ver figura 7-6).

FIGURA 7-6
Peleja entre Sol e Luna. (*Aurora Consurgens*, século XIV. Zurique, Zentralbibliothek, Cod. rhenovacensis 172, fol. 10. Reproduzido em Derola, *The Secret Art of Alchemy*.)

A maçã dourada de Éris produziu comparação, julgamento, escolha e guerra. O ônus recaiu sobre Páris, a vítima humana da passagem divina de responsabilidade, devendo ele fazer um julgamento entre Hera, Atena e Afrodite. O inocente pastor viu-se diante de uma provação da condição de

---

13. Kirk e Raven, *The PreSocratic Philosophers*, p. 195.

homem, que o levou a escolher seu valor de vida central entre o poder, o conhecimento e a beleza. Sua escolha foi um ato de *separatio* e fez com que passasse para o próximo estágio de desenvolvimento. Num quadro alquímico (ver figura 7-7), o julgamento de Páris é acompanhado pelo despertar de um rei adormecido. Isso sugere que esse ato de julgamento pode trazer à consciência uma vinculação com o Si-mesmo.

FIGURA 7-7
O despertar do rei adormecido como julgamento de Páris. (Tomás de Aquino [pseud.], "De Alchemia", século XVI. Leiden, Bibliothek der Rijksuniversiteit, Cod. Vossianus 29, fol. 78. Reproduzido em Jung, *Psychology and Alchemy*.)

A *separatio* pode ser aplicada erroneamente, situação em que será destrutiva. É impróprio dividir mecanicamente um todo orgânico em nome de uma noção arbitrária de igualdade. Páris tentou fugir à sua responsabilidade sugerindo que a maçã fosse dividida em três partes iguais, mas isso não foi permitido. Há uma idéia semelhante na história do julgamento de Salomão. Duas mulheres se apresentaram a Salomão, cada uma delas afirmando ser a mãe da mesma criança.

"Trazei-me uma espada", disse o rei; e uma espada foi levada à presença do rei. "Cortai o menino vivo em duas partes", ordenou o rei, "e dai metade a uma e metade à outra." Então a mulher que era a mãe da criança viva, porque estava cheia de piedade pelo filho suplicou ao rei: "Se vos agrada, meu senhor", disse ela, "que dêem a ela a criança; mas não pensem em matá-lo!" E a outra disse: "Que ele não seja de nenhuma de nós. Cortai-o." E o rei tomou sua decisão: "Dai o menino à primeira mulher", disse ele, "e não o mateis. Ela é a mãe." Toda Israel soube da sentença que o rei havia pronunciado e todos lhe demonstraram muito respeito, reconhecendo que ele possuía sabedoria divina para dispensar justiça. (1 Reis, 3: 24-28 – JB.)

Um todo vivo não pode ser dividido em parcelas iguais para satisfazer pontos de vista opostos entre si. Trata-se de um perigo para aquele que conhece a teoria da união dos opostos, mas não conhece sua realidade viva. Uma impressionante imagem de *separatio* desastrosa está no canto 28 do *Inferno* de Dante, em que os semeadores da discórdia são submetidos à mutilação eterna, promovida por afiadas lâminas (ver figura 7-8):

> *No cask without an end stave or a head*
> *E'er gaped so wide as one shade I beheld,*
> *Cloven from chin to where the wind is voided.*
> *Between his legs his entrails hung in coils;*
> *The vitals were exposed to view, and too*
> *That sorry paunch which changes food to filth.*
> *While I stood all absorbed in watching him*
> *He looked at me and stretched his breast apart,*
> *Saying: "Behold, how I now split myself!*
> *Behold, how mutilated is Mahomet!*
> *In front of me the weeping Ali goes,*
> *His face cleft through from forelock to the chin;*
> *And all the others that you see about*
> *Fomenters were of discord and of schism:*
> *And that is why they are so gashed asunder.*
> *"A demon stands behind here, unrelenting,*
> *Who tricks us cruelly; for every one*
> *Must taste again the keenness of his blade*
> *When he has trod the path of anguish round;*
> *And all the wounds are healed and well again*
> *Ere one of us may pass once more before him."*[14]

[Qual tonel desfeito em arcos / Lá no fundo mostrava-se um pecador, / O corpo todo aberto se lhe via do queixo aos intestinos. / Entre as pernas trazia as entranhas; / Exibidos os pulmões e / O feio saco onde o alimento se torna excremento. / Estava a contemplá-lo, tomado de horror / Quando ele para mim gritou, abrindo mais o esfacelado seio: / Repara como tenho lacerado o peito! / Vê quão estropiado ficou Maomé! / Precede-me na marcha e nos lamentos Ali, / Que traz desfeito o rosto, do mento à testa; / E todos os mais que por aqui percebes / Foram em vida semeadores de cismas e de escândalos: / Ora fendidos, sofrem penar cruento. / "Demônio impiedoso, armado de espada, nos persegue / E nos mutila, a nenhum dos pecadores / Deixando de aplicar o fio da arma. / No fim do giro completo desta dolorosa estrada, / As feridas se fecham / Antes que se volte a defrontá-lo".]

---

14. Dante, *The Divine Comedy*, trad. de Lawrence Grant White, p. 49. [Texto em português retirado de *A Divina Comédia*, da Editora Cultrix, p. 102, tradução de Hernani Donato.]

FIGURA 7-8
Cismáticos. (Doré, *Ilustrações para* A Divina Comédia *de Dante*.)

Esta passagem me faz lembrar de certas pessoas que só contam com a afiada lâmina do intelecto racional para compreenderem a terna e sensível vida de sua alma. Seu auto-exame é uma perpétua tortura de autodissecção.

A medição, a contagem, o ato de pesar e a consciência quantitativa em geral pertencem à operação de *separatio*. O mesmo ocorre com a aritmética aplicada, as imagens geométricas de linhas, planos e sólidos, bem como com os procedimentos do agrimensor e do navegador de fixação de fronteiras, de medição de distâncias e de estabelecimento de localizações dentro de um sistema de coordenadas. Assim, o compasso, a régua, o esquadro, as escalas, o sextante e o fio de prumo pertencem à *separatio,* tal como o fazem os relógios e outras formas de cálculo do tempo. As próprias categorias do espaço e do tempo, fundamento de existência consciente, são produtos da *separatio* (ver figura 7-9).

Os antigos tinham alta estima pelas suas percepções recém-descobertas no referente aos números, à medição e às relações entre quantidades. A proporção e a média entre extremos evocavam um fascínio particular. De acordo com o relato de Platão, o Demiurgo criou o mundo por meio da proporção.[15] Os primeiros geômetras atribuíam uma significação especial a

---

15. *Timaeus,* 31b-32c, in *The Collected Dialogues,* p. 1163.

FIGURA 7-9
O alquimista como geômetra. (Maier, *Atalanta Fugiens*, 1618.)

uma proporção ideal alcançada pela chamada *secção áurea*.* Isso é feito pela bissecção de uma linha de uma dada magnitude de maneira tal que a parte menor fique para a parte maior do mesmo modo como esta está para o todo. Assim, se uma linha de comprimento c for dividida numa parte menor a e numa parte maior b, a proporção será $a/b = b/c$; b será o chamado meio termo. Considerava-se essa proporção como a mais bela.

A secção áurea é um símbolo de *separatio* muito interessante. Expressa a idéia de que há uma maneira particular de separar os opostos que vai criar uma terceira coisa (a proporção ou média entre eles) de grande valor. O valor é indicado pelo termo "áureo" e pela suposta beleza da proporção. A mesma imagem da média serviu a Aristóteles, num contexto ético, para definir a natureza da virtude. Escreve ele: "A virtude moral é uma média. É uma média entre dois vícios, um que envolve o excesso e o outro, a deficiência. Ela assim é porque seu caráter a leva a buscar aquilo que é intermediário nas paixões e nas ações... Por essa razão também não é tarefa fácil ser bom. Porque, em todas as coisas não é tarefa fácil encontrar o meio, por exemplo, encontrar o meio de um círculo não é para todos, mas para aquele que sabe."[16]

A imagem do meio-termo pode ser psicologicamente entendida como uma expressão simbólica da relação entre o ego e o Si-mesmo. Isso explica a numinosidade da idéia da secção média para os antigos. Essa tênue parábola geométrica contém o mesmo mistério do dogma da Trindade cristã.

---

* *Golden section. (N.T.)*
16. Aristóteles, *Nicomachean Ethics*, in *The Basic Works of Aristotle*, p. 963.

213

Não é apenas a virtude que se associa com uma média ou equilíbrio entre os opostos, mas também o direito (*jus*) e a justiça. A balança na mão da personificação tradicional da Justiça indica que a justiça é um equilíbrio entre os opostos (ver figura 7-10). A natureza é justa, mas o surgimento da consciência separa os opostos e é, de acordo com os mitos, um crime. Anaximandro diz: "As coisa perecem naquelas coisas das quais nasceram, de acordo com o que é ordenado; porque elas dão reparação umas às outras e pagam a pena de sua injustiça segundo a disposição do tempo."[17] Cornford interpreta isso como significando que "cometeu-se uma injustiça pelo próprio fato do seu nascimento numa existência distinta. O mundo múltiplo, na visão de Anaximandro, só pode surgir pelo roubo e pela apropriação indébita".[18] Em outras palavras, a separação dos opostos é o crime original, e a justiça só pode ser servida pela sua reconciliação. Isso é alcançado pela morte ou, talvez, como alternativa, pela individuação.

FIGURA 7-10
A justiça. (Tarô de Marselha.)

---

17. Citado em Cornford, *From Religion to Philosophy*, p. 8.
18. *Ibid.*, p. 10.

214

Do mesmo modo como o estabelecimento do limite, da medida e da linha produziu a ordem a partir do caos, assim também uma perda das fronteiras pode reverter o processo. Emerson descreve uma situação dessas nos seguintes versos do seu poema Uriel. Uriel dirigiu-se aos deuses e

> *Gave his sentiment divine*
> *Against the being of a line.*
> *"Line in nature is not found;*
> *Unit and universe are round;*
> *In vain produced, all rays return;*
> *Evil will bless, and ice will burn."*
> *As Uriel spoke with piercing eye,*
> *A shudder ran around the sky;*
> *The stern old war-gods shook their heads,*
> *The seraphs frowned from myrtle-beds;*
> *Seemed to the holy festival*
> *The rash word boded ill to all;*
> *The balance-beam of Fate was bent;*
> *The bounds of good and ill were rent;*
> *Strong Hades could not keep his own,*
> *But all slid to confusion.*[19]

[Externou seu sentimento divino / Contra a existência da linha. / "A linha não é encontrada na natureza; / A Unidade e o universo são redondos; / Retornam os raios, produzidos em vão; / O mal será bênção e o gelo irá arder." / Uriel falou, com o olhar cortante, / Logo que um tremor cruzou todo o céu; / Os fortes deuses da guerra agitam a cabeça, / Serafins censuram de seus berços de murta; / Ao empíreo pareceu / Que o insulto trouxe a tudo a maldição; / O braço da balança do Destino foi inclinado / As cadeias do bem e do mal foram despedaçadas; / O forte Hades já não contém os seus. / E todas as coisas se confundiram.]

O poema de Robert Frost, *Mending Wall*, toma o mesmo tema – isto é, o conflito entre o sentimento do autor ("Há algo que não gosta de um muro") e a idéia do seu vizinho de que "boas cercas fazem bons vizinhos".[20] O excesso de preocupação com a *separatio* constela seu oposto, a *coniunctio*, e Mercurius passa de Logos-Cortador a Eros-Cola.

Outro aspecto da *separatio* é veiculado pelo termo *"extractio"*. A extração é um caso particular de separação. Ruland diz: "A extração é a separação entre a parte essencial e seu corpo."[21] Uma vívida descrição da *extractio* é apresentada na seguinte receita: "Vai às águas do Nilo e ali encontrarás uma pedra que tem um espírito (*pneuma*). Toma-a, divide-a, transpassa-a e retira-lhe o coração; porque sua alma (*psyche*) está no coração."[22]

A imagem da extração a partir da uma pedra também está presente em Ripley:

---

19. Emerson, "Uriel", in *Selected Writings of Ralph Waldo Emerson*, p. 764.
20. Frost, "Mending Wall", in *Complete Poems of Robert Frost*, p. 47. ["Something there is that doesn't love a wall" // "Good fences make good neighbors".]
21. Ruland, *A Lexicon of Alchemy*, p. 139.
22. Citado por Jung, *Psychology and Alchemy*, CW 12, par. 405.

And of this separation I find a like figure
Thus spoken by the prophet in the Psalmody.
God brought out of a stone a flood of water pure,
And out of the hardest stone oil abundantly:
Right so of our precious stone if thou be witty,
Oil incombustible and water thou shalt draw.[23]

[E dessa separação encontrei uma como figura / Assim descrita pelo profeta nos Salmos: / De uma pedra fez Deus brotar um rio de água pura, / E da pedra mais dura, óleo em abundância: / Da mesma forma, se conhecesses nossa preciosa pedra, / Dela extrairias óleo incombustível e água.]

Esse texto provavelmente se refere ao Salmo 8, versículo 15 (RSV): "Ele abriu rochas no deserto e deu-lhes de beber abundantemente como de um poço profundo. Ele fez rios jorrarem da rocha e fez as águas fluírem para baixo como correntes." (Ver figura 7-11.) A outra referência pode ser Jó, 29: 5-7 (RSV): "Quando o Todo-Poderoso ainda estava comigo... quando seus passos eram lavados com leite e a rocha jorrava para mim torrentes de óleo."

FIGURA 7-11
Moisés tirando água da pedra. (Biblia Pauperum Bavaria, 1414. Munique, Bayerische Staatsbibliothek, Clm. 8201, fol. 86v. Reproduzida em Evans, *Medieval Drawings*.)

Esses textos que falam da extração do espírito, de água e de óleo de uma pedra expressam eventos miraculosos e paradoxais, razão pela qual se referem ao Si-mesmo. O agente miraculoso é a Pedra Filosofal, identificada pelas associações bíblicas com Iahweh. Quando os fatos pétreos do mundo produzem significado vivo (tal como ocorre nos eventos de sincronicidade), vislumbramos o alvo da *opus*. Para que isso aconteça, é preciso extrair o espírito, o significado e a libido da matéria – isto é, dos objetos concretos pelos quais ansiamos.

---

23. Ashmole, org., *Theatrum Chemicum Britannicum*, p. 139.

A separação entre espírito e matéria é uma característica importante de muitas religiões e filosofias. Por exemplo, o capítulo décimo terceiro do *Bhagavad Gita* intitula-se "The Book of Religion by Separation of Matter and Spirit" e termina com os seguintes versos:

That Ultimate, High Spirit, Uncreate,
Unqualified, even when it entereth flesh
Taketh no stain of acts, worketh in naught!
Like to th' etherial air, pervading all,
Which, for sheer subtlety, avoideth taint,
The subtle Soul sits everywhere, unstained:
Like to the light of the all-piercing sun
(Which is not changed by aught it shines upon)
The Soul's light shineth pure in every place;
And they who, by such eye of wisdom, see
How Matter, and what deals with it, divide;
And how the Spirit and the flesh have strife,
Those wise ones go the way which leads to Life![24]

[O espírito Imperecível, Supremo, Incriado, / Inqualificado, mesmo quando se encarna / Não contrai a mácula dos atos, que tentam atingi-lo em vão! / Como o ar etéreo, que tudo permeia, / E que, pela sua extrema finura, mantém à distância toda depravação, / A Alma sutil está em toda parte, imaculada: / Como a luz do sol que a tudo ilumina / (Que não é mudada por nada daquilo sobre que brilha) / A luz da Alma brilha pura por toda parte; / E aqueles que, com os olhos da sabedoria, a vêem / Como a Matéria, e aquilo que a ela está ligado, estão divididos; / E como o Espírito e a carne lutam entre si, / Esses sábios trilham o caminho que conduz à Vida!]

Nos textos citados acima, descreveu-se a *separatio* como a separação entre a terra fixa e o espírito volátil, entre o denso e o sutil e entre o espírito e a pedra que o aprisionava. Outra expressão disso é a separação entre a alma e o corpo. Por exemplo, Kelly fala do momento "em que a alma do ouro foi separada do seu corpo, ou em que o corpo, em outras palavras, foi dissolvido".[25] A separação entre a alma e o corpo é sinônimo de morte.[26] Por exemplo, diz Platão: "Acreditamos – não é verdade? – que a morte é a separação entre a alma e o corpo, e que o estado do morto é o estado em que o corpo é separado da alma e existe sozinho, por si mesmo, e em que a alma é separada do corpo e existe sozinha, por si mesma."[27]

Como se indicou no capítulo precedente, a *separatio* está intimamente vinculada ao simbolismo da *mortificatio,* o que significa que a *separatio* pode ser experimentada como morte. A extração do espírito da pedra ou da alma do corpo corresponde à extração do sentido ou do valor psíquico a partir de um objeto ou situação concretos e particulares. O corpo – isto é, a manifestação do conteúdo psíquico – então morre. Isso corresponde à retirada de uma projeção, a qual, se for de monta, envolve um processo de lamentação. Assim,

---

24. *The Song Celestial or Bhagavad Gita*, p. 121. [Em português, Editora Cultrix, ver *O cântico do Senhor e*, da Editora Pensamento, *Bragavad Gita* e *A mensagem do Mestre*].
25. Kelly, *The Alchemical Writings of Edward Kelly*, pp. 133s.
26. Jung, *The Practice of Psychotherapy*, CW 16, fig. 7.
27. Platão, *Phaedo*, 64c, *in Plato*, 1:223ss.

217

a morte de uma pessoa amada é um aspecto da individuação. A morte de um pai, de um irmão ou irmã, de um filho, de um amante, de um cônjuge, é uma crise de individuação que desafia os estados elementares de identificação e de *participation mystique*. O vínculo inconsciente do ego com o Si-mesmo encontra-se imerso nessas identificações primárias e esta é a razão pela qual uma morte desse tipo é essencial. Ela levará, quer a um aumento da percepção do Si-mesmo, quer a efeitos negativos, regressivos e até fatais, caso o potencial para a consciência seja abortado. Não é incomum, depois de uma grande aflição, que o sobrevivente morra pouco depois, devido a suicídio, a um acidente ou a uma doença fatal.

As imagens da viúva, do viúvo ou do órfão pertencem a esse simbolismo.[28] Eles são pessoas separadas que estão a caminho do "indivisível". Os antigos filósofos gregos preocupavam-se com a idéia de uma magnitude *(atomon megethos)*, a que se poderia chegar por uma série infinita de divisões. O objetivo da *separatio* é alcançar o indivisível, isto é, o indivíduo.[29] Para Anaxágoras, a entidade indivisível é o Nous, que também inicia o processo da *separatio*. Cito por extenso seu importante Fragmento 12 (Diels):

> Todas as outras coisas compartilham de uma porção de tudo, ao passo que o Nous é infinito e regido por si mesmo; e com nada se mistura, sendo sozinho, ele mesmo por si mesmo. Porque, se ele não fosse por si mesmo, mas fosse misturado com alguma outra coisa, partilharia de todas as coisas se fosse misturado com alguma delas; porque em tudo há uma porção de tudo, como eu disse antes, e as coisas misturadas com ele o atrapalhariam, de modo que ele não teria poder sobre nada, ao contrário do que ocorre agora, em que é sozinho por si mesmo. Porque ele é a mais delicada de todas as coisas e a mais pura, e tem todo o conhecimento sobre tudo e a maior força; e o Nous tem poder sobre todas as coisas, tanto maiores quanto menores, que têm vida. E o Nous teve poder sobre toda a revolução, de maneira que começou a revolver-se no princípio. E ele começou a revolver-se, de início, a partir de um pequeno princípio; mas agora a revolução se estende sobre um espaço mais amplo, e se estenderá sobre um espaço mais amplo ainda. E todas as coisas que se acham misturadas, separadas e distintas são, todas elas, conhecidas do Nous. E o Nous colocou em ordem todas as coisas que viriam a ser, bem como todas as coisas que eram e hoje não são e todas as coisas que hoje são, e essa revolução em que hoje se revolvem as estrelas, o sol e a lua, assim como o ar e o éter que estão separados. E essa revolução causou a separação, e o rarefeito é separado do denso, o quente do frio, a luz da treva e o seco do úmido. E há muitas porções em muitas coisas. Mas nada é totalmente separado ou distinto de tudo o mais, exceto o Nous. E todo Nous é igual, tanto o maior quanto o menor, enquanto nenhuma outra coisa é igual a qualquer coisa, mas cada coisa simples é e foi de forma mais manifesta as coisas de que tem mais em si.[30]

---

28. Jung, *Mysterium Coniunctionis*, CW 14, pars. 13ss.
29. A palavra "indivíduo" é cognata da palavra "viúva". Ver Edinger, *Ego and Archetype*, p. 163. [*Ego e Arquétipo*, Editora Cultrix, 1988.]
30. Burnet, *Early Greek Philosophy*, pp. 259s.

O Nous de Anaxágoras pode ser entendido em termos psicológicos como o Si-mesmo em seu aspecto dinâmico, que é, a um só tempo, a fonte e o objetivo da operação de *separatio*.

Um texto muito interessante relativo à *separatio* está no relato de Hipólito a respeito da doutrina de Basilides, o Gnóstico:

> Todos os eventos da vida de Nosso Senhor ocorrem... diz ele, para que Jesus pudesse tornar-se as primícias da distinção das diferentes ordens (dos objetos criados) que estavam confundidas. Porque, quando o mundo foi dividido numa Ogdôada, que é a cabeça de todo o mundo... e numa Hebdômada... o Demiurgo das entidades subjacentes, e nesta ordem de criaturas (que prevalece) entre nós, onde existe o Amorfo, foi exigido que as várias ordens de objetos criados que haviam sido confundidas entre si fossem distinguidas por um processo de separação realizado por Jesus... Jesus, pois, tornou-se as primícias da distinção das várias ordens de objetos criados, e sua Paixão não ocorreu por outro motivo senão pela distinção que foi assim estabelecida entre as várias ordens de objetos criados que haviam sido confundidas.[31]

Esse texto assume especial importância porque Jung usou uma parcela dele como uma divisa para o seu livro *Aion*. O texto sugere a interessante idéia psicológica de que a Paixão de Cristo promove uma separação de conteúdos pessoais e arquetípicos ("várias ordens de objetos criados"). Isso remete a outra imagem de *separatio,* do Evangelho de Lucas, em que Jesus diz: "Eu via Satanás cair do céu como um relâmpago." (10: 18, JB.) Jung afirma, a respeito desta passagem: "Nessa visão, um evento metafísico tornou-se temporal: ele indica a separação histórica e – pelo que sabemos – final entre Iahweh e o seu filho das trevas. Satanás é banido do céu e já não tem a oportunidade de envolver seu pai em empreendimentos dúbios."[32]

O advento do simbolismo cristão trouxe consigo uma separação decisiva dos opostos, do bem e do mal, na Cabeça de Deus. Cristo ofereceu a si mesmo como sacrifício (oferenda) para aplacar o lado irascível de Iahweh, e assim provocou a separação entre este e Satanás (veja figura 7-12). Ao mesmo tempo, segundo o texto gnóstico, ocorreu uma "distinção das várias ordens de objetos criados que haviam sido confundidas". Entendo que isso significa ter a Paixão de Cristo purgado o ego humano mediante a separação entre os conteúdos pessoais e transpessoais, que tinham sido confundidos numa mistura inflada.

Outro poderoso documento relativo à *separatio* também foi produzido em nome de Basilides, a saber, o inspirado escrito de Jung intitulado "Sete sermões aos mortos". A parte relevante é a seguinte:

> A nossa própria natureza é distinção. Se não formos fiéis a essa natureza, não nos distinguiremos o suficiente. Por conseguinte, temos que fazer distinções de qualidades.
>
> Qual o prejuízo, perguntareis, em não se distinguir a si mesmo? Se não nos distinguimos, ultrapassamos nossa própria natureza,

---

31. Hipólito, "The Refutation of All Heresies", in *The Ante-Nicene Fathers,* 5:109.
32. Jung, *Psychology and Religion, CW* 11, par. 650.

FIGURA 7-12
Crucifixão e juízo final. (H. Van Eyck, Nova York, The Metropolitan Museum of Art. Reproduzida em *Masterpieces of Painting in the Metropolitan Museum of Art*.)

afastando-nos da criatura. Caímos na indistinção, que é a outra qualidade do pleroma. Caímos no próprio pleroma e cessamos de ser criaturas. Entregamo-nos à dissolução no nada. Essa é a morte da criatura. Portanto, morremos na medida em que não nos distinguimos. Daí o esforço natural da criatura para alcançar a distinção, para lutar contra a perigosa igualdade primeva. Dá-se a isso o nome de PRINCIPIUM INDIVIDUATIONIS. Esse princípio é a essência da criatura. A partir dele podeis ver por que a falta de distinção e o indistinto são um grande perigo para a criatura.

Devemos, portanto, distinguir as qualidades do pleroma. Essas qualidades são *Pares de Opostos,* tais como:

O efetivo e o inefetivo
Plenitude e vácuo
Vivo e morto
Diferença e igualdade
Luz e treva
O quente e o frio
Força e matéria
Tempo e espaço
Bem e mal
Beleza e fealdade
O um e o múltiplo, etc.

Os pares de opostos são qualidades do pleroma que não existem, pois cada oposto contrabalança o outro. Como somos o próprio pleroma, também possuímos todas essas qualidades em nós. Por ser a distinção a própria base da nossa natureza, possuímos essas qualidades, por conseguinte, em nome da distinção e como sinal da distinção, o que significa que:

1. Essas qualidades são distintas e separadas umas das outras em nós, razão pela qual não são contrabalançadas e nulas, mas efetivas. Assim sendo, somos as vítimas dos pares de opostos. O pleroma está dividido em nós.
2. As qualidades pertencem ao pleroma, e apenas em nome da distinção e como sinal dela podemos e devemos possuí-las ou vivê-las. Devemos distinguir-nos das qualidades. No pleroma, elas estão equilibradas e anuladas, mas não em nós. Sermos distintos delas nos liberta.

Quando nos empenhamos no bem ou no belo, esquecemos nossa própria natureza, que é distinção, e nos damos às qualidades do pleroma, que são pares de opostos. Labutamos para alcançar o bem e o belo e, não obstante, ao mesmo tempo, também nos apossamos do mal e da fealdade, já que estes formam, no pleroma, uma unidade com o bem e o belo. Quando, porém, somos fiéis à nossa natureza, que é distinção, nos distinguimos do bem e do belo e, por isso, ao mesmo tempo, distinguimo-nos do mal e da fealdade. E, assim, não caímos no pleroma, isto é, no nada e na dissolução.[33]

Uma profunda expressão do arquétipo da *separatio* é encontrada no simbolismo do Juízo Final. A noção de um julgamento depois da morte está presente em quase todas as culturas. Em termos psicológicos, essa idéia pode ser compreendida como uma projeção, no além-túmulo, de um encontro

---

33. Jung, *Memories, Dreams, Reflections* (Nova York, Vintage, 1963), Apêndice 5, pp. 380ss. (Esse Apêndice não está incluído na edição em capa dura.)

221

antecipado com o Si-mesmo, encontro que determinará se alcançamos ou não a condição de indivisibilidade. De acordo com a antiga religião egípcia, a alma do morto era pesada numa balança, que tinha no outro prato uma pena, símbolo de Maat, a Deusa da Verdade. Se houvesse equilíbrio, o falecido era escoltado vitoriosamente até a presença de Osíris. Se não houvesse, a alma servia de alimento a um monstro que aguardava (ver figura 7-13).

FIGURA 7-13
A alma do morto é pesada na balança. (Retirado do papiro de Ani, The British Museum. Reproduzida em Budge, *The Gods of the Egyptians*.)

FIGURA 7-14
O arcanjo Miguel pesando almas. (Van der Weyden, século XV, Borgonha, Hospice de Beaume. Reproduzido em Brandon, *The Judgement of the Dead.*)

Os Evangelhos apresentam outra versão da *separatio* no Juízo Final: "Quando o Filho do Homem vier em sua glória, trazendo todos os santos anjos consigo, ele se assentará sobre o trono de sua glória: E diante dele serão congregadas todas as nações: e ele as separará umas das outras, como um pastor aparta dos cabritos as ovelhas: E ele colocará as ovelhas à direita e os cabritos à esquerda." (Mat., 25: 31-33, AV.)

O texto nos diz ainda que as ovelhas herdarão o reino, ao passo que os cabritos serão enviados para o fogo eterno. Isso pode ser entendido outra vez como um encontro com o Si-mesmo transferido para o além-túmulo. É como se o Juízo Final separasse os completos dos incompletos. Os incompletos são submetidos a uma *calcinatio* adicional e, talvez, a outras operações (ver figura 7-14).

A despeito do aparente caráter final das versões egípcia e cristã do Juízo Final, a *separatio*, segundo a alquimia, não é um processo final. Ela é descrita como uma operação inicial ou intermediária que é um requisito para a *coniunctio* superior. A *Aurora Consurgens* diz: "... uma certa purificação de coisas precede o trabalho de perfeita preparação, que por alguns é chamada administração ou limpeza (*mundificatio*), por outros, retificação, e por outros ainda limpeza (*ablutio*) ou separação."[34] Kelly cita Avicena: "Purifica marido e mulher separadamente, a fim de que possam unir-se de modo mais íntimo; porque, se não os purificares, eles não podem amar um ao outro."[35] Esses textos afirmam que a *separatio* deve preceder a *coniunctio*; falam também da *separatio* como uma operação de purificação. Isso corresponde, do ponto de vista psicológico, ao fato de as atitudes contaminadas por complexos inconscientes nos darem a nítida impressão de estarmos maculados ou sujos. Diz Kelly:

> Quando a alma do ouro for separada do seu corpo, ou quando o corpo, em outras palavras, for dissolvido, o corpo da Lua deve ser umedecido com seu próprio mênstruo e reverberado... Porque, a não ser que a lua ou a Terra sejam adequadamente preparadas e esvaziadas por inteiro de sua alma, não será próprio que recebam a Semente Solar; mas, quanto mais plenamente a terra for purificada de sua impureza e do seu estado de terra, tanto mais vigorosa ela será na fixação do seu fermento. Essa terra ou a lua dos Sábios é o tronco sobre a qual o ramo solar dos Sábios é enxertado.[36]

---

34. Von Franz, *Aurora Consurgens*, pp. 94ss.
35. Kelly, *The Alchemical Writings of Edward Kelly*, p. 35.
36. *Ibid.*, pp. 133s.

O produto da purificação da terra é a chamada "terra branca foliada".[37] Esta é então unida ao "sol" purificado ou ao princípio do "ouro" pela receita: "Semeia teu ouro na terra branca."[38] Os dois protagonistas – sol e lua, marido e esposa, terra e espírito – representam todos os pares de opostos. Devem ser purificados por inteiro da contaminação mútua, o que significa um diligente e prolongado escrutínio dos próprios complexos de cada pessoa. Terminada a *separatio*, os opostos purificados podem ser reconciliados na *coniunctio*, que é o alvo da *opus*.

---

37. Citado em Jung, *Mysterium Coniunctionis*, CW 14, par. 154, n. 181.
38. Maier, *Atalanta Fugiens*, citado por Read in *Prelude to Chemistry*, diante da p. 57, Ver figura 4-10, p. 103.

8 Coniunctio

A *coniunctio* é o ponto culminante da *opus*. Em termos históricos, assim como psicológicos, ela apresenta um aspecto extrovertido e um aspecto introvertido. O fascínio dos alquimistas com a *coniunctio* do lado extrovertido promoveu um estudo do milagre da combinação química e levou à química moderna e à física nuclear. Do lado introvertido, esse fascínio gerou o interesse pelo conjunto de imagens e pelos processos inconscientes, levando à psicologia profunda do século XX.

Os alquimistas tiveram a oportunidade de testemunhar em seus laboratórios muitos exemplos de combinação química e física, na qual duas substâncias se unem para criar uma terceira substância com propriedades distintas. Essas experiências forneceram importantes imagens para a fantasia alquímica. Um impressionante exemplo de combinação física é a fusão de metais derretidos e, em particular, a formação de amálgamas pela união do mercúrio com outros metais. A imagem alquímica comum do sol e da lua entrando na fonte mercurial teve sua origem na dissolução de ouro e prata no mercúrio. No reino da combinação química, um marcante exemplo acessível aos alquimistas é a união do mercúrio com o enxofre para formar o sulfato de mercúrio vermelho (Hg + S → HgS). Essa reação química pode ter sido a imagem de laboratório original que sustentou a idéia da pedra vermelha dos filósofos.

Quando se tenta compreender o rico e complexo simbolismo da *coniunctio*, é aconselhável distinguir entre duas fases: uma *coniunctio* inferior e uma superior. A *coniunctio* inferior é uma união ou fusão de substâncias que ainda não se encontram completamente separadas ou discriminadas. É sempre seguida pela morte ou *mortificatio*. A *coniunctio* superior, por outro lado, é o alvo da *opus*, a suprema realização. Na realidade concreta, esses dois aspectos se acham combinados. A experiência da *coniunctio* é quase sempre uma mistura dos aspectos inferior e superior. Todavia, é útil distinguir entre os dois para propósitos descritivos.

A *CONIUNCTIO* INFERIOR

A união dos opostos que foram separados de maneira imperfeita caracteriza a natureza da *coniunctio* inferior. O produto resultante é uma mistura contaminada que deve ser submetida a procedimentos adicionais. O produto da *coniunctio* inferior é retratado como um elemento morto, mutilado ou fragmentado (uma sobreposição com o simbolismo da *solutio* e da *mortificatio*). Por exemplo, tratando do casamento entre a Mãe Béia e seu filho Gabrício, diz um texto: "Mas estas bodas, que começaram com a expressão de grande alegria, terminaram na amargura da tristeza. 'Dentro da própria flor já viceja o cancro torturante: Onde há mel, aí há fel, onde há seio com leite, aí o tumor.' Pois 'quando o filho dorme com a mãe, ela o mata num ataque como a víbora'."[1]

Aqui estamos no território familiar do complexo de Édipo. Entretanto, para o alquimista, a mãe era a *prima materia* e produzia cura e rejuvenescimento, bem como morte. Essa imagem da *coniunctio* refere-se a uma fase do processo de transformação, a morte, a ser seguida, tem-se a esperança, pelo renascimento. Por certo, representa-se aqui o aspecto perigoso da *coniunctio*. O filho-ego imaturo é eclipsado e ameaçado com destruição quando abraça ingenuamente o inconsciente maternal. Mas outras imagens indicam que um eclipse desses pode ser impregnador e rejuvenescedor.

Outro texto, já citado, fala da mulher que mata o marido enquanto este se acha envolto em seu abraço:

> Entretanto, os Filósofos entregaram à morte a mulher que mata o marido, porque o corpo daquela mulher está repleto de armas e de veneno. Cave-se para aquele dragão um túmulo, e que essa mulher seja com ele sepultada, estando ele fortemente acorrentado àquela mulher; quanto mais a atar e se rolar ao seu redor, tanto mais ele será feito em pedaços pelas armas femininas que são criadas no corpo da mulher. E, quando se vir misturado com os membros da mulher, ele terá certeza da morte e será inteiramente transformado em sangue. Mas, quando os Filósofos o virem transformado em sangue, eles o deixarão por alguns dias ao sol, até sua moleza ser consumida e o sangue secar, e eles acharem aquele veneno. O que então aparecer será o vento escondido.[2]

Esse texto requer elucidação. Tal como ocorre com os sonhos, as imagens são fluidas e se entrepenetram. Quem é o dragão que deve ser fortemente acorrentado à mulher? É, ao que parece, o marido que a mulher mata. A seqüência do texto sugere que, à medida que deitar com a mulher, o marido se torna dragão; ou, alternativamente, à medida que se deitam juntos, o aspecto dragontino do relacionamento instintual (luxúria) é constelado. A *coniunctio* que se segue é um desmembramento do dragão (forte desejo primitivo) e tem como seqüência a transformação deste em espírito (o vento escondido). (Ver figura 8-1.)

---

1. Citado por Jung, *Mysterium Coniunctionis*, CW 14, par. 14.
2. *Ibid.*, par. 15.

A passagem que precede imediatamente o texto acima citado prova que a mulher cujo abraço mata está associada com a luxúria. Diz ele:

> Da mesma maneira, aquela mulher, fugindo dos próprios filhos, com os quais vive embora um tanto a contragosto, não obstante, não suporta ser dominada, nem que seu marido lhe possua a beleza, esse marido que a ama com fúria, e que se mantém desperto querelando com ela, até ter intercurso carnal com ela; e Deus fez o feto perfeito, quando multiplica crianças para si mesmo conforme lhe apraz. Sua beleza, portanto, é consumida pelo fogo, que não se aproxima de sua esposa, exceto em razão da luxúria.[3]

FIGURA 8-1
O dragão mata a mulher e esta o mata. (Maier, *Atalanta Fugiens*, 1618.)

A luxúria como algo que lacera traz à mente o grande Soneto 129 de Shakespeare:

Th' expense of spirit in a waste of shame
Is lust in action; and, till action, lust
Is perjured, murd'rous, bloody, full of blame,
Savage, extreme, rude, cruel, not to trust;
Enjoyed no sooner but despised straight;
Past reason hunted, and no sooner had,
Past reason hated as a swallowed bait
On purpose laid to make the taker mad;

---

3. Waite, trad., *Turba Philosophorum*, p. 178, *dictum* 59.

> *Mad in pursuit, and in possession so;*
> *Had, having, and in quest to have, extreme;*
> *A bliss in proof, and proved, a very woe,*
> *Before, a joy proposed; behind, a dream.*
> *All this the world well knows, yet none knows well*
> *To shun the heaven that leads men to this hell.*

> [Gasto de espírito é a luxúria consumada,
> E gasto vergonhoso; até passar à ação
> Ela perjura e mata; é bárbara e culpada,
> Rude, extrema, sangrenta e cheia de traição;
> Relegada ao desprezo logo que fruída;
> Buscada além do juízo, e, assim que desfrutada,
> Acima da razão odiada; isca engolida,
> Só para enlouquecer o engolidor armada;
> Insana ao perseguir, e assim na possessão,
> Extrema ao ter, depois de ter, e quando à espera,
> Bênção na prova, mas provada, uma aflição,
> Antes uma alegria, após, uma quimera:
> > Tudo isso o mundo sabe, embora saiba mal
> > Como evitar o céu que leva a inferno tal.]*

Esse é o soneto em que Shakespeare apresenta a *coniunctio* negativa, devendo ser contrastado com o Soneto 116, que é positivo, citado adiante neste capítulo. Observe-se a interação de opostos tão característica do simbolismo da *coniunctio*: desfrutar / desprezar; buscado / odiado; razão / loucura; bênção/mal; céu/inferno.

A mulher que mata o marido com seu abraço aparece no texto apócrifo do Livro de Tobias. Sara, que vai casar-se com Tobias, teve sete maridos antes dele. Toda noite de núpcias, quando o marido se recolhia à alcova com sua esposa, o demônio Asmodeu o matava. Sete maridos sucessivos tinham morrido dessa forma. Rafael, anjo da guarda de Tobias, dá-lhe instruções específicas sobre como lidar com esse perigo. A caminho da casa da noiva, Tobias encontra um enorme peixe, que pula da água em suas mãos. Tobias é instruído a matar o peixe e a extrair seu coração, seu fígado e seu fel. Na noite de núpcias, ele deve queimar o coração e o fígado do peixe como uma oferenda de incenso para protegê-lo do maligno demônio. O fel deve ser aplicado aos olhos do seu pai cego a fim de devolver-lhe a visão.

A idéia simbólica que essa história envolve é que a *coniunctio* leva à morte – extinção da consciência – enquanto a energia do forte desejo instintual (o peixe) não tiver sido extraída de sua forma original e transformada em espírito (o incenso) – isto é, a compreensão consciente. Essa interpretação baseia-se numa passagem variante da Vulgata: "E o anjo Rafael disse a ele: 'Ouve, e eu te mostrarei aqueles que o demônio tem o poder de vencer. Eles são aqueles que, na época do casamento, retiram Deus de seus pensamentos e se abandonam de tal forma aos seus instintos que não têm mais razão do que cavalos ou mulas.'" (Tobias, 6: 16s.)[4]

---

* Tradução de Péricles Eugênio da Silva Ramos, em *Shakespeare - Sonetos,* Ed. Civilização Brasileira, 2ª ed., Rio, 1970.
4. The Jerusalem Bible, p. 613.

O fel do peixe, quando aplicado aos olhos do pai cego de Tobias, restaura-lhe a visão. O fel é amargo, correspondendo ao amargor do desejo frustrado. Mas a experiência da amargura, entendida de maneira adequada (aplicada aos olhos), traz sabedoria. Ao discutir o simbolismo do sal, Jung fez relevantes comentários acerca do amargor, como foi citado antes:

> ... as mais notáveis propriedades do sal são o amargor e a sabedoria... O fator comum a ambas, por mais incomensuráveis que as duas idéias possam afigurar-se, é, do ponto de vista psicológico, a função do sentimento. Lágrimas, sofrimento e decepção são amargos, mas a sabedoria é o consolo de qualquer dor psíquica. Na verdade, amargor e sabedoria formam um par de alternativas: onde há amargor, falta sabedoria e onde há sabedoria, não pode haver amargor. O sal, na qualidade de portador dessa alternativa fatídica, é atribuído à natureza feminina... O *novilunium* (treva) da mulher é a fonte de incontáveis decepções para o homem, que se entrega com facilidade ao amargor, embora essas decepções pudessem ser, da mesma maneira caso fossem entendidas, uma fonte de sabedoria.[5]

A *coniunctio* inferior ocorre sempre que o ego se identifica com conteúdos provindos do inconsciente. Isso acontece de modo quase regular no curso do processo analítico. O ego vê-se exposto sucessivamente a identificações com a sombra, a anima/o animus e o Si-mesmo. Essas *coniunctios* contaminadas devem ter como seqüência a *mortificatio* e uma *separatio* adicional. Uma seqüência semelhante manifesta-se no aspecto extrovertido do processo. O ego identifica-se com determinados indivíduos, grupos, instituições e coletividades (transferências coletiva e individual). Essas identificações são misturas contaminadas, que contêm tanto o potencial do indivíduo para nobres lealdades e para o amor pelo objeto como para desejos não regenerados de poder e prazer. Elas devem passar por uma purificação ulterior antes de a *coniunctio* superior ser possível.

A *CONIUNCTIO* SUPERIOR

O objetivo da *opus* é a criação de uma entidade miraculosa que recebe vários nomes como "Pedra Filosofal", "Nosso Ouro", "Água Penetrante", "Tintura", etc. Sua produção resulta de uma união final dos opostos purificados e, como combina os opostos, mitiga e retifica toda unilateralidade. Assim, descreve-se a Pedra Filosofal como "uma pedra que tem o poder de dar vida a todos os corpos mortais, de purificar todos os corpos corruptos, de amolecer todos os corpos duros e de endurecer todos os corpos moles".[6] Mais uma vez, a Pedra (personificada como a *Sapientia Dei*) diz sobre si mesma: "Eu sou a mediadora dos elementos, que faz um concordar com o outro; aquilo que é quente torno frio, e vice-versa; aquilo que é seco torno úmido, e vice-versa; aquilo que é duro torno mole, e vice-versa. Sou o final e meu amado é o começo. Sou toda a obra, e toda a ciência oculta-se em mim."[7]

---

5. Jung, *Mysterium Coniunctionis*, CW 14, pars. 330, 332.
6. Figulus, *A Golden and Blessed Casket of Nature's Marvels*, p. 301.
7. von Franz, *Aurora Consurgens*, p. 143.

À medida que a Pedra vai sendo preparada, submete-se o material a repetidas reversões e transformações no oposto. Diz o texto da *Turba*: "Porque os elementos, sendo diligentemente cozidos no fogo, se rejubilam, e se transformam em naturezas diferentes, porque o liquefeito se torna não-liquefeito, o úmido se torna seco, o corpo espesso se torna um espírito e o fluido espírito se torna forte e pronto para lutar contra o fogo. Daí por que o Filósofo disse: 'Converte os elementos e encontrarás aquilo que buscas. Mas converter os elementos é tornar o úmido seco e o fugidio fixo.'"[8]

Outro texto diz: "Agora que a clareza pode manifestar-se de forma integral sem obscuridade... o corpo deve ser repetidamente aberto e tornado tênue depois de sua fixação, bem como dissolvido e apodrecido... Ele é purificado por meio de separação, e é dissolvido, digerido e coagulado, sublimado, incinerado e fixado pela ação recíproca de sua própria Identidade, como agente e paciente, *alternando-se para melhorar*." (Grifos meus.)[9]

O processo psicoterapêutico também é um "alternar-se para melhorar". A pessoa é jogada para lá e para cá entre os opostos, de modo praticamente interminável. Mas surge, de maneira deveras gradual, um novo ponto de vista que permite a experiência dos opostos ao mesmo tempo. Esse novo ponto de vista é a *coniunctio*, e, ao mesmo tempo em que é libertador, também é uma sobrecarga. Jung diz: "O um-depois-do-outro é um prelúdio suportável para o conhecimento mais profundo do um-ao-lado-do-outro, porque este é um problema que apresenta muito maiores dificuldades. Mais uma vez, a concepção de que o bem e o mal são potências espirituais exteriores a nós, e de que o homem se acha envolvido no conflito entre eles, é muito mais suportável do que o conhecimento de que os opostos são as condições indispensáveis e inextirpáveis de toda a vida psíquica, até o ponto em que a própria vida é uma culpa."[10]

O termo "Pedra Filosofal" é, por si mesmo, uma união de opostos. A filosofia, o amor da sabedoria, é um empreendimento espiritual, ao passo que uma pedra é realidade material, dura e crua. Assim, o termo sugere algo como a eficácia prática e concreta da sabedoria ou da consciência. Ela é "uma pedra que não é uma pedra", a respeito da qual diz Ruland: "A Pedra que não é uma pedra é uma substância pétrea no tocante à sua eficácia e à sua virtude, mas não no que se refere à sua substância."[11] A Pedra Filosofal alquímica é, portanto, uma precursora da moderna descoberta da realidade da psique. Diz Jung: "Aquilo que a natureza inconsciente buscava, em última análise, quando produziu a imagem da *lapis*, pode ser visto de maneira bem clara na noção de que esta se originava na matéria e no homem... A espiritualidade de Cristo era por demais elevada e a naturalidade do homem, por demais inferior. Na imagem da... *lapis*, a 'carne' glorificou a si mesma à sua própria maneira;

---

8. Waite, trad., *Turba Philosophorum*, p. 190, *dictum* 65.
9. Comentário a "The Golden Treatise of Hermes", citado em Atwood, *Hermetic Philosophy and Alchemy*, p. 115, nota.
10. Jung, *Mysterium Coniunctionis*, CW 14, par. 206.
11. Ruland, *A Lexicon of Alchemy*, p. 189.

ela não se transformou em espírito, mas, pelo contrário, 'fixou' o espírito na pedra."[12]

FIGURA 8-2
Coniunctio no vaso alquímico. (Século XVII. Paris, Bibliothèque de l'Arsenal, MS. 975, fol. 13. Reproduzida em Derola, *The Secret Art of Alchemy*.)

Uma importante imagem simbólica da *coniunctio* é o casamento e/ou intercurso sexual entre Sol e Lua ou outras personificações dos opostos (ver figura 8-2). Essa imagem, nos sonhos, refere-se à *coniunctio*, superior ou inferior, dependendo do contexto. Um exemplo impressionante é um sonho publicado por Esther Harding:

> *Uma mulher sonhou ter entrado numa caverna subterrânea dividida em salas que continham destiladores e outros aparatos químicos de*

---

12. Jung, *Alchemical Studies*, CW 13, par. 127.

aparência misteriosa. Dois cientistas trabalhavam no processo final de uma prolongada série de experimentos, que esperavam levar a uma conclusão bem-sucedida com a ajuda dela. O produto final deveria ter a forma de cristais de ouro, que seriam separados do líquido-mãe resultante das muitas soluções e destilações precedentes. Enquanto os químicos trabalhavam com o vaso, a sonhadora e seu amante deitavam-se juntos numa sala contígua, fornecendo, com seu abraço sexual, a energia essencial para a cristalização da inavaliável substância dourada.[13]

Este sonho encontra um paralelo próximo num texto alquímico: "Não vedes vós que a compleição de um homem é formada a partir de uma alma e de um corpo? Assim, vós também deveis juntá-los, porque os Filósofos, ao prepararem as matérias e cônjuges unidos, apaixonados um pelo outro, viram ascender deles uma água dourada!"[14] A imagem do intercurso sexual como produtor de substância dourada evoca o aspecto paradoxal de relação do ego com o Si-mesmo. A formulação comum diz que o Si-mesmo une e reconcilia os opostos. Contudo, esse sonho e o texto paralelo sugerem, tal como está implícito em toda a alquimia, que o operador – quer dizer, o ego – promove a união dos opostos e, dessa maneira, cria o Si-mesmo ou, ao menos, o faz manifestar-se. Isso acentua a suprema importância do ego consciente. Ele deve unir os opostos, o que não é tarefa fácil. Sustentar opostos equivale ao mesmo tempo a experimentar uma paralisia que chega às raias de uma verdadeira crucificação. O simbolismo da cruz inclui a união dos opostos, e muitos quadros medievais representam a crucifixão de Cristo como uma *coniunctio* entre Sol e Luna (ver figura 8-3). Agostinho faz uma analogia impressionantemente explícita entre a *coniunctio* e a crucifixão: "Como um esposo, Cristo deixa seu aposento, caminha em frente, com um presságio de suas núpcias, para o campo do mundo... Ele chega ao leito nupcial da cruz e, ali, ao subir nela, consumou a união conjugal. E, quando percebeu os suspiros da criatura, ele se entregou amorosamente ao tormento no lugar de sua noiva... e uniu a si a mulher para sempre."[15]

Uma imagem clássica, profunda, da *coniunctio* é a união entre Zeus e Hera no livro XIV da *Ilíada*. Tendo conduzido Hera ao seu aposento secreto, Zeus diz:

> *Nor God, nor mortal shall our joys behold,*
> *Shaded with clouds, and circumfus'd in gold,*
> *Not ev'n the Sun, who darts thro' Heav'n his rays,*
> *And whose broad eye th' extended earth surveys."*
> *Gazing he spoke, and kindling at the view,*
> *His eager arms around the Goddess threw.*
> *Glad Earth perceives, and from her bosom pours*
> *Unbidden herbs, and voluntary flowers;*
> *Thick new-born violets a soft carpet spread,*

---

13. Harding, *Psychic Energy: Its Source and Goal*, pp. 453-54.
14. Waite, trad., *Turba Philosophorum*, p. 134, *dictum* 42.
15. Citado por Jung, *Mysterium Coniunctionis*, CW 14, par. 25, n. 176.

And clust'ring lotos swell'd the rising bed,
And sudden hyacinths the turf bestrow,
And flamy crocus made the mountain glow.
There golden clouds conceal the heav'nly pair,
Steep'd in soft joys, and circumfused with air;
Celestial dews, descending o'er the ground,
Perfume the mount, and breathe ambrosia round.
At length with Love and Sleep's soft power oppress'd.
The panting Thund'rer nods, and sinks to rest.*

["Nem Deus, nem mortal algum devem contemplar nossos prazeres, / Velados por nuvens, banhados em ouro, / Nem mesmo o Sol, que dardeja seus raios pelo Céu, / E cujo amplo olhar vigia toda a Terra." / Ele falou enquanto a fitava e, inspirado pelo que viu, / Seus braços ansiosos enlaçaram a Deusa. / Feliz, a Terra compreende, e de seu colo brotam, / espontâneas, ervas e flores; / Um tufo de violetas recém-nascidas estendem suave tapete, / E moitas de lótus acolchoam o leito alado, / Súbitos jacintos juncam a relva, / vistosos açafrões fazem a montanha brilhar. / Eis que nuvens douradas escondem o par celeste, / Envolto em doces prazeres e banhado pelo ar; / O orvalho do céu, descendo sobre o solo, / Perfuma o monte e por todo ele exala ambrosia. / Por fim, vencido pela doce força do Amor e do Sono, / O ofegante Júpiter Tonante cerra os olhos para dormir.]

A imagem de um crescimento miraculoso de flores ou de vegetação aparece em sonhos como evidência de proximidade da *coniunctio*. Nem sempre ela é auspiciosa, já que pode significar inflação para um ego imaturo.

Outra imagem tradicional da *coniunctio* é o Cântico dos Cânticos bíblico. Os rabinos o interpretaram como referência ao casamento entre Iahweh e Israel; os padres da Igreja, como o casamento entre Cristo e a Igreja; certos alquimistas o tomavam como representação da *opus* alquímica (por exemplo, na *Aurora Consurgens*); e, finalmente, os cabalistas o encaravam como a união entre Iahweh e sua essência feminina exilada, a *Shekinah*. O Cântico dos Cânticos fala do "amor forte como a morte" (8:6), aludindo ao fato de a *coniunctio* se encontrar fora do tempo (ver figura 8-4).

A principal imagem de *coniunctio* das escrituras cristãs é a das "Bodas do Cordeiro" do Apocalipse:

São chegadas as núpcias do Cordeiro, e sua esposa está ataviada. (Apoc., 19:7, AV.)

E eu, João, vi a cidade santa, a nova Jerusalém, descendo da parte de Deus do céu, preparada como uma noiva adornada para o seu esposo. E ouvi uma grande voz vinda do céu que dizia: Eis que o tabernáculo de Deus está com os homens, e ele habitará em seu meio, e eles serão seu povo, e o mesmo Deus, no meio deles, será o seu Deus. (Apoc., 21: 2-3, AV.)

Segue-se a isso uma detalhada descrição da nova Jerusalém como uma bela e ataviada cidade com a forma de uma mandala. A nova (quer dizer, purificada) Jerusalém é a noiva de Deus (o Cordeiro). O céu e a terra, que foram separados no princípio da criação, devem ser reunidos, curando a

---

* (XIV, 389-406, trad. de Pope.)

divisão da psique e religando o ego e o Si-mesmo ("o tabernáculo de Deus está com os homens"). A cidade como imagem da totalidade lembra-nos de que a cidade também é o vaso para a transformação coletiva da humanidade. O processo de *civilização* ocorre na cidade (*civitas*). (Ver figura 8-5.)

FIGURA 8-3
A crucifixão como *coniunctio* entre Sol e Luna. (Final do século IX, Paris, Bibliothèque Nationale, MS. lat. 257, fol. 12v. Reproduzida em Swarzenski, *Monuments of Romanesque Art*.)

O casamento entre o céu e a terra, representados como Tipheret e Malkouth, também aparece na Cabala. O rabino Simão ben Yochai, o reputado autor do Zohar, descreveu a sagrada *coniunctio* em seu leito de morte, ao que se diz, com as seguintes palavras: "Quando.. a mãe é separada e unida ao Rei, face a face, na excelência do Sabbath, todas as coisas se tornam um só corpo. E, quando o Santíssimo – bendito seja Ele! – se assenta em Seu trono, e todas as coisas são chamadas pelo Nome Completo, o Santo Nome. Bendito seja Seu Nome para todo o sempre e pelos séculos e séculos...

FIGURA 8-4
O círculo do ano como uma *coniunctio* entre Sol e Luna. (Desenho medieval. Stuttgart, Wurttembergisch Landesbibliothek, Cod. hist. fol. 415, fol. 17v. Reproduzido em Evans, *Medieval Drawings*.)

Quando essa Mãe é unida ao Rei, todos os mundos recebem bênçãos e o universo se rejubila."[16]

Esta é uma profunda visão do *Unus Mundus*, só equiparada, nos tempos modernos, pela visão da *coniunctio* de Jung. Em *Memories, Dreams, Reflections,* Jung descreve sua experiência da *coniunctio* durante a convalescença de uma grave moléstia em 1944:

> Tudo o que me cercava parecia-me encantado. A essa hora da noite, a enfermeira me trazia alguma comida que esquentava – porque só então eu tinha apetite para comer qualquer coisa. Por algum tempo, ela me pareceu uma velha judia, muito mais velha do que era de fato, ocupada

---

16. Mathers, trad., *The Kabbalah Unveiled*, p 337.

em preparar pratos rituais *kosher* para mim. Quando a olhava, ela parecia ter um halo azul em torno da cabeça. Eu mesmo me encontrava, segundo parecia, nos *Pardes Rimmonim,* o jardim das romãs, e o casamento de Tipheret e Malkouth estava sendo realizado. Ou então eu era o rabino Simão ben Yochai, cujas bodas no além eram celebradas. Era o casamento místico tal como aparece na tradição cabalística. Eu não poderia dizer como isso era maravilhoso. Eu só podia pensar, incessantemente: "Ora, é o jardim das romãs! É o casamento de Malkouth e Tipheret!" Não sei exatamente qual meu papel nele. No fundo, ele era eu mesmo: eu era o casamento. E minha beatitude era a de um casamento feliz.

Aos poucos, o jardim das romãs se dissipou e se transformou. Houve então as Bodas do Cordeiro, numa Jerusalém festivamente adornada. Não posso descrevê-lo em detalhes. Eram estados inefáveis de júbilo. Havia anjos e luz. Eu próprio era o "Casamento do Cordeiro".

Isso também se dissipou e veio a mim uma nova imagem, a última visão. Eu seguia por um largo vale, até o seu final, onde alcançava o sopé de uma suave cadeia de montanhas. Esse vale terminava num anfiteatro clássico. Este se situava admiravelmente na paisagem verdejante. E, nesse teatro, celebrava-se o *hierosgamos*. Dançarinos e dançarinas surgiram e, sobre um leito coberto de flores, Zeus, Pai do universo, e Hera consumaram o casamento místico, tal como descrito na *Ilíada*.

Todas essas experiências eram gloriosas. Noite após noite, eu flutuava num estado de mais pura beatitude, "em meio às imagens de toda a criação".[17]

FIGURA 8-5
A Nova Jerusalém como *coniunctio* entre Sol e Luna. (*The Cloisters Apocalypse, fol. 36*. Nova York, The Metropolitan Museum of Art.)

---

17. Jung, *Memories, Dreams, Reflections*, p. 294.

Aquilo que se nomeia por amor é fundamental para a fenomenologia da *coniunctio*. O amor é tanto causa como efeito. A *coniunctio* inferior deriva do amor como concupiscência, enquanto o amor transpessoal (análogo à Afrodite celeste de Platão) gera a *coniunctio* superior e é por ela gerado: afirmou-se, e com razão, que o amor pelo objeto é o aspecto extrovertido da individuação. O amor pelo objeto é amor *objetivo*, um amor purgado do desejo pessoal, um amor que não é um dos lados de um par de opostos, mas que se encontra além destes. Esse amor transpessoal está na base de todas as lealdades sociais e grupais, tais como a fidelidade à família, a um partido, à nação, à Igreja e à própria humanidade. O aspecto extrovertido da *coniunctio* promove o interesse social e a unidade da raça humana; o aspecto introvertido, a conexão com o Si-mesmo e a unidade da psique individual. Aquilo que mantém as coisas juntas é adesivo, razão pela qual, na alquimia, "cola", "goma" e "resina" são sinônimos da substância transformadora: "Essa substância, semelhante à força vital (*vis animans*), é comparada por outro comentador com a 'cola do mundo' (*glutinum mundi*), o espaço intermediário entre a mente e o corpo e sua união."[18]

A começar pelo *Symposium* de Platão, alguns dos mais inspirados textos existentes testemunham o amor cosmogônico transpessoal. Lucrécio exprime o sentimento pagão nos versos iniciais de *De Rerum Natura*:

Mother of Rome, delight of Gods and men,
Dear Venus that beneath the gliding stars
Makest to teem the many-voyaged main
And fruitful lands – for all for living things
Through thee alone are evermore conceived,
Through thee are risen to visit the great sun –
Before thee, Goddess, and thy coming on,
Flee stormy wind and massy cloud away,
For thee the daedal Earth bears scented flowers,
For thee the waters of the unvexed deep
Smile, and the hollows of the serene sky
Glow with diffused radiance for thee!
For soon as comes the springtime face of day,
And procreant gales blow from the West unbarred,
First fowls of air, smit to the heart by thee,
Foretoken thy approach, O thou Divine,
And leap the wild herds round the happy fields
Or swim the bounding torrents. Thus amain,
Seized with the spell, all creatures follow thee
Whithersoever thou walkest forth to lead,
And thence through seas and mountains and swift streams,
Through leafy homes of birds and greening plains,
Kindling the lure of love in every breast,
Thou bringest the eternal generations forth,
Kind after kind. Since 'tis thou alone
Guidest the Cosmos.[19]

---

18. Jung, *Psychology and Alchemy*, CW 12, par. 209.
19. Lucrécio, *Of the Nature of Things*, pp. 3s.

[Mãe de Roma, Delícia dos homens e dos Deuses, / Amada Vênus, que sob as estrelas esvoaçantes / Geraste o tão singrado mar / e as terras férteis – pois todo ser vivente / Só por Ti foi concebido e / Através de Ti surgiram para conhecer o grande sol – Diante de Ti, ó Deusa, e à tua vinda, / Os ventos tumultuosos e as nuvens maciças fogem para longe, / Para Ti a Terra variegada gera flores olorosas, / Para Ti as águas das profundezas imperturbadas / Sorriem, e os vazios do Céu sereno / Brilham com radiação difusa. / Pois logo surge a face primaveril do dia, / E rajadas fecundas sopram do Oeste descampado; / Primeiro, os caçadores do ar, por Ti feridos no coração, / Prenunciaram o teu advento, ó Divina, / E correm as hordas selvagens pelos campos felizes / Ou atravessam a nado torrentes saltitantes. Assim, subitamente, / Dominadas pelo teu encanto, todas as criaturas te seguem / Aonde quer que as lideres, / E desde então, por mares, por montanhas e por regatos ligeiros, / Nos ninhos de folhas dos pássaros, nos prados verdejantes, / Acendendo em cada peito a sedução do amor, / Crias as gerações infindas, / Raça após raça. Desde então, sozinha, / Diriges o Cosmo.]

A descrição clássica do amor transpessoal para a nossa era é a do apóstolo Paulo:

Ainda que eu falasse as línguas dos homens e dos anjos, e não tivesse amor [caridade], seria como o sino que tine ou o metal que soa. E ainda que tivesse o dom da profecia, e dominasse os mistérios e toda a ciência, e ainda que tivesse toda a fé, a ponto de remover montanhas, mas não tivesse amor, eu nada seria. Se distribuísse tudo o que possuo, e ainda que entregasse o meu corpo para ser queimado, mas não tivesse amor, nada disso me serviria.

O amor é paciente e benigno; o amor não é ciumento nem soberbo; não é arrogante ou rude. O amor não busca seus interesses; não se irrita nem tem ressentimentos; não folga com a injustiça, mas folga com a verdade. O amor tudo suporta, tudo crê, tudo espera, tudo sofre. (I Cor., 13: 1-7, RSV).

Dante dá prosseguimento ao testemunho na descrição de sua visão do lume eterno que conclui *A Divina Comédia* (ver figuras 8-6 e 8-7):

I saw that in its depths there are enclosed,
Bound up with love in one eternal book,
The scattered leaves of all the universe –
Substance, and accidents, and their relations,
As though together fused in such a way
That what I speak of is a single light.
. . . .
O Light Eternal, in Thyself contained!
Thou only know'st Thyself, and in Thyself
Both known and knowing, smilest on Thyself!
That very circle which appeared in Thee,
Conceived as but reflection of a light,
When I had gazed on it awhile, now seemed
To bear the image of a human face
Within itself, of its own coloring –
Wherefore my sight was wholly fixed on it.
Like a geometer, who will attempt
With all his power and mind to square the circle,

Yet cannot find the principle he needs:
Just so was I, at that phenomenon
I wished to see how image joined to ring,
And how the one found place within the other.
Too feeble for such flights were my own wings;
But by a lightning flash my mind was struck –
And thus came the fulfilment of my wish.
    My power now failed that phantasy sublime:
My will and my desire were both revolved,
As is a wheel in even motion driven,
By Love, which moves the sun and other stars.[20]

[Vi que em suas profundezas / estão reunidas como num volume eterno / As páginas dispersas de todo o Universo. / Substâncias, acidentes e suas relações, / Como que fundidos entre si de tal maneira / Que tudo o que digo não passa de uma pálida idéia. / ... / Ó Luz Eterna, em Ti mesmo contida! / Só Tu compreendes a Ti mesmo, e em Ti mesmo / Compreendida e compreendendo, sorris para Ti! / O próprio círculo que em Ti aparecia / Concebido como simples reflexo de uma luz, / Quando o contemplei de relance, parecia / Conter agora a imagem de um rosto humano / Em seu interior em sua própria cor - / Razão pela qual meus olhos nele se fixaram. / Como um geômetra que se empenha, / Com todas as suas forças e inteligência, em medir o círculo, / Embora não descubra o princípio de que precisa, / Assim estava eu, diante desse fenômeno. / Eu queria saber como a imagem humana podia caber no círculo / E como esta encontrava lugar no seu interior. / Minhas asas eram fracas demais para tais vôos; / Mas minha mente foi alcançada por um fulgor maravilhoso – / E assim meu desejo foi realizado. / Minhas forças se esvaíram diante dessa fantasia sublime. / Minha vontade e desejo ambos foram postos em movimento, / Como uma roda que gira de modo uniforme, / Pelo Amor que move o sol e as outras estrelas.]

Três séculos mais tarde, veio a incomparável descrição de Shakespeare no Soneto 116:

Let me not to the marriage of true minds
Admit impediments; love is not love
Which alters when it alteration finds,
Or bends with the remover to remove.
Oh, no, it is an ever-fixed mark,
That looks on tempests and is never shaken;
It is the star to every wand'ring bark,
Whose worth's unknown, although his height be taken.
Love's not Time's fool, though rosy lips and cheeks
Within his bending sickle's compass come;
Love alters not with his brief hours and weeks,
But bears it out even to the edge of Doom.
    If this be error, and upon me proved,
    I never writ, nor no man ever loved.

[Impedimentos não admito para a união
De corações fiéis; amor não é amor
Quando se altera se percebe alteração
Ou cede em ir-se, quando é infiel o outro amador.
Oh! não, ele é um farol imóvel tempo em fora,

---

20. Dante, *The Divine Comedy*, trad. de Lawrence Grant White, p. 188.

Que as tempestades olha e nem sequer trepida;
É a estrela para as naus, cujo poder se ignora,
Malgrado seja a sua altura conhecida.
O amor não é joguete em mãos do tempo, embora
Face e lábios de rosa a curva foice abata;
Não muda em dias, não termina em uma hora,
Porém até o final das eras se dilata.
    Se isso for erro e o meu engano for provado,
    Jamais terei escrito e alguém terá amado.]*

Jung descreve sua experiência do amor transpessoal com as seguintes palavras:

> Eros é um *kosmogonos*, um criador e pai-mãe de toda consciência superior. Por vezes sinto que as palavras de Paulo – "ainda que eu falasse as línguas dos homens e dos anjos, mas não tivesse amor" – podem muito bem ser a primeira condição de todo o conhecimento e a quintessência da divindade. Qualquer que seja a interpretação erudita da frase "Deus é Amor", as palavras afirmam a *complexio oppositorum* da Cabeça de Deus. Em minha experiência médica, assim como em minha própria vida, defrontei-me repetidas vezes com o mistério do amor e jamais fui capaz de explicá-lo... Porque somos, no sentido mais profundo, as vítimas e os instrumentos do "amor" cosmogônico. Ponho a palavra entre aspas para indicar que não a uso em suas conotações de desejo, preferências, favorecimento, anseio e sentimentos semelhantes, mas como algo superior ao indivíduo, um todo unificado e indiviso. Sendo uma parte, o homem não pode captar o todo. Ele se encontra à mercê do todo. Pode obedecer a ele ou rebelar-se contra ele; mas sempre é tomado por ele e contido dentro dele. Depende dele e é por ele sustentado. O amor é sua luz e sua treva, cujo final ele não pode ver. "O amor não termina" – quer o homem fale com as "línguas dos anjos" ou persiga, com exatidão científica, a vida da célula em sua fonte última. O homem pode tentar nomear o amor, fazendo chover sobre ele todos os nomes de que dispõe, e, ainda assim, se envolverá em intermináveis ilusões. Se possuir um grão de sabedoria, ele deporá as armas e nomeará o desconhecido pelo ainda mais desconhecido, *ignotum per ignotius* – isto é, com o nome de Deus. Essa é uma confissão de humildade, de imperfeição e de dependência; mas, ao mesmo tempo, um testemunho da liberdade do homem para escolher entre a verdade e o erro.[21]

Uma vez criada, a Pedra Filosofal tem o poder de transformar a matéria vil em matéria nobre. Faz-se referência a esse poder, nos textos, por meio das operações de *proiectio* e de *multiplicatio* (ou *augmentatio*). Em termos estritos, essas operações não são realizadas pelo alquimista, mas pela *lapis*. As chamadas operações são, portanto, na verdade, propriedades da Pedra Filosofal, a qual, como pó ou líquido (elixir), projeta a si mesma sobre a matéria vil e assim se multiplica. Diz um texto: "A alquimia é uma Ciência, que ensina como transformar todo tipo de metal em outro: e isso através do remédio adequado, tal como aparece em muitos Livros Filosofais. A alquimia é, portanto, uma ciência que ensina como fazer e compor um certo remédio,

---

* Tradução de Péricles Eugênio da Silva Ramos em *Shakespeare - Sonetos*, Ed. Civilização Brasileira, 2ª ed., Rio, 1970.

21. Jung, *Memories, Dreams, Reflections*, p. 353s.

que é chamado *Elixer*, remédio esse que, quando aplicado a metais ou corpos imperfeitos, torna-os perfeitos por inteiro na própria projeção."[22]

FIGURA 8-6
A rosa celeste. (Doré, *Illustrations for Dante's Divine Comedy*.)

O poder de *multiplicatio* da Pedra remonta ao frasco de óleo da viúva (1 Reis, 17: 14), ao milagre dos pães e dos peixes (Mat., 14: 17-21), bem como à multiplicação miraculosa de flores durante a *coniunctio* de Zeus e Hera, mencionada precedentemente.

As implicações psicológicas da *multiplicatio* são muito interessantes. A imagem sugere que os efeitos transformadores emanam do Si-mesmo ativado em processo de realização consciente. É por certo verdade que todos os eventos, por mais comuns, assumem importância quando fazem parte do processo de individuação. Do mesmo modo, a *multiplicatio* nos fornece um indício do modo como a psicoterapia pode funcionar. Em certa medida, a consciência de um indivíduo que se encontra relacionado com o Si-mesmo parece ser contagiosa e tende a multiplicar-se em outras. O *I Ching* fala desse fenômeno:

---
22. Citado por Read, *Prelude to Chemistry*, p. 24.

FIGURA 8-7
Trilhas estelares em torno do pólo. (Foto do Observatório Yerkes. Reproduzida em Neely, *A Primer for Star-Gazers*.)

A contemplação do sentido divino contido no funcionamento do universo dá ao homem que é chamado a influenciar os outros, os meios de produzir efeitos semelhantes. Isso requer aquela força na concentração interior que a contemplação religiosa desenvolve em grandes homens fortes na fé. Ela lhes dá condições de apreender as misteriosas e divinas leis da vida e eles, por meio da mais profunda concentração interior, dão expressão a essas leis em si mesmos. Assim, emana deles um poder espiritual oculto que influencia e domina outras pessoas sem que eles se dêem conta do modo pelo qual isso acontece (ver figura 8-8).[23]

Todavia, para que o paciente seja influenciado pelo processo psicoterapêutico, o ego deve estar aberto. Isso corresponde à idéia alquímica de que o material deve estar aberto para receber os efeitos da tintura. Segundo Paracelso, "para que a tintura tinja, é necessário que o corpo ou material a ser tingido esteja aberto e num estado de fluxo: porque, se assim não for, a tintura não pode operar".[24] Na psicoterapia, requer-se abertura (à psique objetiva) tanto do paciente como do terapeuta. Diz Jung: "As personalidades do médico e do paciente com freqüência têm uma importância infinitamente maior, para o resultado do tratamento, do que o médico diz e pensa... Porque o encontro de

---

23. Wilhelm, trad., *The I Ching or Book of Changes*, p. 83.
24. Paracelso, *Hermetic and Alchemical Writings 1*, 155.

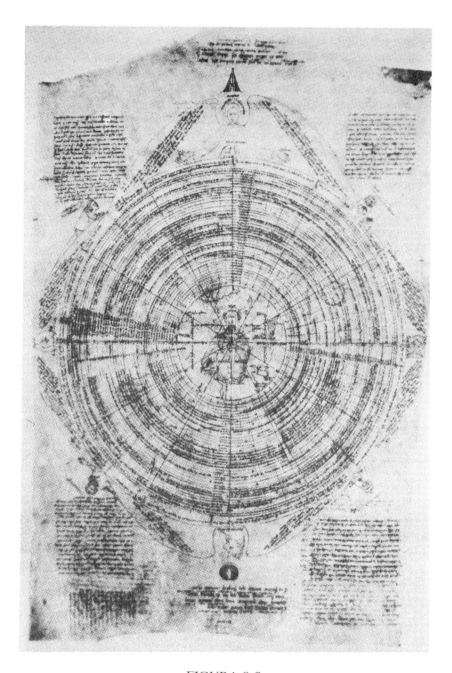

FIGURA 8-8
Autobiografia como Mandala. Eventos da vida de Opicinus de Canistris, organizados concentricamente desde sua concepção, em 24 de março de 1296, até o término do desenho, em 3 de junho de 1336. (Biblioteca Apostolica Vaticana, MS. Pal. lat. 1993, fol. 11r. Reproduzida em Evans, *Medieval Drawings*.)

duas personalidades é semelhante à mistura de duas diferentes substâncias químicas: se houver alguma combinação, ambas as substâncias se transformam. Em todo tratamento psicológico efetivo, o médico está fadado a influenciar o paciente; mas essa influência só pode ocorrer se o paciente tiver sobre o médico uma influência semelhante. Não se pode exercer influência se não se for suscetível à influência."[25]

Outra característica da Pedra Filosofal é sua tendência para a ação recíproca. Essa idéia apareceu no sonho de um homem que, na noite anterior, assistira a uma palestra sobre alquimia. Ele sonhou que

> *um grupo de pessoas tinha descoberto o segredo dos alquimistas. Um aspecto desse segredo era o fato de que, quando os estudos alquímicos são levados a efeito com a atitude correta, evoca-se uma reciprocidade de interesse; isto é, quando o adepto se interessa pela alquimia, esta se interessa por ele.*

Da mesma maneira, diz um texto alquímico: "Compreendei, Filhos da Sabedoria, declara a Pedra: Protegei-me e eu vos protegerei: dai-me o que é meu para que eu vos possa ajudar."[26] A mesma idéia é expressa nos Provérbios, com referência à Sabedoria: "Não a largues e ela te preservará; ama-a e ela te sustentará. A sabedoria é coisa básica; obtém, pois, sabedoria: e, com tudo que obtiveres, obtém entendimento. Exalta-a e ela te promoverá: ela te levará à glória quando a abraçares." (Prov., 4: 6-8, AV.)

A descrição dos poderes prodigiosos da Pedra Filosofal poderia prosseguir de modo praticamente indefinido.[27] A ação recíproca da Pedra é um ponto final adequado porque nos recorda que dar atenção ao conjunto de imagens da psique objetiva (de que a alquimia é um exemplo) gera auspiciosos efeitos recíprocos. A regra psicológica é: o inconsciente assume para com o ego a mesma atitude que este assume para com ele. Se dermos uma amistosa atenção ao inconsciente, ele se tornará útil ao ego. Amadurece aos poucos a percepção de que uma *opus* mútua se encontra em realização. O ego necessita da orientação e da direção do inconsciente para ter uma vida significativa; e a Pedra Filosofal latente, aprisionada na *prima materia*, precisa dos devotados esforços do ego consciente para atualizar-se. Juntos, trabalham no Grande Magistério a fim de criarem mais e mais consciência no universo.

---

25. Jung, *The Practice of Psychotherapy*, CW 16, par. 163.
26. "The Golden Treatise of Hermes", *in* Atwood, *Hermetic Philosophy and Alchemy*, p. 128.
27. Para material adicional, ver Edinger, *Ego and Archetype*, cap. 10.

Em conclusão, passarei a palavra final aos alquimistas, ao citar, *in toto*, seu texto mais sagrado, *A Tábua da Esmeralda de Hermes*. Via-se esse texto "como uma espécie de revelação sobrenatural aos 'filhos de Hermes', feita pelo patrono de sua 'Divina Arte'".[28] De acordo com a lenda, a *Tábua da Esmeralda* foi encontrada no túmulo de Hermes Trismegistus, quer por Alexandre o Grande, ou, em outra versão, por Sara, a esposa de Abraão. A princípio, só se conhecia o texto em latim, mas, em 1923, Holmyard descobriu uma versão árabe.[29] É provável que um texto anterior tenha sido escrito em grego e, segundo Jung, tinha origem alexandrina.[30] Os alquimistas o tratavam com veneração ímpar, gravando suas afirmativas nas paredes do laboratório e citando-o constantemente em seus trabalhos. Trata-se do epítome críptico da *opus* alquímica, uma receita para a segunda criação do mundo, o *unus mundus*.[31]

TABULA SMARAGDINA HERMETIS

1. Verum, sine mendacio, certum et verissimum.
2. Quod est inferius, est sicut quod est superius, et quod est superius, est sicut quod est inferius, ad perpetranda miracula rei unius.
3. Et sicut omnes res fuerunt ab uno, meditatione unius: sic omnes res natae fuerunt ab hac una re, adaptatione.
4. Pater eius est Sol, mater eius Luna; portavit illud ventus in ventre suo; nutrix eius terra est.
5. Pater omnis telesmi totius mundi est hic.
6. Vis eius integra est, si versa fuerit in terram.
7. Separabis terram ab igne, subtile a spisso, suaviter, cum magno ingenio.
8. Ascendit a terra in coelum, interumque descendit in terram, et recipit vim superiorum et inferiorum. Sic habebis gloriam totius mundi. Ideo fugiat a te omnis obscuritas.
9. Hic est totius fortitudinis fortitudo fortis; quia vincet omnem subtilem, omnemque solidam penetrabit.
10. Sic mundus creatus est.
11. Hinc adaptationes erunt mirabiles, quarum modus est hic.
12. Itaque vocatus sum HERMES TRISMEGISTUS, habens tres partes Philosophiae totius mundi.
13. Completum est quod dixi de operatione Solis.

---

28. Read, *Prelude to Chemistry*, pp. 51s.
29. Holmyard, *Alchemy*, p. 96.
30. Jung, *Mysterium Coniunctionis*, CW 14, par. 12.
31. *Ibid.*, pars. 759ss.

A TÁBUA DA ESMERALDA DE HERMES

1. Verdadeiro, sem enganos, certo e digníssimo de crédito.
2. Aquilo que está embaixo é igual àquilo que está em cima, e aquilo que está em cima é igual àquilo que está embaixo, para realizar os milagres de uma só coisa.
3. E, assim como todas as coisas se originaram de uma só, pela mediação dessa coisa, assim também todas as coisas vieram dessa coisa, por meio da adaptação.
4. Seu pai é o sol; sua mãe, a lua; o vento a carregou em seu ventre; sua ama é a terra.
5. Eis o pai de tudo, a complementação de todo o mundo.
6. Sua força é completa se for voltada para dentro (ou na direção) da terra.
7. Separa a terra do fogo, o sutil do denso, com delicadeza e com grande ingenuidade.
8. Ela ascende da terra para o céu, e desce outra vez para a terra, e recebe o poder do que está em cima e do que está embaixo. E, assim, terás a glória de todo o mundo. Desse modo, toda a treva fugirá de ti.
9. Eis o forte poder da força absoluta; porque ela vence toda coisa sutil e penetra todo sólido.
10. E assim o mundo foi criado.
11. Daqui virão as prodigiosas adaptações, à feição das quais ela é.
12. E assim sou chamado HERMES TRISMEGISTUS, tendo as três partes da filosofia de todo o mundo.
13. Aquilo que eu disse acerca da operação do sol está terminado.[32]

---

[32]. O texto latino foi retirado de Jung, *E.T.H. Seminars: Alchemy*, pp. 55s. A tradução para o inglês foi retirada da mesma fonte, apresentando pequenas mudanças a partir da comparação com outras versões. Nas notas referidas, Jung oferece um breve comentário psicológico a respeito da *Tábua da Esmeralda*.

Bibliografia

Adler, Gerhard. "Aspects of Jung's Personality and Work." *Psychological Perspectives* (Primavera de 1975).

The Living Symbol. Nova York: Pantheon, 1961.

Studies in Analytical Psychology. Nova York: Norton, 1948.

Alexander, H. B. *The Mythology of All Races*. 13 vols. Boston: M. Jones, 1916.

Aristóteles. *The Basic Works of Aristotle*. Organizado por Richard McKeon. Nova York: Random House, 1941.

Ashmole, Elias. *Theatrum Chemicum Britannicum*, 1652. Reeditado. Nova York: Johnson Reprint Corp., 1967.

Atwood, M. A. *Hermetic Philosophy and Alchemy*. 1850. Reeditado. Nova York: The Julian Press, 1960.

Agostinho, Santo. *City of God*. Traduzido por Marcus Dods. The Modern Library. Nova York: Random House, 1950.

Confessions and Enchiridion. Library of Christian Classics. Filadélfia: Westminster Press, s.d.

Les Belles Heures du Duc de Berry. Metropolitan Museum of Art. Nova York: George Braziller, 1974.

Berthelot, M. P. E. *Collection des Anciens Alchemistes Grecs*. Londres: Holland Press, 1963.

Bertine, Eleanor. *Jung's Contribution to Our Time*. Organizado por Elizabeth Rohrbach. Nova York: Putnam, 1967.

Bessy, Maurice. *A Pictorial History of Magic and the Supernatural*. Londres: Spring Books, 1964.

Bevan, Edwyn. *Stoics and Sceptics*. Oxford: Clarendon Press, 1913.

The Bhagavad-Gita. Traduzido por Edwin Arnold. Los Angeles: Self-Realization Fellowship, 1977.

Boehme, Jacob. *Aurora*. 1612. Traduzido por John Sparrow. Reeditado. Londres: Watkins & Clarke, 1960.

"Forty Questions". In *Personal Christianity: The Doctrine of Jacob Boehme*. Nova York: Ungar, s.d.

The Signature of All Things. Nova York: Dutton, s.d.

Bono de Ferrara. *The New Pearl of Great Price*. 1546. Traduzido por A. E. Waite. Reeditado. Londres: Vincent Stuart, 1963.

Brandon, S. G. F. *The Judgment of the Dead*. Nova York: Scribners, 1967.

Breasted, James. *Development of Religion and Thought in Ancient Egypt*. Nova York: Harper Torchbooks, 1959.

A History of Egypt. Nova York: Scribners, 1937.

Bréhier, Émile. *The History of Philosophy: The Hellenic Age*. Chicago: University of Chicago Press, 1965.

Buber, Martin. *Ten Rungs: Hasidic Sayings*. Nova York: Schocken, 1970.

Budge, E. A. Wallis. *The Gods of the Egyptians*. Chicago: Open Court, 1904. Reeditado. Nova York: Dover, 1969.

Osiris: The Egyptian Religion of Resurrection, 1911. Reeditado. New Hyde Park. Nova York: University Books, 1961.

Burland, C.A. *The Arts of the Alchemists*. Nova York: Macmillan, 1968.

Burnet, John. *Early Greek Philosophy*. Cleveland: World, Meridan Books, 1962.

Charles, R. H. *The Apocrypha and Pseudepigrapha of the Old Testament*. Oxford: Oxford University Press, 1969.

Chaucer, Geoffrey. *Canterbury Tales*. Adaptação de J. U. Nicolson, Garden City, Nova York: Garden City Publishing Co., 1934.

Clark, Kenneth. *Civilization*. Nova York: Harper & Row, 1969.

The Cloisters Apocalypse. The Metropolitan Museum of Art. Nova York, 1971.

Collectanea Chemica, século XVI. Reeditado. Londres: Vincent Stuart, 1963.

Cook, A. B. *Zeus: A Study in Ancient Religion*. Reeditado. Nova York: Biblo and Tannen, 1965.

Cornford, F. M. *From Religion to Philosophy*. Nova York: Harper Torchbooks, 1957.

Plato's Cosmology. Nova York: Harcourt Brace, 1937.

Craven, Thomas, org. *A Treasury of Art Masterpieces*. Nova York: Simon & Schuster, 1939.

Cumont, Franz. *Afterlife in Roman Paganism*. New Haven. Yale University Press, 1923.

The Mysteries of Mithra. Nova York: Dover, 1956.

Daniélou, Jean. *Hindy Polytheism*. Nova York: Pantheon, 1964.

Dante Alighieri. *The Divine Comedy*. Traduzido por John Ciardi. Nova York: New American Library, 1970.

The Divine Comedy. Traduzido por Lawrence Grant White. Nova York: Pantheon, 1948.

Derola, Stanislas Klossowski. *The Secret Art of Alchemy*. Nova York: Avon, 1973.

Dickinson, Emily. *The Complete Poems of Emily Dickinson*. Organizado por Thomas H. Johnson. Boston: Little, Brown, 1960.

Dieterich, A. *A Mithraic Ritual*. Traduzido por G. R. S. Mead de *Eine Mithrasliturgie* (Leipzig, 1903). Londres: Theosophical Publishing Society, 1907.

Doré, Gustave. *The Doré Bible Illustrations*. Nova York: Dover, 1974.

The Doré Illustrations for Dante's Divine Comedy. Nova York: Dover, 1976.

Dürer, Albrecht. *The Complete Engravings, Etchings and Drypoints of Albrecht Dürer*. Organizado por W. L. Strauss, Nova York: Dover, 1973.

The Complete Woodcuts of Albrecht Dürer, Organizado por Willi Kurth. Nova York: Dover, 1963.

The Early Christian and Byzantine World. Landmarks of the World's Art. Texto de Jean Lassus. Londres: Paul Hamlyn, 1967.

Edinger, Edward F. *Ego and Archetype*. Nova York: Putnam, 1972.

The Creation of Consciousness. Toronto: Inner City Books, 1984.
"The Tragic Hero: An Image of Individuation". *Parabola* 1, nº 1, inverno de 1976.

Eisler, Robert. *Orpheus the Fisher*. Londres: John M. Watkins, 1921.

Eliade, Mircea. *The Forge and the Crucible*. Traduzido por Stephen Corrin. Nova York: Harper, 1962.

From Primitives to Zen. Nova York: Harper & Row, 1967.

Patterns in Comparative Religion. Nova York: World, 1963.

Shamanism: Archaic Techniques of Ecstasy. Nova York: Pantheon, 1964.

Eliot, T. S. *Four Quartets*. Nova York: Harcourt, Brace, 1943.

Emerson, Ralph Waldo. *The Journals and Miscellaneous Notebooks of Ralph Waldo Emerson*. Organizado por W. H. Gilman *et al.*, Cambridge, Massachusetts: Harvard University Press, Belknap Press, 1960.

Selected Writings of Ralph Waldo Emerson. The Modern Library, Nova York: Random House, 1940.

Evans, M. W. *Medieval Drawings*. Londres: Paul Hamlyn, 1969.

Evans-Wentz, W. Y., org. *The Tibetan Book of the Dead*, Londres: Oxford University Press, 1951.

Figulus, Benedictus, *A Golden and Blessed Casket of Nature's Marvels*, século XVII. Traduzido por A. E. Waite. Reeditado. Londres: Vincent Stuart, 1963.

Fitzgerald, Edward, trad. *The Rubaiyat of Omar Khayyam*. Garden City, Nova York: Garden City Publishing Co., 1937.

Freeman, Kathleen. *Ancilla to the Pre-Socratic Philosophers*. Cambridge, Massachusetts: Harvard University Press, 1948.

Frost, Robert. *Complete Poems of Robert Frost*. Nova York: Henry Holt & Co., 1949.

Goethe, *Faust*. Traduzido por Philip Wayne Baltimore: Penguin Books, 1969.

Goodenough, Erwin R. *An Introduction to Philo Judaeus*. Oxford: Basil Blackwell, 1962.

Grant, Robert M. *The Secret Sayings of Jesus*. Londres: Collins, 1960.

Grant, Michael e Hazel, John. *Gods and Mortals in Classical Mythology*. Springfield, Massachusetts: Merriam, 1973.

Gray, Thomas, "Elegy Written in a Country Churchyard". In *The New Oxford Book of English Verse*, organizado por Helen Gardner, Nova York e Oxford: Oxford University Press, 1972.

Harding, M. Esther. *Psychic Energy: Its Source and Goal*. Nova York: Pantheon, 1947.

Harrison, Jane. *Themis*. Cambridge: Cambridge University Press, 1927.

Hastings, James, org. *Encyclopedia of Religion and Ethics*. Nova York: Scribner, 1922.

Hayes, Dorsha. *The Bell Branch Rings*. Dublin, N. H.: William L. Bauhan, 1972.

Hesíodo, "Homeric Hymns to Demeter". In *The Homeric Hymns and Homerica*. Loeb Classical Library, Cambridge, Massachusetts: Harvard University Press, 1964.

Hind, Arthur M. *An Introduction to a History of Woodcut*. Nova York: Dover, 1963.

Hinsie, Leland E. e Campbell, Robert J. *Psychiatric Dictionary*, 3ª ed., Nova York: Oxford University Press, 1960.

Hipólito, "The Refutation of All Heresies". In *The Ante-Nicene Fathers*, vol. 5, Grand Rapids, Michigan: Eerdmanns, 1975.

Holbein, Hans. *The Dance of Death*. 1538. Reeditado. Boston: Cygnet, 1974.

Holmyard, E. M. *Alchemy*. Middlesex: Penguin, 1957.

Homero, *The Iliad*. Traduzido por Alexander Pope. In *The Complete Poetical Works of Pope*.

The Hours of Catherine of Cleves. Coleção Guennol e Pierpont Morgan Library. Nova York: George Braziller, s.d.

Iâmblico *On The Mysteries of the Egyptians*. Traduzido por Thomas Taylor, Londres: Stuart & Watkins, 1968.

Ions, Veronica *Egyptian Mythology*. Londres: Paul Hamlyn, 1973.

Italian Paiting: The Renaissance. Genebra, Paris, Nova York: Albert Skira, s.d.

Jaffé, Aniela. *The Myth of Meaning*. Nova York: Putnam, 1971.

James, M. R. *The Apocryphal New Testament*. Oxford: Oxford University Press, 1924.

The Jerusalem Bible. Nova York: Doubleday, 1966.

Jonas, Hans. *The Gnostic Religion*. Boston: Beacon Press, 1958.

Josephus, Flavius. *Antiquities of the Jews*. Grand Rapids, Michigan: Kregel, 1963.

Jung, C. G. *C. G. Jung Speaking*. Organizado por William McGuire e R. F. C. Hull. Princeton, Nova Jersey: Princeton University Press, 1977.

Collected Works. 20 vols. Princeton, Nova Jersey: Princeton University Press.

E. T. H. Seminars: Alchemy. Notas de palestras proferidas no E. T. H. Zurique, novembro de 1940 - julho de 1941. Zurique: edição particular, 1960.

Letters, 2 vols. Organizado por G. Adler e A. Jaffé. Princeton, Nova Jersey: Princeton University Press, 1975.

Memories, Dreams, Reflections. Organizado por A. Jaffé. Nova York: Pantheon, 1963 e Nova York: Vintage, 1963.

Psychology of the Unconscious. Traduzido por Beatrice Hinkle. Nova York: Moffat, Yard & Co., 1916.

The Visions Seminars. Zurique: Spring Publications, 1976.

Zarathustra Seminar. 10 vols. Notas de seminários feitos em Zurique, primavera de 1934-39. Mimeografados.

Kazantzakis, Nikos. *The Saviors of God*. Nova York: Simon and Schuster, 1960.

Kelly, Edward. *The Alchemical Writings of Edward Kelly*. Londres: James Elliot, 1893.

Kempis, Thomas à. *The Imitation of Christ*. Organizado por Harold C. Gardiner, Garden City, Nova York: Doubleday, Image Books, 1955.

Kerényi, C. *Asklepios: Archetypal Image of the Physician's Existence*. Nova York: Pantheon, 1959.

Kirk, G. S. e Raven, J. E. *The PreSocratic Philosophers*. Cambridge: Cambridge University Press, 1957.

Kluger, Rivkah. "Flood Dreams". In *The Reality of the Psyche*. Organizado por J. Wheelwright. Nova York: Putnam, 1968.

Kunz, G. F. *The Curious Lore of Precious Stones*. Nova York: Dover, 1971.

Lao Tsé, *The Book of Tao*. Traduzido por Lin Yutang. The Modern Library. Nova York: Random House, 1942.

Larousse Encyclopedia of Mythology. Nova York: Prometheus Press, 1959.

The Lives of the Alchemystical Philosophers. Londres: John M. Watkins, 1955.

Longfellow, Henry Wadsworth. *The Poems of Henry Wadsworth Longfellow*. The Modern Library. Nova York: Random House, s.d.

Lucrécio. *Of the Nature of Things*. Traduzido por W. E. Leonard Everyman's Library. Nova York: Dutton, 1943.

Macróbio. *Commentary on the Dream of Scipio*. Organizado por W. H. Stahl. Nova York: Columbia University Press, 1952.

Maier, Michael, *Atalanta Fugiens*. 1618. Panfleto reeditado. Berkeley, s.d.

Masterpieces of Painting in the Metropolitan Museum of Art. Nova York: New York Graphic Society.

Mathers, S. L. MacGregor, trad. *The Kabbalah Unveiled*. Londres: Routledge & Kegan Paul, 1962.

Mead, G. R. S. *Fragments of a Faith Forgotten*. Londres: Theosophical Publishing Society, 1906. Reeditado. New Hyde Park, Nova York: University Books.

Medieval Manuscript Painting. Organizado por Sabrina Mitchell, Nova York: Viking, 1965.

Meister Eckhart. Organizado por Franz Pfeiffer, Londres: John M. Watkins, 1956.

Michelangelo. *The Sonnets of Michelangelo*. Traduzido por Elizabeth Jennings, Garden City, Nova York: Doubleday, 1970.

Milton, John. "Paradise Lost". In *Milton: Complete Poetry and Selected Prose*. Organizado por E. H. Visiak. The Nonesuch Library, Glasgow: The University Press, 1969.

Munch, Edvard. *Graphic Works of Edvard Munch*. Organizado por Alfred Werner, Nova York: Dover, 1979.

The Nag Hammadi Library. Organizado por James M. Robinson. San Francisco: Harper & Row, 1977.

Neely, Henry M. *A Primer for Star-Gazers*. Nova York: Harper & Brothers, 1946.

Neumann, Erich. *The Origins and History of Consciousness*. Nova York: Pantheon, 1954.

Nietzsche, Friedrich, "The Birth of Tragedy". In *Basic Writings of Nietzsche*. Traduzido por Walter Kaufman. The Modern Library. Nova York: Random House, 1967.

Oates, W. J. e O'Neill, Eugene, orgs. *The Complete Greek Drama,* Nova York: Random House, 1938.

Onians, R. B. *The Origins of European Thought*. Nova York: Arno Press, 1973.

Orígenes. *On First Principles*. Traduzido por G. W. Butterworth. Nova York: Harper & Row, Harper Torchbooks, 1966.

Otto, Walter. *Dionysus Myth and Cult*. Bloomington, Indiana: University of Indiana Press, 1965.

Ovídio. *Metamorphoses*. Traduzido por F. J. Miller. Loeb Classical Library. Cambridge, Massachusetts: Harvard University Press, 1966.

Panofsky, Erwin. *The Life and Art of Albrecht Dürer*. Princeton, Nova Jersey: Princeton University Press, 1971.

Paracelso. *The Hermetic and Alchemical Writings of Paracelsus*. Organizado e traduzido por A. E. Waite. New Hyde Park, Nova York: University Books, 1967.

Filo. "On the Contemplative Life". In *The Essential Philo*. Organizado por N.N. Glatzer. Nova York: Schocken, 1971.

Photo Atlas of The United States, Pasadena, Califórnia: Ward Ritchie Press, 1975.

The Picture History of Painting. Nova York: Abrams, 1957.

Píndaro. *The Odes of Pindar*. Traduzido por John Sandys. Loeb Classical Library. Cambridge, Massachusetts: Harvard University Press, 1941.

Platão. *The Collected Dialogues*. Organizado por Edith Hamilton e Huntington Cairns. Nova York: Pantheon, 1961.

Plato. Traduzido por H. N. Fowler. Loeb Classical Library. Cambridge, Massachusetts: Harvard University Press, 1960.

Plutarco. *Moralia*. Traduzido por F. C. Babbitt. Loeb Classical Library. Cambridge, Massachusetts: Harvard University Press, 1962.

Rackham, Arthur. *Rackham's Color Illustrations for Wagner's "Ring"*. Nova York: Dover, 1979.

Rahner, Hugo. *Greek Myths and Christian Mistery*. Nova York: Harper & Row, 1963.

Read, John. *Prelude to Chemistry: An Outline of Alchemy*. Nova York: Macmillan, 1937.

Rembrandt. *Rembrandt*. Texto de Ludwig Munz, Nova York: Abrams, 1954.

Rembrandt's Life of Christ. Nova York: Abrams, Abradale Press, s.d.

Richter, G. M. A. *A Handbook of Greek Art*. Londres: Phaidon Press, 1965.

Rilke. *Sonnets to Orpheus*. Traduzido por C. F. MacIntyre. Berkeley: University of California Press, 1961.

Roethke, Theodore. *The Collected Poems of Theodore Roethke*. Garden City, Nova York: Doubleday, Anchor Books, 1975.

Rohde, Erwin. *Psyche*. Traduzido por W. B. Hillis Nova York: Harcourt, Brace, 1925.

Ruland, Martin. *A Lexicon of Alchemy*. Traduzido por A. E. Waite. Londres: John M. Watkins, 1964.

São João da Cruz. *The Dark Night of the Soul*. Traduzido por E. Alison Peers, Garden City, Nova York: Doubleday, Image Books, 1959.

Shakespeare, William. *The Complete Works of William Shakespeare*. Londres: Oxford University Press, 1965.

Scholem, Gershom. *Kabbalah*. Nova York: The New York Times Book Co., 1974.

Schopenhauer, Arthur. *The World as Will and Representation*. Traduzido por E. F. J. Payne, Nova York: Dover, 1967.

Swarzenski, Hanns, *Monuments of Romanesque Art*. Chicago: University of Chicago Press, 1974.

Ticiano. *Titian: The Colour Library of Art*. Londres: Paul Hamlyn, 1969.

Les Très Riches Heures du Duc de Berry. Nova York: George Braziller, 1969.

Trismosin, Solomon. *Splendor Solis: Alchemical Treatises of Solomon Trismosin*. Londres: Kegan Paul, Trench, Trubner and Co., s.d.

Vaughn, Henry. *The Complete Poetry of Henry Vaughn*. Organizado por French Fogle. Nova York: Doubleday, 1964.

The Visconti Hours. Nova York: George Braziller, 1972.

von Franz, Marie-Louise. *Aurora Consurgens*. Nova York: Pantheon, 1966.

The Passion of Perpetua. Irving, Texas: Spring Publications, 1980.

Patterns of Criativity Mirrored in Creation Myths. Zurique: Spring Publications, 1972.

Voragine, Jacobus de. *The Golden Legend*. Traduzido por G. Ryan e H. Ripperger. Nova York: Arno Press, 1969.

Wagner, Richard. *The Ring of the Nibelung*. Traduzido por Stewart Robb. Nova York: Dutton, 1960.

Waite, A. E., trad. *The Hermetic Museum*. Londres: John M. Watkins, 1953.

The Holy Kabbalah, Reeditado, New Hyde Park, Nova York: University Books, s.d. trad. *Turba Philosophorum*. Londres: Wm. Rider & Sons, 1914.

Weitzmann, Kurt. *The Icon*. Nova York: George Braziller, 1978.

A Well of Living Waters. A Festschrift for Hilde Kirsch. Los Angeles: C. G. Jung Institute of Los Angeles, 1977.

Wickes, Frances. *The Inner World of Choice*. Nova York: Harper & Row, 1963.

Wilhelm, Richard, trad. *The I Ching or Book of Changes*. Traduzido do alemão por Cary F. Baynes. Princeton, Nova Jersey: Princeton University Press, 1971.

The World of Bruegel, Nova York: Time-Life Books, 1968.

Yerkes, Rayden Keith. *Sacrifice in Greek and Roman Religion and Early Judaism*. Nova York: Scribners, 1952.

Zimmer, Heinrich. *The Art of Indian Asia*. Complementado e organizado por Joseph Campbell. Nova York: Pantheon, 1960.

Philosophies of India. Nova York: Pantheon, 1951.

Índice Remissivo

Abede-Nego, 43
abutre, 182; *ver também corvus*, corvo
Actéon, 78-79
Adão, 50, 111, 127, fig. 4-14
Adler, Gerhard, 132n, 148n, 195n
adversidade, usos da, 173
afeto(s)
   (afetividade) e *mortificatio*, 188-189
   e *coagulatio*, 117
   e ego fraco, 45
   Espírito Santo ou fogo etéreo como, 64
   imunidade a, 64
   e *mortificatio*, 168-169
afogamento, 73, 172, fig. 3-14; *ver também* inundações
Afrodite, 56, 73, 209, fig. 3-4
Agamenon, 118
agathon, 203
Agni, 58
agone, 203
Agostinho, Santo, 37en, 46en, 48, 90, 155, 197, 234
água, 21, 67-68, 71, 87, 92-93, 95, fig. 7-11; *ver também* afogamento, inundações (dilúvio)
   divina, 97
   dourada, 234
   lunar, fig. 3-9
   Mercurial, 177
   operação da, 38; *ver também solutio*
   Penetrante, 231
   como princípio dionisíaco da fertilidade, 82
   em receitas alquímicas, 28-29
   simbolismo da, 67, 72-73
   como símbolo da *solutio*, 97, fig. 3-13
   como substância geradora ou fertilizadora, 82
águia, 160, fig. 4-2
Aion, 219
albedo, 165; *ver também* branco/brancura
   definida, 59
   destruição da, na *mortificatio*, 174
   e *solutio*, 94
alcoolismo, 83
alcoolização, 140
Alexander, H. B., 102n
Alexandre, o Grande, 185, 247

alma(s), 48, 118, 135, 138, 139, 165, 171, 177, 191, 224
   branca, 138
   doutrina cabalista da, 153
   encarnação e reencarnação da, 105-106
   integração da, 165
   e *mortificatio*, 182, 187-188
   queda da, 110
   e *separatio*, 217, figs. 7-13, 7-14
   translação para a eternidade da, 152
alquimia
   componente psíquico da, 39
   compreensão da, 32
   concepções de Jung sobre a significação da, 21-22
   etimologia da palavra, 182
   e individuação, 22
   mistério da, 27-28
   natureza secreta da, 27
   origem da, 186
   perigos da, 27
   e psicoterapia, 25
alquímica, visão de mundo, 23-24
alquímicas, operações; *ver também* nomes individuais
alquimista, figs. 1-2, 7-9
Ambrósio, Santo, 89
amor, 46, 57, 93, 95, 131, 235, 239-242
   como agente de *solutio*, 74-75
   divino, 37n
   transpessoal, 239-242
análise, *ver também*, psicanálise como profissão de morte, 187
analogia, uso da, 117-118
Anaxágoras, 218-219
Anaximandro, 29, 102, 214
Anaxímenes, 29
andrianos, fig. 3-10
anima
   e *coniunctio*, 231
   demônios da, 64
   mortificatio da, 168
   e possessão, 64
   representada por Luna, 68
anima
   candida, 120; *ver também* alma branca
   média natura, 176
   mundi, 162, 168
ANIMAIS, figs. 2-2, 4-2

abutre/corvo, 182
águia, 160, fig. 4-2
aves (como símbolo de *sublimatio*), 137-138, 147, 160
Cordeiro/cordeiro, 49, 57, 133, 173, 220
Dragão/dragão, 40, 42, 68, 155-156, 161, 165, 168-170, 172, 173, 183, 189, 228-229, figs. 2-4, 3-9, 6-3, 8-1
leão, 38-39, 109, 113, 168, 169, 173, 177, 180-181
lobo, 38-39, 42, 114, fig. 2-1
ovelhas, 155, 224
peixe, 230
peru, 156
salamandra, 117, fig. 2-6
Sapo/sapo, 171-173
serpente/víbora, 228
uroboros, 160
vermes, 175, 180, fig. 6-7
animans, vis, 239
animus
    e *coniunctio*, 231
    demônios do, 64
    mortificatio do, 168
    e possessão, 64
    representado por sol na *solutio*, 68n
anjos, queda dos, fig. 4-3
Ano, Círculo do, fig. 8-4
Anthropos, 179-180
antimônio, 39
Antônio, 142
Antônio e Cleópatra, 142
apathia, 143
apeiron, 29, 32, 102, 203
Apolo, 182
aqua
    mirifica, 93
    permanens, 90, 93, 97
    sapientiae, 93; ver também orvalho
Aquino, Tomás de (pseud.), fig. 7-7
ar, operações de, 38; ver também *sublimatio*
arcano/grande arcano, 25
arcontes planetários, 161
Ares, 209
Argonautas, 74
aristeron, 203
Aristóteles, 30, 203n, 213en
arquetípica(s)
    energia(s), 52
    imagem(ns), 115-116, 136
    da figura parental, 115
    da primeira matéria, 29-30
arquetípica, psique, 158, 186
    revelação da, no ritual mitraísta da individuação, 146-147
arquétipo
    e desenvolvimento infantil, 115-116
    indeterminação, 132-133
    do médico ferido, 182
    parental, 115
    personalização do, 115-116
    da Quaternidade, 205

arren, 203
arrependimento, 59en
Ártemis, 79
ártion, 203
ascetismo religioso, 165
Asclépio, 182
Ashmole, Elias, 171n, 202n, 216n, fig. 3-9
Asmodeu, 230
Atena, 209
athlon, 161; ver também *opus*
Atmam, 102
atomon megethos, 218
Atos (dos apóstolos), 149, 162
Átropos, 118
Atwood, M. A., 72n, 167n, 177n, 204n, 232n, 246n
augmentatio, 242
áurea, secção (secção média), 213
aurora, 165
Auto, Honório de, 90
aves; ver também abutre, águia, corvo, peru, pomba(o)
    como símbolos da *sublimatio*, 136, 138-139, 147, 159-161
Avicena, 97, 224
Avichi, 47

Bacchae, The, 79
balneum regis, 39
Banhistas, fig. 3-11
Barchusen, J. K., fig. 1-2
Basilides, 219
batismo, 129
    com água lunar e dragões, fig. 3-9
    conjunto de imagens do, em relação ao simbolismo fálico dionisíaco, 82
    cristão, e *solutio*, 77-79
    e o dilúvio de Noé, 89
    e a mulher que pegava em fogo, 44n
    como ritual de purificação, 92-93
    em sangue, 57, 91
Batista, João, 44, fig. 6-13
Batnae, Jacob de, 156
Baucis, 24
Berthelot, M. P. E., 140en
Bertine, Eleanor, 89n
Bessy, Maurice, 173, fig. 6-6
Betsabá, 74, fig. 3-6
Bevan, Edwyn, 54en
Bhagavad-gita, 217
BÍBLIA
    ANTIGO TESTAMENTO
        Cântico dos Cânticos, 235
        Daniel, 43
        Êxodo, 129, 173
        Ezequiel, 145
        Gênesis, 54, 106, 176
        Isaías, 51, 59, 127
        Jeremias, 195
        Jó, 59, 216
        Lamentações, 176
        1 Macabeus, 149
        Provérbios, 127, 176

1 Reis, 211, 243
2 Reis, 149
Salmos, 51, 52, 87, 98, 127, 175, 216, fig. 3-13
2 Samuel, 74
Zacarias, 51
NOVO TESTAMENTO
    Apocalipse, 48, 49, 57, 91, 235
    Atos dos apóstolos, 149, 162
    Colossenses, 188
    Coríntios, 59, 90, 179, 240
    Efésios, 85
    Gálatas, 105, 113
    Hebreus, 194
    João, 98, 105, 121, 129, 177
    Lucas, 54, 219
    Mateus, 48, 52, 108, 111, 192, 194, 207, 224, 243
    1 Pedro, 89
    2 Pedro, 50
    Romanos, 111, 113, 172
    2 Timóteo, 59
APÓCRIFOS
    Daniel e Susana, 74
    Tobias, 230-231
Bíblia, Livro da
    Apocalipse, 48-49, 57, 91, 235
    Colossenses, 188
    Coríntios, 59, 90, 179, 240
    Daniel, 43, fig. 2-5
    e Susana, 74
    Efésios, 85
    Êxodo, 129, 176
    Ezequiel, 145
    Gálatas, 105, 113
    Gênesis, 54, 106, 176
    Hebreus, 194
    Isaías, 32, 48, 51, 127, 129, 192
    Jeremias, A., 176, 195, fig. 7-3
    Jó, 59, 185, 216
    Lamentações, 176
    Lucas, 53, 219
    1 Macabeus, 149
    Mateus, 48, 52, 108, 111, 129, 192, 194, 207, 224, 243
    1 Pedro, 89
    2 Pedro, 50
    Provérbios, 127, 176
    1 Reis, 211, 243
    2 Reis, 149
    Romanos, 111, 113, 172
    2 Samuel, 74
    2 Timóteo, 59
    Tobias, 230
    Zacarias, 51
Bíblia/Sagradas Escrituras; *ver também*
    Antigo Testamento, Novo Testamento
    e conjunto de imagens da comida, 129
    e conjunto de imagens da *putrefactio*, 176-177
    e simbolismo das cinzas, 59n
bíblicas, personagens; *ver* nomes individuais
bismuto, 95
bode, 195
Boehme, Jacob, 54en, 105en, 109en, 113en
Brahman, 102
bramanismo, 64
branca, alma, 138
branco/brancura/embranquecimento, 45, 165-166, 167, 171-172, 174, 182; *ver também* albedo, alma branca, terra branca (foliada)
Breasted, James, 149en, 150n
Brehier, Émile, 30n
Bruce Codex, 54
Bruegel, Pieter, o velho, fig. 5-12
Buber, Martin, 155n
Budge, E. A. Wallis, 150, 151, figs. 5-8, 6-9, 7-13
budismo, 64
Burnet, John, 102n, 218n

Cabala, 236
cabalistas, 153, 235, 238
cabeça da morte, 184, 189, fig. 6-14
cabeça, simbolismo da, 182-184, 189, fig. 6-13; *ver também* cabeça da morte
calcinatio, 37-65, 67, 122, 224, figs. 2-2, 2-3, 2-8
    derivação a partir do procedimento químico da, 37
    e desejo(s), 42
    fogo da, 42, 59, 61
    Livro de Jó como descrição da, 59n
    principal característica do estágio da, 62
    processo químico da, 37, 62
    produto/produto final da, 62
    e punição, 47
    e purgatório, 45-46
    receita de Basil Valentine, 38
    e o rei, 40-41, figs. 2-1, 2-14
    e sexualidade, 41
    substância da, 62
Campbell, Robert J., 126en
Canistris, Opicinus de, fig. 8-8
Cântico dos Cânticos, 235
caput
    corvi, 182
    mortuum, 182, 183
carne/princípio da carne, 111, 123, 127, 133, 180-181, 232
castiçal(is), 132-133; *ver também* cera
ceia, última, fig. 4-15
Céleo, 59
cera, 133
ceração, 95; *ver também mortificatio*
Cérbero, fig. 1-4
Charles, R. H., 121n
Chaucer, 109en
chemia, 182; *ver também khem*
Christ, Imitation of, 173
Chrysostom, Dio, 86
chumbo, 23, 103-104, 111

cinza(s), 38, 59en-61, 110, 122
circulatio, 87, 160-161
cismáticos, 211, fig. 7-8
Cloto, 118
coagulatio, 38, 67, 101, 133, 135, 160, 161, 172
　agentes da, 104
　batedura como imagens da, 102-103
　e a carne, 111, 113, 124, 127
　e o conjunto de imagens da comida, 129
　e a criação/mitos da criação, 101-103, 117
　definida, 101
　e o desejo incontrolável, 105
　e o desenvolvimento do ego, 131-132
　e destino, 118
　e o mel, 108-109, 133
　e o mito cristão da encarnação, 123
　e o pecado e o mal, 109-111
　receita alquímica da, 103
　e a relação pais-filhos, 115-116
　e o simbolismo da cera, 133
　e o simbolismo do vestuário, 118-121
　substância da, 103
　terra como sinônimo de, 101
cobre, 23
cogitatio, 182
cognitio matutina, 197
cola, 205, 239
comida, imagens e simbolismo da, 127-129, 156, 180-182
complexo(s), 61, 103, 161, 224
　de Édipo, 228
compulsão, 105
concupiscência/*concupiscentia*, 47, 56, 61, 64, 113, 172, 239; ver também desejo/desejo incontrolável, luxúria
conhecimento
　filosófico, 94
　"matutino" e "noturno", 197
coniunctio, 49, 129, 172, 215, 225, 227-247, figs. 6-8, 8-2, 8-3, 8-4, 8-5
　e amor, 239-242
　e casamento e/ou intercurso sexual, 233-235
　concepção de Jung sobre a, 227
　e conjunto de imagens do peixe, 230
　definida, 227
　inferior, 228-231
　　e o ego, 231
　　produto da, 228
　inferior e superior diferenciados, 227
　e luxúria, 228-230
　e morte, 228-230
　e *multiplicatio*, 242-243
　e a Pedra Filosofal, 231-232, 242-246
　e psicoterapia, 223-224
　superior, 231-247

　três estágios da, 187-188
　e a união dos opostos, 232-236
consciência, 158, 178, 203, 214, 232
　centros da, 39
　diferenciação da, 188
　espaço para a, 203
　evolução da, 28
　força impulsionadora da, 105
　masculina, 113
　natureza e, 28
　objetiva, 40
　origem e o crescimento da, 185
　princípio diretivo da, 39
　do próprio mal, 111
　e a psique individual, 29
　pura, 102
　sementes da, 178
Consurgens, Aurora, 224, 235, fig. 7-6
conteúdo e do continente, problema do, 75
Cook, A. B., 151n
Cordeiro/cordeiro, 49, 57, 133, 173, 235
　Bodas do, 235
　pascal, 173
CORES; ver também ouro, prata
　escurecimento, 165, 176
　negro/negrume, 40, 45, 71, 127, 136, 165, 166-168, 171-172, 174, 176, 182-184, 190
　nigredo, 45, 71, 165, 174, 176, 182-183, 189, 190, 197
　rubedo, 165
　vermelho/vermelhidão/avermelhamento, 90-91, 165, 171-172, 182
Cornford, F. M., 117, 214en
Corônis, 182
corpo; ver também carne/princípio da carne como perfeição do, na *sublimatio*, 135
corvo/abutre, 182, 193; ver também *corvus*
corvus, 182; ver também corvo/abutre
crânio, 183-185; ver também simbolismo da cabeça, cabeça da morte
criação
　e *coagulatio*, 101-102
　mitos da, 67, 111, 117, 199, 201, 219
　em receitas alquímicas, 28-29
　segundo Platão, 117
　e *separatio*, 204-205
　dos seres humanos, 110-111
　sete dias de, 197
　simbolismo da, 197
criança
　desenvolvimento da, 114-115
　dos filósofos, 180-181
　imagem da, 31
　lobo, 114
cristão/cristianismo
　conjunto de imagens da *coniunctio*, 235
　mártires, 155
　místicos e misticismo, 155, fig. 5-9

261

mito da encarnação, 121
e *mortificatio*, 189
e os perigos da prática indigna da alquimia, 27
e o princípio dionisíaco, 85
e o sacramento da comunhão santa, 129
simbolismo, 219
e *solutio*, 77, 79
e *sublimatio*, 156, 162
Trindade, dogma da, 213
e o uso do mel, 108-109, 133
Cristo; *ver também* Jesus
do Apocalipse, fig. 7-5
ascensão de, 149, 162, 176
batismo de, 92-93
sobre batismo e renascimento, 177-178
e *calcinatio*, 52
comparado com Osíris, 189
crucifixão de, 83, 234, figs. 4-11, 7-12, 8-3
cruz de, 156
encarnação de, 121-127
espiritualidade de, 232
flagelação de, fig. 6-15
e o fogo, 45-47, 53
como fundamento pessoal, 45-46
imagens de, 196
como Logos-Cortador, 205, 207
e o mal, 111
núpcias com a Igreja, 235
Paixão de, 192, 196, 219
como pão, 129
como Pedra Filosofal, 98
ressurreição de, 176
como sacerdote, 194
sangue de, 85, 91
Segunda Vinda de, 50
e o simbolismo do enxofre, 103, 105
e a última ceia, fig. 4-15
crucifixão, 132, figs. 4-11, 4-12; *ver também* Cristo, crucifixão de,
culpa, 111
Cumont, Franz, 47en, 57n

Daniélou, Jean, 58n, 102n
Dante, Alighieri, 156en, 211en, 240, 241n, fig. 5-11
Dante, *Paradiso* de, 156
Davi, 49, 74
Dejanira, 57
Delacroix, E., fig. 4-7
Deméter, 59
Demófon, 59
demônio(s); *ver* Diabo/diabo(s)
derretimento, 95-96; *ver também liquefactio*
derrota e fracasso, 189
desejo/desejo incontrolável, 42, 61, 62, 63-64, 108, 122, 228-229, 230; *ver também* concupiscência, luxúria
auto-erótico, 40
e *coagulatio*, 105
Destino/destino, 118-119

Deucalião, dilúvio de, 86-87
Deus
e alquimia, 24-26, fig. 1-2
atualização de, 195
cabeça de, 219
e *coagulatio*, 101
conceito de, segundo Jung, 133
contraparte feminina de, 176
e criação, fig. 7-1
e fogo, 52
imagem coletiva de, 171, 197
e mitos do dilúvio, 86-91, 99
e mortalidade, 185
morte de, 196-197
e a *opus*, 24-25
e *sublimatio*, 144
deus(es); *ver também* DEUSES, INDIVIDUAIS, deusas, DEUSAS, INDIVIDUAIS
e ego, 23
deusa(s); *ver também* deus(es), DEUSES, INDIVIDUAIS, DEUSAS, INDIVIDUAIS
da Discórdia, 209
do nascimento, 118
da Verdade, 222
DEUSAS, INDIVIDUAIS
Afrodite, 56, 73, 209, fig. 3-4
Ártemis, 79
Atena, 209
Cloto, 118
Deméter, 59
Destino, 118
Diana, fig. 3-8
Éris, 209
Hebe, 118
Hera, 47, 86, 118, 189, 209, 234, 243
Héstia, 86
Láquesis, 118
Luna, 68en, 71, 113, 233-234, figs. 6-3, 7-6, 8-4, 8-5
Maat, 222
Perséfone, 59
Vênus, 23, 73, 152, 197
DEUSES, INDIVIDUAIS
Agni, 58
Apolo, 182
Ares, 209
Dioniso, 79, 82, 85, 110-111
Eros, 73, 41, 242
Geb, 201-202, fig. 7-3
Hélio, 74
Hórus, 151
Júpiter, 23, 152
Marte, 23, 152, 153
Mercúrio, 23, 152
Mitra, 53, 133, 146
Nut, 201-203, fig. 7-3
Osíris, 79, 93, 151-152, 178, 184, 186, 189, 222, figs. 5-8, 6-9
Posídon, 86
Rá, 150-151
Saturno, 23, 104, 108-109, 113, 152, 156
Seth, 151
Shiva, fig. 2-11

262

Shu, 201, fig. 7-3
Sol, 68en, 71, 113, 168-169, 233, 234, figs. 6-3, 7-6, 8-4, 8-5; *ver também* Hélio
Zeus, 110, 234, 243
devekut, 154
dexion, 203
Diabo/diabo(s), 63, 127, 165, 230, figs. 2-13, 4-15; *ver também* Lúcifer, Mefistófeles, espírito de Satanás
e alquimia, 25
animus e anima, 64
e psicoterapia, 25
e simbolismo do enxofre, 104-105
diamante(s), 64, 125, 127
Diana, fig. 3-8
Dickinson, Emily, 116-117n
Dies Irae, 49
Dieterich, A., 53n, 146n
dionisíaco(a)
criatividade, 83
princípio, 82, 83-85
Dioniso, mito de, 79, 82, 85, 110-111
dissociação, 143, 144
divina, água, 98
Divino, Encarnação do Logos, 121
Djed, coluna, 152
doçura; *ver* mel
doença mental, 143
donjuanismo, 84
Doré, Gustave, figs. 2-7, 2-10, 3-12, 5-6, 5-11, 7-8, 8-6
Dorn, Gerhard, 94, 108, 183, 187-188
dourada, água, 234
Dragão/dragão(ões), 40, 42, 68, 155-156, 161, 165, 168, 170, 172, 183, 189, 228, figs. 2-4, 3-9, 6-3, 8-1
drogas, vício das, 84
dupla quaternidade, 127
Durer, Albrecht, figs. 2-12, 4-6, 4-8, 4-14, 6-11, 7-5

Eckhart, Meister, 195en
Edinger, Edward, F., 39n, 59n, 85n, 158n, 173n, 189n, 218n, 246n
Édipo, 189
complexo de, 228
Efraim, 44
egípcio(a)
embalsamamento, 176
mito da criação, 200-201
mito da translação, 149-151
religião e *separatio*, 224
Egito, antigo, 178, 186
ego, 32, 39-40, 48, 76, 99, 103, 162, 170, 186, 188, 189, 191, 214, 218
atitude do, 23
e *calcinatio*, 63
e *coagulatio*, 101, 103, 112-113
componentes arquetípicos do, 23, 68
e *coniunctio*, 230
consciência do, 45, 143

criação do, 30
desenvolvimento do, 106, 108, 111, 115, 131-133
destruição do, 84
e diferenciação entre sujeito e objeto, 203-204
encarnação, 181
e imagens de comida, 127
e imagens do Mar Vermelho, 90-91
do inconsciente, 247
infantil, 69
inflamado, 43, 73
e mal, 111
neurótico, 69
e o princípio dionisíaco, 84-85
e o princípio diretivo do consciente, 170
e psicoterapia, 243-244
e punição, 111
purificação do, 54
como rei, 72-73
e *separatio*, 219
e o Si-mesmo, 132, 234
e *solutio*, 68-69, 79-80, 87, 96
valor transpessoal do, 122-123
ego, condição de
aspectos criminosos da, 111
função redentora da, 124
egocentrismo, 170
egoísmo, 96
Eisler, Robert, 109n, 133n
elementos, os quatro, 30, 49, 86, 101, 122, 204-205, 231-232
Eleusinos, Mistérios, 27, 92
Elêusis, 59
Eliade, Mircea, 43en, 78en, 101n, 146n
Elias, 149, 176, fig. 5-6
Eliot, T. S., 56-57n, 191
Eliseu, 149
elixir, 243
"*elixir vitae*", 97
Emerson, Ralph Waldo, 113en, 144en, 176en, 215en
Empédocles, 110en
enantia, 203
encarnação, 105, 113, 118, 123-124, 131, 133, 148, 160, 181
Enobardo, 142
Enoque, 145
livro de, 121
Enoque, Segredos de, 145
enxofre, 103-105, 227
eremoun, 203
Éris, 209
Eros, 242
princípio de, 73
como reino do princípio feminino, 40
simbolizado como sal, 61
Escada / escada, simbolismo da, 151-152, 153-156, 163, figs. 5-8, 5-9, 5-11
esferas planetárias, 152-154, 161, fig. 6-14
espadas/lâminas/correntes, 205-207, 211, figs. 7-2, 7-4
espírito(s)

263

do ano, 189
coagulação do, 97, 117-118, 132-133
consolidação do, 97
divindades planetárias como, 23
da *prima materia*, fig. 2-6
e *separatio*, 216-217
sublimação do, 135, 142, 143
da *sublimatio*, 156
transpessoal, 104
como vento escondido, 228
Espírito Santo, 54-56, 160, 177
como afeto, 64
como fogo etéreo, 64, 97
Ésquilo, 61, 118
esquizofrenia, 116
estanho, 23
Estilita, Simeão, fig. 5-10
estóicos/estoicismo, 50, 53, 143, 188
estrela(s), 93, fig. 8-7
da manhã, 197
da noite, 197
eternidade
significado psicológico da, 157-158
simbolismo da, 146-155
translação para a, 152
etíope/Etíope negro, 42, 183
Eucaristia, 129, 133, 136
Eurípides, 79
euthu, 203
Eva, 111, 127, fig. 4-4
Evans-Wentz, W. Y., 105
exhydrargyrosis, 140
êxodo, 90-91
extração, 215-216
extractio, 215
Eyck, H. Van, fig. 7-12

Faetonte, 86
falo, 82, 147
fantasias alquímicas, 227
fantasiosas, imagens, 39
faraó, exército de, fig. 3-14
Fausto, 185
Fedra, 118
fel, simbolismo do, 230-231
feminino
arquetípico, 79
princípio, 68, 113-114
fé religiosa, 161, 196
ferro, 23, 150-151, 155
Figulus, Benedictus, 30n, 176n, 177n, 231n
Filemon e Baucis, 24
filho-ego, 228
filius
macrocosmi, 161
philosophorum, 162, fig. 4-1
Filo, 22en, 204, 205
filosofal
água, 97
terra, 173, 177
Fitzgerald, Edward, 94n
Fixatio, 123; *ver também coagulatio*
fogo, 30, 37, 40, 43-44n, 45, 46, 48, 92, 117, 136, 149, 171-172,

204-205, figs. 2-6, 2-9, 2-11
como árvore da vida, 54
associado com Deus, 52
astral e natural, 117
banho de, 59
da *calcinatio*, 42-49, 61, figs. 2-4, 2-5
como cal viva, 37en
dois tipos de, 53
domínio do, 43
energias arquetípicas como, 54
e o Espírito Santo, 54
etéreo e terrestre, 64
operações; *ver também calcinatio*
pensamento hindu, 58
punição pelo / como punição, 46-55, fig. 2-7
como purificador e separador da alma, 52
sacrifical, 57-58
como sangue, 57
simbolismo do, 38-39
foliação, 142; *ver também* terra branca (foliada)
Forma/forma(s), 113
aquosa, 72
e batismo, 78
eterna, 115, 143
e matéria, 30, 133
platônica, 136
Freeman, Kathleen, 61n, 72n, 110n
Freud, Sigmund, 136
Frey, Liliane, 146
Frost, Robert, 50en, 215en
funções, as quatro, 30, 205

Geb, 201-202, fig. 7-3
Gedeão, orvalho de, 93
Gláucia, 57
glutinum mundi, 239
gnosticismo/pensamento gnóstico, 1, 53, 54, 90, 110, 179, 180, 194, 207
Goethe, 82n, 103n, 185n, 194
Golden Treatise of Hermes, 72, 204
Goodenough, Erwin R., 53n
graça, 93
Grant, Robert M., 53n
Gray, Thomas, 188
grilhões e prisão, motivo de, 111

Hades, 49, 93, 168; *ver também* inferno
Hamlet, 109, 184
Harding, Esther, 39en, 233-234n
Harding, Santo Estêvão, fig. 2-5
Hassidismo, 155
Hastings, James, 47n, 50n, 51n, 87n
Hayes, Dorsha, 45n
Hebe, 118
Hélio, 93
hen, 203
Hera, 47, 86, 118, 189, 209, 234, 243
Héracles, 57, 74, 149
Heráclito, 29, 50, 61n, 72, 209
Hermetic, Museum, 52n, figs. 1-1, 6-10
Herodes, 173

herói, imagens associadas com o, 171, 189
herói-sol, 189
Hesíodo, 59n
Héstia, 86
heteromekes, 203
hierosgamos, 238
Hilas, 74, fig. 3-5
hinduísmo/hindu
   e *coagulatio*, 101
   e fogo, 58
   mito do dilúvio, 102
Hinsie, Leland E., 136en
Hipólito, 219en
Holbein, Hans, figs. 6-4, 6-14
Holmes, Oliver Wendell, 118
Hórus, 151
Howell, Alice, 148n

Iahweh, 51, 54, 59n, 185, 216, 219, 235
Iâmblico, 58, 59n
I Ching, 95, 145en, 175, 243
id, 136
idealismo, 143
Ifigênia, 118
Ilíada, 52, 234
imagens; *ver também* assuntos específicos
   de afogamento, 72-73, 76
   de animais; *ver* ANIMAIS
   astrológicas, 161
   de uma criança, 30
   de espadas, 54
   fantasia, 39
   de *mortificatio*, 165-166
   de planetas como metais, 23
   de *putrefactio*, 174-175
   de roupas, 118, 121
   de sublimação, 137, 162
imortalidade, 146
incenso, 230
incesto
   e *solutio*, 68
   urubórico, 69
inconsciente, 119, 133, 175, 188, 191, 195, 205, 228, 246
   como água, 72-73
   coletivo, 186
   descida, 68
   indiferenciado, 30
   maternal, 228
   como pecado, 90
   psicologia, 21-22
   psique, 21
   e Si-mesmo latente, 76
   e simbolismo do Mar Vermelho, 90-91
increatum, 32
indígenas, norte-americanos
   mitos de criação dos, 101-102
individuação, 22, 103, 121, 129, 133, 158, 172, 187, 214, 218, 239, 242-243
   e alquimia, 22
   como processo de criação do mundo, 29

indivíduo, coletivização do, 79
infantil, inocência, 173
inferno, 39, 47-48, 97, 105; *ver também* Hades
Inferno, de Dante, 211
inflação, 83
   solipsista, 29
inocência, 31, 93, 173, fig. 6-6
instinto(s) 136, 189
   banho de, 80
   poder do(s), 170
interior, parceiro/companheiro, 192
intuição (função), 30, 205
inundações (dilúvio) e inundar, 50, 86, 101-102, fig. 3-12
   ver também afogamento, água
Íon, 194
Ions, Veronica, 201n
ira, divina, 49, 51-52en, 62
Ísis, 79, 93, 151
Isolda, 69
Ísquis, 182
israelitas, 176
Ixião, 47

Jacoby, E., fig. 2-9
Jaffé, Aniela, 104en
James, M. R., 49n, 51n, 123
Jasão, 57, 187
Jesus, 31, 176, 193-194; *ver também* Cristo
   como separador dos objetos criados, 219
Jesus patibilis, 123
João da Cruz, São, 176-177n
João, São, 59, 61, 98
   Evangelista, fig. 2-12
   Evangelho de, 98, 177
Jonas, Hans, 123n
Josephus, 50en
Judas, 113, fig. 4-15
Juízo Final
   e imagens do fogo, 48-51
   e simbolismo da *separatio*, 221, 224-225, figs. 7-12, 7-13, 7-14
Jung, C. G., 23n, 28n, 29n, 31n, 34en, 38n, 42n, 44n, 53n, 64n, 67n, 68n, 71n, 73n, 90n, 103n, 118n, 169n, 205n, 215n, 218n, 225n, 228n, 234n, 246n, 247en, 248n
   alquimia, 21-22n, 32, 34
   amargor, 231
   amor transpessoal, 241-242en
   árvore da vida, 195
   cabeça oracular, 183-184
   cinza e vidro, 59n
   circulatio, 161en
   coagulatio, 103-104en
   companheiro interior, 192en
   compreensão alquímica da matéria, 21
   compulsão, 105en
   conhecimento "matutino e noturno", 197en
   coniunctio, 232

265

culpa, 111n
Deus, 133
desejo incontrolável, 63-64
diferença entre as atitudes cristã e alquímica, 161n
dissolução na identificação com os poderes criadores, 83en
distinção entre a fé religiosa e a atitude alquímica, 196en
emoções, 118en
enegrecimento, 177en
Eucaristia, 129en
experiência da treva, 192en
Freud, 136en
gnosticismo, 90en
imagens do afogamento, 72en
imagens e emoções, 118en
indeterminação dos arquétipos, 132en
individuação, 133en, 146en
interpretação dos sonhos, 98en
Jó e Iahweh, 185en
o mal, 111en
mortalidade, 185
morte e cadáveres, 179en, 180en, 185en, 186en, 187-188en
morte do corpo e da personalidade do ego, 147en
morte do dragão, 168
mortificatio, 168en, 172en, 182
negrume, 182en
os opostos, 221en, 232en
a *opus*, 165en, 176
Paixão de Cristo, 219en
personalidade, 84, 244en
possessão, 105en
princípio feminino, 114
psicoterapia, 244
punição e tormento, 49n
ritual mitraísta de iniciação, 146en
o *Rosarium*, 181
sacrifício, 199en
separatio, 219n, 221
simbolismo da cabeça, 182en, 183-184
simbolismo do corpo e negrume, 182en
simbolismo do enxofre, 104-105en
simbolismo do fogo, 118en
simbolismo da lua e do orvalho, 93
simbolismo do mel, 108-109en
simbolismo do sal, 61en
Si-mesmo, 133
Si-mesmo e ego, 188
sofrimento e crucifixão de Cristo, 194
solutio, 74-75en, 77en, 96en, 98en, 99en
sonho de, sobre a árvore da vida, 195en
sublimação e visão da *sublimatio* de, 136, 156-161en
visão da *coniunctio*, 237-239en
unio mentalis, 187-188
Júpiter, 23, 152

jus, 214
Justiça/justiça, 214, fig. 7-10

Kakon, 203
kampulon, 203
Kazantzakis, Nikos, 50n
Keats, John, 209
Kelly, Edward, 30n, 67n, 75n, 97en, 142n, 217en, 224en
Kempis, Thomas, 48n, 173
Kerényi, C., 182en
Khayyam, Rubaiyat de Omar, 94
khem, 182; ver também *chemia*
King, Edward, 209
Kinoumenon, 203
Kirk, G. S., 209n
kuhul, 103; ver também chumbo
Kunz, G. F., 127

lamentação, 217
lâminas afiadas, 205, 207, fig. 7-2; ver também Logos-Cortador
landshut, Mair de, fig. 6-15
Lao Tsé, 95
lapis, 232
lydius, 49n
philosophorum, 49n; ver também Pedra Filosofal
Láquesis, 118
leão
e *calcinatio*, 38-39
e *coagulatio*, 111, 113
e *mortificatio*, 168-169, 173, 180
Lear, Rei, 189-191
leukosis, 165
liberdade, fig. 4-7
libido, 38, 95, 108, 184, 203, 216
formas infantis da, 169
liquefactio, 95
lobo, 38, 39, 42, fig. 2-1
como antimônio, 39
–crianças, 114
Logos, 32, 53, 204, 207
Divino, 121
Logos-Cortador, 204, 205, 215
Longfellow, Henry Wadsworth, 162
loucura, 189, 191
lua, 23, 79, 93, 113, 142, 169, 180-181, 225, 227, fig. 4-6; ver também Luna
como *aqua mirifica*, 93
Luciano, 47
Lúcifer, 197; ver também Diabo/diabo(s), Satanás
Lucrécio, 239en
Luna, 68n, 71n, 113, 233-234, figs. 6-3, 7-6, 8-4, 8-5; ver também Lua
Luxúria, 75, 228-230; ver também concupiscência, desejo/desejo incontrolável
como agente da *solutio*, 74-75
Lycidas, 209

Maat, 222

MacIntyre, C. F., 142n
Macrobius, 106n, 152en
Mãe, Grande, 69
Magistério, 27
    Grande, 246
magnésio, 103, 177
Maier, Michael, 225n, figs. 2-1, 2-6, 2-8, 2-14, 3-15, 4-1, 4-4, 6-3, 7-2, 8-1
mal, 109, 111, 167, 189, 219
Malkouth, 236
mandala, fig. 8-8
Mandara, 102
Maneros, 79
maniqueus/maniqueísmo, 65, 123
Manu, 102
Maomé, 145
Maria, Virgem, 123, 149, figs. 4-6, 4-9, 5-5, 5-7
Marolles, M. de, fig. 1-3
Marselha, Tarô de, figs. 7-4, 7-10
Marte, 23, 152
martelar, significado e simbolismo do, 142
masculino, o princípio, 39, 68
mater, 113; *ver também* matéria
matéria, 31, 113, 122, 143
    e alquimia, 21
    atenuação da, 140
    e forma, 30
    e mal, 111
    primeira, 29-30; *ver também* prima-materia
    separação da, do espírito, 217
    sofrimento da, 165
    transformação da, 30
    viva, 132
materialidade, princípio da, 122
Mathers, S. L. MacGregor, 237n
Mead, G. R. S., 54n
Medéia, 57
medo, 176
Mefistófeles, Espírito de, 103
meio-termo, 213
mel, 108-109, 133, 228
Melchior, 42n
Mênades, 79, 84
mentalis, unio, 183, 187-188
Mercúrio, 23, 103, 113, 152, 168
mercúrio (azougue), 23, 68, 103, 140, 227
Mercurius, 205, 215, fig. 5-5
Mesaque, 43
Messias, 175, 193
metais, 23, 30, 39; *ver também* nomes individuais
    e *coniunctio*, 227
    dissolução dos, 173
    "lepra dos", 192
    nobreza dos, 95
    processamento químico dos, 68, 96
    purificação dos, 50-51
    transmutação dos, 96
Metanira, 59
Meydenbach, J., fig. 6-7
Michelangelo, 56en
Michelspacher, Steffan, *frontispício*

Miguel, o arcanjo, fig. 7-14
Milton, *Il Penseroso* de, 144
Milton, John, 106en, 144-145, 209
Missa Negra, 129
mistérios alquímicos, 27-28
mitos; *ver também* DEUSES, DEUSAS
    de Actéon, 79
    sobre a água, 72-74
    de Asclépio, 182
    da criação, 101
    cristãos da Encarnação Divina, 121-123
    de Dioniso, 79-80
    egípcios da vida após a morte, 150-152
    gnósticos da encarnação, 123
    gregos, 86
    do herói, 168
    referentes a animais *ver* ANIMAIS
    referentes a dilúvios, 86-90, 102
Mitra, 53, 133, 146
mitraísmo, rito tauroból eo do, 57, 92
mitraísta, ritual de iniciação, 146
moagem, simbolismo da, 142
Moisés, 145, fig. 7-11
Moisés e Khidr, lenda muçulmana de, 77n
monosandolos, 189
Moreau, G., fig. 4-5
morte, 51, 111, 114, 119-121, 146-147, 165-166, 172, 179-182, 185-188, 194, 214, 217-218, 228, 230, figs. 6-4, 6-5, 6-7, 6-11, 6-14
    de Deus, 196-197
    interior, 98
    opinião de Jung sobre cadáveres e, 179en, 180-181en, 185-186, 187-188
    renascimento
    – no batismo, 77-78
    – no mitraísmo, 146
    visão platônica de, 187en, 204en
    e *separatio*, 205-207
mortificatio, 39, 54, 71, 109, 111, 165, 197, 217, 227, 228, 231
    agente de, 176
    e o companheiro/parceiro interior, 192
    conjunto cristão de imagens da, 173, 177-178, 188, 192-196
    definida, 165-166
    como derrota e fracasso, 189
    distinta da *putrefactio*, 174-176
    e imagens
    – do corvo, 182
    – do dragão, 169, 171-172
    – do ouro, 177-178, 189-190
    – da *putrefactio*, 174-176
    – shakespearianas da, 172
    e a lei dos opostos, 194
    e morte / funeral, 178-181, 185-188
    e negrume / nigredo / negro, 166-167, 176, 183-184, 190

267

e o número quarenta, 176
e a psicologia de sacrifício, 194-196
e a psique coletiva, 197
e a pureza/inocência, 173
e o Si-mesmo, 193-194
simbolismo
   – da cabeça/crânio, 182-185, 189
   – do rei, 169-170, 181, 197, figs. 6-4, 6-5
e a sombra, 167
visão de Ripley da, 171
mortos, O livro tibetano dos, 105
multiplicatio, 242-243
múmia/mumia, 180
Munch, Edvard, fig. 5-4
mundificatio, 224
mundo, fim do, 48-50
Mundus, Unus, 237, 247
Murray, Gilbert, 189
Mysterium Coniunctionis, 22, 105, 187-188

Nabucodonosor, 43
Natura, De Rerum, 239
natureza, 31, 68, 84, 182, 199, 207, 213
   e arte, 28
   e a cal viva, 140
   e a opus, 28
negro/negror/enegrecimento, 40, 42, 45, 127, 165, 174, 176, 182, fig. 6-8; ver também demônio, nigredo, fig. 4-15
   como marco de mortificatio, 166
   e putrefactio, 174-176
   como referência à sombra, 167-168
   e simbolismo da cabeça na mortificatio, 182, 186, 189
   e solutio, 71-73
negrume, portal do, 174
nekyia, 186
Nêmesis, fig. 4-8
neoplatonismo, 105
Nesso, 57
Neumann, Erich, 69n, 115-116n
Nibelungos, Anel dos, 69
Nietzsche, Friedrich, 83-84, 85n
nigredo, 45, 71, 165, 174, 176, 182-183, 189-190, 197, figs. 6-8; ver também negro/negror/enegrecimento
Noé, dilúvio de, 86, 89
Norton, Ordinal of Alchemy, de Thomas, 25
Norton, Thomas, 25
Nous: ver Logos
numinosum, 99, 142
Nut, 201-203, fig. 7-3

Oates, W. J., 61n, 118n
ódio, 110
oito, significações do número, 90
O'Neill, Eugene, 61n, 118n

Onians, R. B., 118n
opostos
   combinação de, 97, 98, 230-233, 239
   lei dos, 167
   pares de, 72, 79, 203, 221
   passagem pelos/percepção dos, 161
   separação de, 202-203, 205, 211, 214, 219, 221, 224
opus, 24-29, 40, 67, 90-91, 98, 161, 165, 168, 172, 176, 187, 216, 225, 227, 231, 235, 246, frontispício
Orígenes, 48en, fig. 5-8
orvalho, 93-94, fig. 3-16; ver também aqua sapientiae
Osíris, 79, 93, 151-152, 178, 183-184, 186, 189, 222, fig. 5-8
Otto, Walter, 79en, 82en
ouro, 23, 28, 39, 68, 122, 136, 177, 184-185, 189-190, 217, 225, 227, 231, fig. 4-10
ovelhas, 155, 225
Ovídio, 199en
ovo filosofal, fig. 7-2

pai devorador, fig. 2-3
pais do mundo/primeiros pais, 200-201
panta rhei, 89
pão, 127, 129; ver também comida, imagens e simbolismo da
Paracelso, 51n, 108en, 143en, 167n, 180, 204, 214n
Páris, 209, fig. 7-7
participation mystique, 203, 207, 209, 218
particulares, concretos, 97
pathos, 189
Paulo apóstolo, 28, 45, 48, 78, 85, 90, 105, 111, 121, 172, 178, 188, 240, 242; ver também BÍBLIA: NOVO TESTAMENTO
pavão, cauda do, 165; ver também cauda pavonis
pavonis, cauda, 165; ver também cauda do pavão
pecado/pecaminosidade, 48en, 90, 105, 170
pedra: ver Pedra Filosofal
Pedra Filosofal, 24, 26, 28-29, 49n, 87, 90-91, 98, 121, 171, 172, 177, 180-181, 186, 194, 216, 231-232, 242, 246
peixe, 79, 230-231
pensamento (função), 30, 205
Pentecostes, 55, fig. 2-10
Penteu, 79
peras, 203
peratas, 90
peritton, 203
Perpétua, Santa, 155-156
persona, 119
personalidade, 30-31, 161, 171, 244
   da criança, 114
   dissolução da, 39

fragmentação da, 32
integração da, via *calcinatio*, 49
e a relação paciente-terapeuta, 96-97
solidificação da, 103
personalização
  de arquétipos, 116
  secundária, 115-116
peru, 174
phaedo, 187
philosophorum, 71
phos, 203
physis, 176
Pindar, *Odes of*, 118n
Píndaro, 118
Píndaro, *Nemean Odes* de, 118n
Pirra, 86
pitagóricos, 203
PLANETAS
  Júpiter, 23, 152, 153
  Marte, 23, 152, 153
  Mercúrio, 23, 152, 153
  Saturno, 23, 31, 104, 108-109, 113, 152-153, 156, figs. 4-4, 5-11
  Vênus, 23, 152, 153, 197; *ver também* estrela da manhã, estrela da noite
  fontes de, 73
  visão alquímica dos, 23
Platão, 117en, 118, 143, 187en, 204en, 212, 217, 239
platônicas, formas, 136
pleroma, 32, 221
plethos, 203
Plutarco, 79en, 82
pneuma, 139; *ver também* espírito
pombos(as), 56, 139, fig. 5-3
Posídon, 86
possessão, 84, 105, 135
potencialidade, pura, 30
prata, 23, 51, 68, 227
pré-socráticos, filósofos, 29-30, 67, 203; *ver também* Anaxímenes, Anaxágoras, Anaximandro, Empédocles, Heráclito, pitagóricos, Tales
Priestley, J. B., 147, 149
prima-materia, 29-35, 40, 67, 87, 91, 97-98, 102, 136, 168, 172, 193, 194, 199, 205, 228, 246, figs. 1-3, 1-4, 2-1, 2-6; *ver também* primeira matéria
primeira matéria, 30, 96, 117; *ver também prima-materia*
Prisco, Tarquínio, 160
proiectio, 242
projeção, 21, 30, 165, 187, 217, 221
Prometeu, 111, figs. 4-5, 5-5
psicanálise
  e *mortificatio*, 187
  e *solutio*, 80
  e sublimação, 136
psicológico, empirismo, 161
psicose, 29
psicoterapia, 21-22, 30
  e alquimia, 21, 26
  e *calcinatio*, 61-62

e *circulatio*, 161
e *coagulatio*, 106, 114, 116
e *coniunctio*, 232
etimologia da palavra, 22
e *mortificatio*, 168-169, 180
e *multiplicatio*, 243
e a *prima-materia*, 32, 68
profunda, 22
e *separatio*, 202-204
e *solutio*, 67-68, 76, 96
e *sublimatio*, 158-160
psique
  adulta, 40
  arquetípica, 43-44, 59, 63, 103, 161
  autônoma, 186
  coletiva, 197
  compreensão da, 21
  dissolução da, 143-144
  inconsciente, 21
  individual, 28, 239
  instintiva, 168
  e o Mar Vermelho, 90-91
  e *mortificatio*, 182
  objetiva, 24, 115, 117, 244
  pessoal, 161
  primordial, 170
  realidade da, 149, 186, 232
  segredo da, 27-28
  transpessoal, 189
  transpessoal, centro da, 97
Psycology of Transference, 93
punição, fig. 4-5
  concepções junguianas sobre a, 83
  pelo fogo, 45-49
pureza, 173
purgatório, 45-47
purificação, 187, 224-225, 231, fig. 3-16
putrefactio, 111, 113, 165-166, 171, 174-176, 177; *ver também* putrefação/apodrecimento
putrefação/apodrecimento, 96, 167, 173; *ver também putrefactio*
quarenta, significações do número, 176
quaternidade
  arquétipo da, 205
  dupla, 127

Rá, 150-151
Rackham, Arthur, fig. 3-1
Rafael, o anjo, 230
Rahner, Hugo, 90n, 93n
rainha
  e putrefação, 182
  e *solutio*, 71, 94, figs. 3-2, 3-16
Raven, J. E., 209n
razão, 26, 143,˙152, 182
  Divina, 54
Read, John, 23n, 39en, 67n, 182n, 225n, 243n, 247n
Rei/rei, 67, 72-73, 149, 173, 181, 189, 210, fig. 7-7
  e *calcinatio*, 40, figs. 2-1, 2-14
  e imagens de afogamento, 72-73, fig. 3-3

269

e *mortificatio*, 168-171, 189, 196, figs. 6-4, 6-5
e *solutio*, 72-75, 94, figs. 3-2, 3-3, 3-16
transfixação do, fig. 4-13
Reino, Donzelas do, fig. 3-1
Rembrandt, figs. 3-6, 4-9
Renoir, fig. 3-11
Reusner, H., fig. 5-5
revelação, 145-146
rhinisma (recheios), 140
Rilke, 142n
Ripley, *Sir* George, 40n, 62, 202, 215
Ripley, Visão de George, 171-172
ritos e rituais, 96; *ver também* batismo
    envolvendo cera, 133
    funerários, 186
    de individuação, 129
    mitraístas, de iniciação, 146
    referentes
        à morte, 189; ao número oito, 89; da Santa Comunhão, 129; a subida e descida, 146
Roethke, Theodore, 190-191n
Rohde, Erwin, 52en
rosa celeste, fig. 8-6
Rosarium Philosophorum, 71, 93, 172, 181, fig. 3-16
Rosino, 31
rotundum, 183
rubedo, 165; *ver também* vermelho/vermelhidão
Ruland, Martin, 95n, 101n, 103n, 172, 174, 215en, 232en

sabedoria
    arquetípica, 207, 209
    divina, 93, 177
sacramentos, 129; *ver também* Eucaristia
sacrifício, 194, 219
    pela combustão, 57
    vítima do, 173
Sadraque, 43
sal, 61
salamandra, 117, fig. 2-6
Salmos
    nº 8, 216
    nº 22, 175
    nº 63, 98
    nº 66, 51
    nº 69, 87, fig. 3-13
    nº 80, 127
    nº 104, 52
Salomão, 210-211
Salomé, fig. 6-13
salvação, 165
    e *solutio*, 89-90
sangue, 57, 174, 195, 228
    e batismo, 90
    e *mortificatio*, 173
    como *rubedo*, 165
Sansão, 110
santos: *ver* nomes individuais
Sapientia Dei, 231
sapo, 171-173
Sara, 230, 247

Sardes, Melito de, 92
Satanás, 59n, 219; *ver também* Diabo/diabo(s), Lúcifer
Saturno, 23, 104, 108-109, 152, 153, 156, figs. 4-4, 5-11
    dia do, 197
    filho de, 31
Scholem, Gershom, 153en
Schopenhauer, Arthur, 29, 143en
secundária, princípio da personalização, 116
Sefirah/Sefirot, 153
sementes e plantio, 177-179, 180, figs. 6-9, 6-10
Senior, 59n
sensação (função), 30, 205
sentimento
    função, 31, 205
    domínio do, 95
separatio, 40, 54, 139, 199-225, 231
sepulcrorum, odor, 175
ser, três níveis do, 39
sereias/ninfas da água, 73-74, fig. 3-5
    corvo, 182, 193
    ovelhas, 155, 224
    pombos, 56, 139
    salamandra, 117, fig. 2-6
    serpente/víbora, figs. 4-12, 4-13, 5-10
serpente/víbora, 228, figs. 4-12, 4-13, 5-10
Sete sermões aos mortos, de Jung, 219
Seth, 151
sexualidade, 40, 80
Shakespeare, William, 132n, 140-143, 172-173en, 183-185n, 187, 189-191, 229-230, 241-242
Shekinah, 235
Shelley, Percy Bysshe, 209
Shiva, fig. 2-11
Shu, 201, 203, fig. 7-13
Sibila/Sibylline Oracles, 49, 51
símbolos/simbolismo; *ver também* itens individuais
    alquímicos, 21-22, 34
    de animais: *ver* ANIMAIS
    da cabeça, 182
    do enxofre, 104-105
    do fogo, 38
    do incesto, 68
    do leão, 39
    Livro de Jó como descrição simbólica da *calcinatio*, 59n
    do lobo, 39n
    mortuários, 185-186
    do número oito, 90
    dos planetas como metais, 23-24
    do purgatório, 45-47
    da *separatio*, 212-213
    do Si-mesmo, 31
    da *solutio*, 77
    da *sublimatio*, 135
    da terra branca, 121-123
    da transformação, 34
    da translação para a eternidade, 146-156
Si-mesmo, 31, 43-44, 90, 99, 122, 140, 180, 188, 189-190, 191,

207, 210, 213, 216, 231, 239, 243
energia do, 48
e imagens de comida, 129
latente, 76
como mulher que amassa o fogo, 43-44n
e a *opus*, 25
como prefiguração inconsciente do ego, 133
como produto da *mortificatio*, 180
projeção do, 76
em relação com o ego, 236
e *separatio*, 217, 221
e *solutio*, 77, 97, 99
e simbolismo do diamante, 127
simbolizado pelo entalhe da crucifixão, 132
transpessoal, 106
Simias, 189
Sinésio, bispo, 83
skotos, 203
sofrimento, 165, 194-195
Sol, 23, 67en, 71, 92-93, 113, 152, 169-170, 173, 176, 180, 225, 227, 233-234, figs. 6-3, 7-6, 8-4, 8-5; *ver também* sol, Hélio
dia do, 197
solidificação, 101n
Sol Mitra, 146
Solis, Corpus, 177; *ver também* ouro
solutio, 37, 38, 50, 67-69, 101, 116, 135, 228, fig. 3-15
abençoada, 69-71
agentes da, 75
e afogamento, 72-73, 76, fig. 3-14
água como alvo da *solutio*, 97-98
como algo que leva ao Si-mesmo, 97, 99
aspectos superiores e inferiores da, 97
base química da, 68
e batismo, 78, 89-91
definida, 67, 75
e descida no inconsciente, 68-69
e desenvolvimento do ego, 69, 73, 76-78
dionisíaca, 77-85
efeito dúplice da, 71
como fragmentação e desmembramento, 79
imagens da, 71
imagens da, no Antigo Testamento, 74, 98
imagens cristãs da, 85, 89-92, 98
e imagens do Mar Vermelho, 90-91, fig. 3-14
e imagens do ventre, 68
e incesto urobórico, 69
no interior de um grupo, 76, 79-80
e *liquefactio*, 95
e mitos ou imagens de dilúvio, 86-91
e *mortificatio*, 71-73
e psicanálise, 79, 96-97
e psicoterapia, 76

receita alquímica da, 68
e redução da *prima-materia*, 67-68, 97
e salvação, 89-90
sete principais aspectos da, 96
e simbolismo/equivalentes simbólicos da, 77-78, 96
simbolismo da lua, 93
e simbolismo do orvalho, 95, fig. 3-16
e simbolismo do rei, 72-73, figs. 3-2, 3-3, 3-16
como solução de problemas, 94-95
ventre como símbolo da, 67-68
sombra, 32, 42, 92, 110-111, 167, 231
sonhos, classificação de acordo com operação alquímica
contendo imagens da *calcinatio*, 43
– e fogo, 43, 56
contendo imagens de *coagulatio*, 108-109, 116, 119, 131, 132
– e corpos celestes, 106
– com imagens ligadas à comida, 127, 129, 132
– com imagens ligadas ao diamante, 124, 127
– e morto, 119, 121
– e roupas ou tecidos, 121
contendo imagens da *coniunctio*, 243
contendo imagens da *mortificatio*, 188, 195
– e Hades, 168
– e morte/espírito dos mortos, 179
contendo imagens da *separatio*, 207, 209
– e lâminas afiadas, 205
contendo imagens de *solutio*, 73-75, 76, 80-81, 86, 87-89
– e criatividade, 82-83
contendo imagens de *sublimatio*
– com locais elevados ou escadas, 144, 145, 148-149, 155
sonhos; *ver também* sonhos, classificação de acordo com operação alquímica, SONHOS, DESCRIÇÃO POR CONTEÚDO
imagens do, 118
e movimento circular, 161
pertinentes a planetas como metais, 23; à *prima-materia*, 30-31; às operações alquímicas, 40
símbolos da *solutio* com, 77
vinculados com dilúvios, 87, 89-90
SONHOS, DESCRIÇÃO POR CONTEÚDO
afogando-se, um sonhador faz bastante esforço e é salvo por Jung numa arca de Noé, 88-89
água jorra da boca do analista do sonhador, 98
aleijado, Jung faz uma brilhante palestra, 189

271

amigo morto conta um sonho numa festa em que o sonhador está presente, 179
árvore atingida por raio causa fertilidade no ambiente circundante, 195
árvore cobre a terra representando amor e individuação, 148
árvore transforma geadas em uvas, 195
assado fica tempo demais no forno, 119
caindo do topo de um alto edifício em Manhattan, um bloco quase atinge o sonhador, 108
são carregadas velas que significam vida e morte, 132-133
comida cozida e ingerida por sonhador é levada por homem estranho vestido de negro, 127-128
corpo semelhante à lua explode, atirando um fragmento no apartamento do sonhador, 106, 108
corrente-dilúvio da humanidade passa por um sonhador fascinado, 88-89
cremação tendo como produto final ouro líquido, 40
depois do jantar é servida num monastério uma sobremesa composta por "biscoitos de esterco de vaca", que causa desagrado ao sonhador, 129
diamante é dado a uma mulher grávida (a sonhadora) no metrô, 127
dragão espera sob uma perigosa escada para capturar quem nela sobe, mas a sonhadora (Santa Perpétua) alcança o topo, 155-157
num elevador, sonhador segue na direção do céu cheio de pavor, 144
entalhe de crucifixão usado em refeição ritual durante o qual o sonhador reflete acerca da ingestão de metais, 131-132
uma escada é removida, deixando o sonhador preso numa alta plataforma, 144
filha se envolve em sexo grupal indireto depois que a mãe deixa a festa, 82-83
flutuando no Éter Celestial, um sonhador come o mundo encolhido, 144
fogo e fumaça engolfam o sonhador numa caverna subterrânea, 42-43
infância e a *prima-materia*, 30-31
mãe é coberta por ardósia quente, 40-42
mesa de jantar flamejante relembra Pentecostes, 55-56
ondas se chocam contra a platéia de uma sala de aula, durante uma exposição em que há redes de pesca, 80-81
ondas inundam uma casa de praia, enquanto mãe teme pela segurança dos filhos, 87-89
pai abandona filhos para seguir uma bela mulher que o chama, 73-74
pai vestido com roupas novas, 121-122
pássaros são vistos de uma torre passando pelo seu ciclo de vida à medida que o tempo se acelera, 147-148
pastores de ovelhas se abraçam; um sobe uma montanha, 207-209
peru é morto, sujando o sonhador de sangue, 173-174
piche negro cobre todos no Hades durante orgia sexual, 167-168
quatro quadrados contendo círculos com as atitudes do sonhador a respeito da feminilidade, 116
químicos realizam experiências numa caverna subterrânea, enquanto amantes se dão um abraço sexual, 234
rei é morto com uma espada; chamas e uma espada emanam do seu corpo, 40n
o segredo do alquimista é descoberto, 243-244
serviço da comunhão se transforma numa reconciliação entre dois homens depois de estes beberem o vinho vermelho do serviço, 85
sexo grupal, 80-81
o sonhador deve cortar um mapa, 205
o sonhador sobe numa escada e é impelido na direção do céu, 143-144
sonhadora grávida é visitada no hospital por garota com pássaros na boca, 138-139
tapeçaria é descrita e estudada detalhadamente por sonhador, 119
o término de um tapete representa a tecedura da obra da alma da vida de um pai, 119-120
terreno de lama negra cerca sonhador cujos esforços ajudam a solidificar a lama e a libertá-lo, 103
uma torre a que os homens sobem todo dia é vista com relutância por sonhador, 144-145
visitantes trajando metal descem do ar, 23
vôo sobre os Alpes, 146-147
Sophia, 176
spermatikos, logos, 54
spiritus phantasticus, 83

stella matutina, 197
Stolcius, figs. 4-2, 6-5
sublimação, 58, 135-137
    teoria freudiana da, 138
sublimatio, 38, 67, 101, 118, 136-163, fig. 5-2
    como atenuação da matéria, 140-141
    e *circulatio*, 160-161
    definida, 135-136
    distinguida da sublimação freudiana, 136
    e etimologia da palavra, 135
    e imagens de aves, 138-139, 159-160
    imagens cristãs da, 155-156, 159-160, 161-163, fig. 5-9
    e imagens de moagem ou de martelar, 142-143
    imagens e simbolismo da, 135-136, 144-145, 159-161
    perigos e abuso da, 145-146
    e procedimento de extração, 140, 142
    como purificação, 143
    significação psicológica da, 156-161
    e sublimação, 136-138
    e torres, escadas ou locais altos, 144, 156, 159-161
    e translação para a eternidade, 149-159
substância, 71
    da *calcinatio*, 61-64
    e *coagulatio*, 132
    mineral, 31
    original: *ver* primeira matéria, *prima-materia*
    purificação, 45, 51, 63
    transformação da, 67
    transformadora, 239
sujeito e objeto, separação entre, 203-204
Suzana, 74, fig. 3-7

Tábua de Esmeralda de Hermes, 23, 28, 160, 162, 202, 247, 248
Tales, 29, 67
tantrismo, 64
Tao, 95
terra
    alimentando o *Filius Philosophorum*, fig. 4-1
    branca (foliada), 122, 142, 225, fig. 4-10
    natureza feminina da, 113
    operação, 38; *ver também coagulatio*
    separação entre o céu e a, 202, fig. 7-3
    como sinônimo de *coagulatio*, 101
Testamento, Antigo; *ver também* BÍBLIA
    e imagens de comida, 127
    metáforas metalúrgicas, 51
    e *solutio*, 74-75, fig. 3-12

Testamento, Novo, 105; *ver também* BÍBLIA
Tet, coluna, 152
tetragonon, 203
thelu, 203
theophany, 189
therapeuein, 22
Therapeuts, 22
threnos, 189
thysia, 58
Ticiano, figs. 3-8, 3-10
Timaeus, 128, 204
Tintoretto, fig. 3-7
Tintura/tintura, 90, 96, 97, 231, 244
    do Tiro, 90
Tipheret, 236
Titãs, 79, 110
Tobias, 230-231
Tomé, Atos de, 123
Tomé, Evangelho de, 53, 207
torre, imagens da, 145, fig. 5-12
tragédia/drama trágico, 189
Traini, Afresco de Francesco, fig. 6-2
transferência, 76, 108, 231
transformação, 30-31
    da matéria, 30
    símbolos da, 34
Trieste, Amalário de, 133
Trismegistus, Hermes, 247, 248
Trismosin, Solomon, figs. 2-4, 3-3, 5-3
Tristão e Isolda, 69, 172
Turba Philosophorum, 101, 103, 231-232
Twelve Keys, as de Basil Valentine, 38
Tyson, Carrol, fig. 3-11

universais, 97
universal, solvente, 98
Upanishads, 102
Uriel, 215
uroboros, 161; *ver também* Dragão/dragão(ões)

Valentine, Basil, 38, 45
Van Eyck, Hubert, fig. 7-12
van Loben Sels, Robin, 121n
Varro, 82
Vaughn, Henry, 131n, 152-153en
Vênus, 23, 152, 153, 197
    fontes de, 73
verme, 175-176, 180
    cauda do pavão, 165; *ver também cauda pavonis*
    lobo, 38, 39, 42, fig. 2-1
    peru, 174
    sapo, 171-173
    uroboros, 161
vermelha, pedra, 227
Vermelho, imagens do Mar, 90, 91, fig. 3-14
vermelho/vermelhidão, 90, 165, 171; *ver também rubedo*
vida, árvore da, 54
Vida, Elixir da, 29
vijnanam, 102

273

Villa Nova, Arnoldo de, 31
virtude(s), 213
    como requisitos para a *opus*, 25
viúva/viúvo/órfão, simbolismo da(o), 218
viva, cal, 37en, 43
von Franz, Marie-Louise, 156n, 200en, 224en, 231
Voragine, Jacobus de, 61n
xamãs/xamanismo, 43, 146

Wagner, Richard, 69n, fig. 3-1
Waite, A. E., 25n, 26n, 31n, 37n, 38n, 45n, 52n, 54n, 62n, 71n, 81-82, 95n, 97n, 101n, 175n, 193n, 204n, 229n, 232n, 234n, figs. 1-1, 6-1, 6-10

Waterhouse, John William, fig. 3-5
Weyden, Van der, fig. 7-14
White, Lawrence Grant, 211n
Whitmont, Edward, 121
Wickes, Frances, 40n
Wilhelm, Richard, 95en, 111, 145n, 175n, 244n

Yerkes, Rayden Keith, 58n
Yochai, Simão ben, 236, 238
Yorick, 185

Zagreu, 83
Zeus, 110, 234, 243
Zimmer, Heinrich, 102n
Zohar, 54, 236
Zósimo, 28, 194

A PSIQUE NA ANTIGUIDADE

LIVRO UM

Filosofia Grega Antiga de Tales a Plotino

Edward F. Edinger

A psicologia profunda, em sua aplicação prática, é herdeira de três nobres tradições: a tradição médica do cuidado com os pacientes, a tradição religiosa do cuidado com a alma e a tradição filosófica do diálogo em busca da verdade. Este estudo se concentra particularmente na terceira tradição, a filosófica.

O objetivo deste livro, contudo, não é examinar a filosofia mas, de preferência, rastrear a psique à proporção que ela se manifesta nas ideias arquetípicas que tanto fascinaram os antigos filósofos gregos tais como Pitágoras, Heráclito, Platão e Aristóteles. Essas ideias são organismos psíquicos que ainda vivem em nós, como vemos nas imagens vindas do inconsciente que brotam espontaneamente nos sonhos, nos desenhos e na imaginação ativa.

Sabemos que muitas culturas consideram vital para seu bem-estar o vínculo com seus ancestrais; da mesma forma, contribui para a nossa saúde psicológica estar em contato com os antigos gregos, nossos ancestrais culturais, que foram os primeiros a articular certas ideias e imagens centrais para a psique ocidental. Este estudo nos liga às nossas raízes psíquicas que, no inconsciente coletivo têm a forma de camadas geológicas constituídas durante a evolução humana.

Em nossa época, o perigo está em a filosofia ser vista como um esqueleto abstrato, mera estrutura sem vida nenhuma. A perspectiva junguiana do Dr. Edinger revitaliza esse alicerce da psique ocidental, relacionando ideias arquetípicas à experiência moderna.

EDITORA CULTRIX

LUZ EMERGENTE

Barbara Ann Brennan

O primeiro livro *best-seller* de Barbara Ann Brennan, *Mãos de Luz*, consagrou-a como uma das agentes de cura mais conceituadas do mundo todo. Nesta sequência tão esperada do primeiro livro, ela prossegue na exploração inovadora do campo da energia humana ou aura – a fonte de nossa saúde e de todas as doenças. Recorrendo aos avanços em suas pesquisas e em décadas de prática, ela mostra como podemos usar nosso poder de cura mais fundamental: a luz que emerge do próprio centro da nossa condição humana.

Graças a uma abordagem única, que estimula o entrosamento criativo entre curador, paciente e outros profissionais da saúde, *Luz Emergente* explica o que o agente de cura percebe pela visão, a audição e a cinestesia, além de mostrar como cada um de nós pode participar de todas as etapas do processo terapêutico.

Apresentando um fascinante leque de pesquisas, que vão desde um novo paradigma de cura baseado na ciência da holografia até a percepção do "nível do hara" e da "estrela do âmago", *Luz Emergente* está na linha de frente da prática terapêutica moderna. Você descobrirá:

- Como podemos usar nosso poder interior para curar a nós mesmos e os outros
- Como combinar as técnicas e objetivos do praticante de cura energética com as do médico ou psicólogo, para que haja mais cooperação entre eles
- Os sete níveis do processo terapêutico: como descobrir suas necessidades em cada nível e instruções detalhadas para elaborar seu próprio plano de cura
- Surpreendentes informações novas sobre interações energéticas nos relacionamentos e como romper padrões negativos para estabelecer vínculos novos e positivos com as pessoas mais próximas
- A conexão entre cura, criatividade e transcendência espiritual
- E muito mais!

Enriquecido com vários relatos de casos clínicos e exercícios, além de ilustrações em cores e preto e branco, *Luz Emergente* aponta um novo caminho para a cura, a plenitude e a expansão da consciência.

EDITORA PENSAMENTO

MÃOS DE LUZ

Barbara Ann Brennan

MAIS DE UM MILHÃO DE CÓPIAS VENDIDAS NO MUNDO TODO

Um clássico no campo da medicina complementar, *Mãos de Luz* é o olhar de uma cientista sobre o campo da cura bioenergética. Com o estilo claro e sistemático de uma pesquisadora da NASA e a compaixão de alguém que se dedica à cura há mais de 35 anos, Barbara Ann Brennan apresenta um estudo profundo do campo de energia humano, que abrange a compreensão dos processos físicos e emocionais (indo muito além da estrutura da medicina tradicional) e da arte de curar por meios físicos e metafísicos.

Relacionando a dinâmica da psique ao campo de energia humano e descrevendo as variações desse campo de acordo com a personalidade e os diferentes aspectos da experiência humana, a autora oferece um material riquíssimo que inclui:

- Novos paradigmas no campo da saúde, dos relacionamentos e das doenças.
- Uma descrição surpreendente do campo de energia humano e de como ele interage na vida cotidiana com o campo energético de outras pessoas.
- Estudos de casos clínicos de pessoas com os mais variados tipos de doença.
- Técnicas e exercícios para expandir a percepção da aura e saber interpretar seus bloqueios e desequilíbrios.
- Conceitos práticos sobre métodos de cura energética e ilustrações das mudanças ocorridas no campo áurico ao longo do tratamento.
- A intrigante história de vida da autora, que nos dá um exemplo de coragem, crescimento espiritual e inúmeras possibilidades para a expansão da nossa consciência.

Esta é uma obra revolucionária que vai ajudá-lo a ter mais saúde física e emocional, transformar a dinâmica dos seus relacionamentos e estabelecer uma conexão profunda com a força espiritual que existe dentro de você.

EDITORA PENSAMENTO

SABEDORIA INCOMUM

Fritjof Capra

A vitalidade e o alcance das idéias de Fritjof Capra o transformaram numa espécie de catalisador daqueles que se encontram na vanguarda do pensamento científico, social e filosófico. Em seus *best-sellers* internacionais, *O Tao da Física* e *O Ponto de Mutação*, Capra justapôs a física ao misticismo, ajudando a definir aquilo que se tornou nada menos que uma nova visão da realidade – com múltiplas implicações para a mudança social e cultural.

Em *Sabedoria Incomum*, Capra registra sua própria odisséia intelectual e a evolução de uma nova consciência através de discussões vivas com muitas das mentes mais influentes deste século. Aqui estão Werner Heisenberg, R. D. Laing, Gregory Bateson, Geoffrey Che, Hagel Henderson, Alan Watts, Krishnamurti, Indira Gandhi, e outros líderes dinâmicos de áreas tão diversas quanto terapia familiar, psiquiatria, futurologia, medicina, antropologia e oncologia. Todos se expressam através da posição de destaque conquistada graças ao que realizaram em suas respectivas áreas, fornecendo perspectivas multidisciplinares fascinantes, demonstrando o estado atual da consciência humana e definindo um caminho para o progresso futuro.

Tomando como base um simpósio que reuniu vários especialistas em busca de uma nova estrutura para a saúde e a cura dos males em geral, *Sabedoria Incomum* versa sobre o futuro sistema holístico de tratamento da saúde, os métodos de cura em outras culturas, as novas tendências da psicoterapia, da ciência e da política, e sobre um novo enfoque terapêutico do tratamento do câncer. Capra criou um registro notável de seus encontros com homens e mulheres que estão redirecionando as metas da nossa era tecnológica para servir às pessoas.

EDITORA CULTRIX

Impresso por :

gráfica e editora

Tel.:11 2769-9056